高等职业教育会展策划与管理专业系列教材
重庆市高等教育质量与教学改革工程项目成果
重庆市高等教育教学改革研究项目成果

节事活动管理实务

主 编 杨 瑞
副主编 蒋家宁 莫志明
参 编 王 琦 甘 丽 金 玲 王 嘉
徐维东 肖温雅 刘 斌 王冠韬
罗丽君 喻 浩 葛 鑫 高瑞娟
张小玲 李顺军 刘 莎 金慧玲
主 审 王 琦

机械工业出版社

本书结合当前职业培训中先进的案例分析法、任务驱动法、角色训练法、情景教学法等，借鉴了教育部职业技术教育中心研究所姜大源研究员在职业教育中提倡的“工作过程系统化”和“跨界教育思维”，努力使本书具有鲜明的职业教育特色。全书内容包括节事活动概述、节事活动策划与流程、节事活动市场调查和可行性分析、节事活动品牌策划与实施、节事活动市场营销策划与流程、节事活动组织与团队管理、节事活动进度管理、节事活动赞助、节事活动财务管理、节事活动风险管理、节事活动现场管理、节事活动后续工作管理。本书体例新颖，在内容编排上侧重于对学生实践能力的培养，融入了案例分析和导入案例，以学生实践活动为主线，贯穿整个教学环节。

本书可作为高等职业院校会展及相关专业的教学用书，也可作为会展从业人员的业务参考书。为方便教学，本书配备了电子课件等教学资源。凡选用本书作为教材的教师均可登录机械工业出版社教育服务网 www.cmpedu.com 免费下载。如有问题请致电 010-88379375 联系营销人员。

图书在版编目（CIP）数据

节事活动管理实务/杨瑞主编．—北京：机械工业出版社，2013.1（2025.1 重印）
高等职业教育会展策划与管理专业系列教材
ISBN 978-7-111-41088-1

Ⅰ．①节… Ⅱ．①杨… Ⅲ．①活动—组织管理学—高等职业教育—教材
Ⅳ．①C936

中国版本图书馆 CIP 数据核字（2013）第 007579 号

机械工业出版社（北京市百万庄大街 22 号 邮政编码 100037）
策划编辑：徐春涛 责任编辑：孔文梅 徐春涛 孙晶晶
封面设计：张 静 责任印制：常天培

北京中科印刷有限公司印刷

2025 年 1 月第 1 版第 14 次印刷
184mm×260mm・15.75 印张・387 千字
标准书号：ISBN 978-7-111-41088-1
定价：45.00 元

电话服务 网络服务
客服电话：010-88361066 机 工 官 网：www.cmpbook.com
010-88379833 机 工 官 博：weibo.com/cmp1952
010-68326294 金 书 网：www.golden-book.com
封底无防伪标均为盗版 机工教育服务网：www.cmpedu.com

前　言

进入 21 世纪以来，随着中国社会经济的飞速发展，综合国力不断增强，会展经济随之迅速成为中国经济的新亮点，在中国经济舞台上扮演着越来越重要的角色，正逐渐步入产业升级的关键历史时期。节事活动作为会展业的重要组成部分，其为各种目的和议程服务的内涵不断扩充，从而引起了“活动”这个新兴行业的产生与发展，尤其是大型活动，正受到越来越多的关注。21 世纪初，中国三大国际盛会（2006 年杭州世界休闲博览会、2008 年北京奥运会、2010 年上海世博会）的成功举办，极大地推动了我国活动业的发展，为我们举办大型活动提供不可多得的宝贵经验。同时，我国也是世界节事资源大国，目前每年举办的节事活动有近 8 000 个。

节事活动业的快速发展需要大量的优秀专业人才做支撑，而目前节事活动教育理论研究的滞后和专业人才的相对匮乏已严重制约了活动业的发展速度，因此大力发展节事活动教育刻不容缓。本书借鉴了其他同类教材的优点，同时也突出了自身的特色。在编排上重视专业技能性和实践性，结合当前职业教育中先进的案例分析法、任务驱动法、角色训练法、情景教学法等，借鉴了姜大源研究员在职业教育中提倡的“工作过程系统化”和“跨界教育思维”理念，努力使教材具有鲜明的职业教育特色。

（1）校企合作，工学结合，根据节事活动工作岗位能力要求，构建课程标准。邀请节事活动专业专家与本书编写教师一同分析节事活动工作岗位的能力要求，对完成工作任务应具备的职业能力作出详细的描述，同时对工作任务、职业能力按逻辑关系进行排序，制订满足岗位能力要求的课程标准。

（2）按照工作过程系统化要求进行课程开发与设计。按照岗位能力的要求使教学内容模块化，突出教学的应用性、实践性。按岗位重组课程，进行课程体系改革。以培养高技能人才为先导，以培养学生动手能力和创新能力为目的，改革课程体系，构建“基于节事活动岗位功能与工作过程”的课程体系，按照工作过程系统化要求进行课程开发与设计，实施融教、学、做于一体的教学模式。

（3）立足地方，建立校外实训基地，实施“工学结合”与“开放性”的人才培养模式，将“教学方法——平台建设——情景设计——实习模式——能力考核”的工学结合课程设计思路贯穿教学体系全过程，实现教学的“开放性”。

本书是由国内多所高等院校的节事活动专业教师和节事活动专家共同完成的，是重庆市高等教育教学改革研究项目（项目编号 103401）、重庆市高等教育质量与教学改革工程项目成果。本书由重庆城市管理职业学院杨瑞担任主编，负责全书的统稿、修改和定稿工作。具体编写工作如下：《中外会展》杂志社金玲编写第三章三、四节；重庆工商职业学院王嘉编写第五章；重庆城市管理职业学院蒋家宁编写第七章；重庆城市管理职业学院莫志明编写第九章；重庆工商职业学院甘丽编写第十一章；其余章节都由杨瑞编写。重庆城市管理学院王琦、肖温雅、徐维东、王冠韬、高瑞娟、张小玲、喻浩、罗丽君、李顺军，重庆大学刘斌，重庆工程职业技术学院金慧玲、葛鑫，重庆工商大学刘莎也参与了本书的编写、修订和完善工作；重庆城市管理职业学院学生缪志欣、黎倩、杨阳、李阳、乐冬雪、王睿也参与了本书材料的搜集工作。

在编写过程中，我们走访了多家节事活动企业，从他们那里获得了丰富的素材，并认真听取了节事活动从业人员对本书的建议，他们是重庆立嘉展览有限公司陈棋先生、重庆同阳商务有限公司宋娟女士、重庆市中环盛世商务会展有限公司高健先生、重庆南坪国际会展中心纪伟先生等，对于上述人士的热情帮助和大力支持，在此表示最诚挚的感谢！本书的出版同时得到了机械工业出版社的帮助，在此一并表示感谢！

由于编写人员的经验和水平有限，作为高等职业教育教学用书的一次创新性探索和尝试，本书无论是在内容还是在体系结构上都还有很多不足之处，恳请广大业内专家和读者不吝赐教。

编　者

目　　录

第一章

节事活动概述

> **知识目标**

掌握节事活动的相关概念及内涵；了解节事活动的主要分类标准及其分类；掌握不同类型节事活动的特征；了解国际节事活动的发展趋势；了解国际著名节事活动的主要内容；熟悉我国当代各阶段的主要节事活动。

> **技能目标**

具备区分不同类型节事活动的辨别能力；通过典型节事的分析，能了解节事活动国家的发展概况；能区分我国目前节事活动的主要类型；掌握我国节事活动存在的问题及发展趋势。

案例导入：激情炫动四海——第二十一届青岛国际啤酒节成功举办

8 月是青岛最美的时节，也是收获希望的季节。作为“中国十大节庆品牌之首”和亚洲最大的啤酒盛会——第二十一届青岛国际啤酒节在青岛市崂山区青岛国际啤酒城成功举办。

本届啤酒节吸引了来自五大洲 13 个国家的 20 个世界知名品牌 200 余种啤酒产品参节，首次齐聚青岛啤酒、美国百威和米勒、丹麦嘉士伯、荷兰喜力等世界啤酒十强亮相啤酒节，参节国家、参节品牌和参节啤酒品种数量均创历届之最。本届啤酒节共设 17 个特色啤酒场馆，啤酒品饮总面积达 3 万多平方米；啤酒场馆的设计和装饰个性突出、特色鲜明，充分展现了各参节品牌的文化内涵和形象特质。

嘉年华娱乐再上新水平

本届啤酒节嘉年华实现全面升级，更凸显了新鲜感和精致度，游乐设备达到 60 套，总价值 2.5 亿元，分别来自意大利、德国、荷兰、韩国等国家。今年新增了来自德国的疯狂旋转盘、意大利的双层豪华木马和中国的机械怪兽等三台大型设备，同时还引进了青岛电视台品牌栏目《海岸集结号》、欧洲皇家马戏团等表演性活动，嘉年华的设备质量和娱乐指数均创历史新高。与此同时，今年嘉年华还投资 200 万元加大了对游乐设备的亮化和美化力度，综合运用 LED 灯、霓虹灯、射灯及跑马灯等多种灯光效果为嘉年华增色，并将灯光颜色由 3 种增至 20 种，使整个嘉年华区域成为了流光溢彩、美轮美奂的梦幻狂欢乐园。

文化娱乐活动精彩纷呈

百年的青岛啤酒，酿造了激情，酿造了文化，青岛国际啤酒节已发展成了一个市民活动，是建立在大众参与和体验基础上的。

资料 1-1

曲阜国际孔子文化节

中国（曲阜）国际孔子文化节是融纪念、文化、旅游、学术、经科贸于一体的大型国际性节庆活动，旨在纪念孔子对人类文化的杰出贡献，弘扬中华民族优秀传统文化，加强国际间的文化交流与合作。其浓郁的儒家文化特色、丰富多彩的旅游活动，吸引了大批海内外游客，形成了自己独特的风格和魅力，在海内外产生了广泛而深刻的影响。

国际孔子文化节于每年9月下旬在孔子故里、著名历史文化名城济宁市曲阜举办，自1984年起已连续举办了24届，在海内外产生了广泛而深远的影响，成为山东走向世界、世界了解山东的重要平台。中国曲阜国际孔子文化节的前身是创办于1984年的国际性“孔子诞辰故里游”专项旅游活动。自1984年起，孔子故里曲阜充分利用其文化旅游资源优势，于每年的孔子诞辰期间，举办“孔子诞辰故里游”，演出仿古祭孔乐舞，有效地促进了对外开放和旅游事业的发展。1989年，为了更好地纪念孔子对人类文化的杰出贡献，弘扬中华优秀传统文化，增进中外合作和友谊，经中共山东省委、省政府批准，“孔子诞辰故里游”活动改办为每年一届的国际孔子文化节，于每年的孔子诞辰（公历9月28日）前后，即9月26日至10月10日在孔子故乡曲阜举行。中国（曲阜）国际孔子文化节被国家旅游局确定为国家级“中国旅游节庆精选”之一，作为一项旅游拳头产品向国际旅游市场推销，被国际节庆协会评为“中国最具国际影响力的十大节庆活动”。

2008中国（曲阜）国际孔子文化节由山东省政府、文化部、教育部、国家旅游局主办，于9月22日至30日举行，以“走近孔子、感悟圣城”为主题，举办了2008中国（曲阜）国际孔子文化节开幕式暨第三届联合国教科文组织孔子教育奖颁奖典礼、祭孔大典、首届世界儒学大会、第九届中国专利高新技术产品博览会和2008山东文化产业博览会济宁会场、孔子学术会堂等活动。孔子文化节已经成为进一步扩大济宁乃至山东对外开放，推动齐鲁文化走向世界的重要载体。

中国（曲阜）国际孔子文化节的宗旨是：以纪念孔子、弘扬民族优秀文化为主题，纪念活动同文化交流、旅游观光、经济技术合作密切结合，达到纪念先哲、交流文化、发展旅游、促进开放、繁荣经济、增进友谊的目的。其特点是：融纪念、文化、旅游、学术、艺术、经贸、科技活动于一体，内容丰富多彩；古鲁文化特色显著，乡土气息浓郁；规模大，国际性强；举办形式多样，社会参与性强。多年来，中国（曲阜）国际孔子文化节以其鲜明的特色、独特的风格和魅力而蜚声海内外，博得中外各界人士的赞赏，慕名而来者与日俱增。据统计，从1989年到2004年在连续举办的16届孔子文化节期间，光临这一节庆活动的中外各界来宾和社会游客累计达260万人次，其中来自美国、日本、法国等40多个国家和地区的外宾和海外同胞、侨胞5万多人次。该文化节日以“弘扬优秀传统文化、构建文明和谐社会，促进开放创新发展”为主题，以举办文化活动为载体，以合作发展为重点，坚持政府主导、市场运作、板块联动、群众参与的原则，切实把孔子文化节办成国际性的文化旅游盛典和科技经贸合作盛会。进一步提高济宁对外开放水平，促进全市经济持续协调健康发展和社会的和谐进步。

第二节　节事活动的分类

一、按内容分类

节事活动按照内容可分为自然景观型、历史文化型、民俗风情型、物产餐饮型、博览节事活动型、运动休闲型、娱乐游憩型、综合型等 8 大类（见表 1-1）。

表 1-1　中国城市节事活动的基本类型及主要特征

节事活动类型	主 要 特 征	典型节事活动
自然景观型	以当地自然地理景观（独特气象、地质地貌、植被、特殊地理风貌、典型地理标志地、地理位置）为依托，综合展示城市旅游资源、风土人情、社会风貌等的节事活动	哈尔滨国际冰雪节、张家界国际森林节
历史文化型	依托当地文化和历史传承的景观、独特的地域文化、宗教活动等而开展的节事活动	杭州运河文化节、天水伏羲文化节、曲阜国际孔子文化节
民俗风情型	以各民族独特的民俗风情和生活方式为主题（民族艺术、风情习俗、康体运动等）的节事活动	南宁国际民歌艺术节、潍坊国际风筝节、傣族泼水节
物产餐饮型	以地方特产和特色商品及本地餐饮文化为主题，辅以其他相关的参观、表演等而开展的节事活动	大连国际服装节、菏泽国际牡丹节、青岛国际啤酒节
博览节事活动型	依托城市优越的经济地理条件，以展览会、交易会为形式，辅以其他相关的参观、研讨和表演等而开展的节事活动	昆明世界园艺博览会、杭州西湖博览会、中国国内旅游交易会
运动休闲型	以各种大型的体育赛事、竞技活动为形式，辅以其他相关的参观、表演等而开展的节事活动	奥运会、亚运会、全运会、银川国际摩托旅游节
娱乐游憩型	以现代娱乐文化和休闲游憩活动为形式，辅以其他相关的参观、表演等而开展的节事活动	上海环球嘉年华、山海关欢乐海洋节、广东欢乐节
综合型	多种主题组合，一般节期较长，内容综合，规模较大，投入较多，效益较好	北京国际旅游文化节、昆明国际旅游节

二、按形式分类

节事活动按照活动形式可分为单一性节事活动和综合性节事活动。

（1）单一性节事活动　是指活动内容和形式比较单一、专业性很强的节事活动，如瑞士尼泊尔的洋葱节、法国香槟节、上海徐家汇广场啤酒节、新加坡的食品节等。

（2）综合性节事活动　是指活动内容和形式广泛、具有较大包容性的节事活动，如杭州的西湖博览会、上海的旅游节等。

三、按地域范围分类

节事活动按照地域范围可分为国际性节事活动、全国性节事活动和地方性节事活动（见表 1-2）。

表 1-2 按地域范围划分的节事活动

节事活动类型	主要特征	典型节事活动
国际性节事活动	规模庞大、在全球媒体中引起反响的节事活动	奥林匹克运动会、F1 方程式大赛、世界杯足球赛
全国性节事活动	范围波及一定的地理和行政区域，主要在一定的区域内引起反响的节事活动	国庆节、春节、厦门中国广告节、大连服装节
地方性节事活动	与一个乡镇、城市或地区的精神或风气有关，并获得广泛认同的节事活动	英国的切尔林旅游节、民俗文化节、庙会

四、按组织者分类

节事活动按照组织者可分为政府型节事活动、民间型节事活动和企业型节事活动。

（1）政府型节事活动　政府型节事活动是由政府出面组织的公益性节事活动。例如，由中央政府组织的春节或中秋节的联谊活动、劳动节和国庆节的联欢活动以及诞辰纪念日等；由地方政府组织的贸易洽谈会、旅游节、艺术节、体育活动等。

（2）民间型节事活动　民间型节事活动是由民间团体组织的节事活动，如一些具有民族特色的各类节事，像中国彝族的火把节、傣族的泼水节，法国的狂跳节，意大利狂欢节等。

（3）企业型节事活动　企业型节事活动是由企业组织的商业节事活动，一般为商业性活动，如投资洽谈会、产品推广活动、打造形象的赞助活动，具体如大连服装节、北京国际汽车展、潍坊国际风筝节等。

五、按主题分类

节事活动按照主题可分为贸易性、宗教性、民俗性、文化性、商业性、体育性、政治性和自然景观等几大类型的节事活动（见表 1-3）。

表 1-3 按主题划分的节事活动

节事活动类型	主题	典型节事活动
宗教性节事活动	以宗教纪念日和各种宗教组织举办的资助和捐款活动为主题	伊斯兰教古尔邦节、西藏晒大佛、基督教复活节
贸易性节事活动	以举办地最有代表性的风物特产为主打品牌	青岛啤酒节、洛阳牡丹节
民俗性节事活动	以举办地独特的民族风情为主题	傣族的泼水节、彝族的火把节、吴桥的杂技节
文化性节事活动	以地方文化内涵为主题	巴西嘉年华、上海国际文化艺术节
商业性节事活动	以举办地举行的商业贸易节事为主题	世博会、广交会、大连国际服装节
体育性节事活动	以体育赛事为主题	北京的国际马拉松赛事、世界杯足球赛、奥运会
政治性节事活动	以政治事件为主题	两国建交周年庆典、世界银行大会、APEC 会议
自然景观节事活动	以举办地的著名景观为主题	华山国际旅游登山节、桂林山水节、重庆三峡国际文化节

六、按属性分类

节事活动按照属性可分为传统节事活动、现代节事活动和其他节事活动 3 大类。

（1）传统节事活动　在古代，传统节事活动是以弘扬民族文化为主，中国有端午节、重阳节、春节、元宵节等，国外有圣诞节、复活节、狂欢节等。在近代，世界各地又涌现出一批受欢迎的节日节事活动，如各国的国庆节、国际劳动节、儿童节、妇女节、纽约的玫瑰花节、奥尔良的圣女贞德节等。

（2）现代节事活动　世界上有许许多多的节事活动，有的与生活有关，有的与生产有关。与生产有关的现代节事活动有广州花会，深圳的荔枝节，菲律宾的捕鱼节、水牛节，阿尔及利亚的番茄节，摩洛哥的献羊节，意大利丰迪市的黄瓜节，新墨西哥州哈奇城的辣椒节，西班牙的鸡节等。与生活紧密相联的现代节事活动有潍坊风筝节、上海旅游节、大连国际服装节、上海服装节、青岛啤酒节、蒙古族的那达慕大会、浦东国际烟花节等。

（3）其他节事活动　除了传统节事活动和现代节事活动以外，还有一些会议、展览和体育活动等，特别是体育活动越来越受到广大人民的喜爱，如每 4 年举办一次的奥运会和世界杯足球赛，各大洲举行的洲际运动会，以及各种专业体育运动委员会组织的世界锦标赛和大奖赛等。举办体育活动，可以提高主办国家和城市的知名度和美誉度，并通过旅游和各种商业活动为主办国家和城市创造更多的财富。对那些自然旅游资源缺乏的国家或地区来说，举办体育运动会还可以创造更多的人文景观，从而吸引更多的游客。

七、按影响分类

从节事活动的投资额、参与活动（包括观众）的人数、活动产生的媒体曝光度、社会声誉影响面、举办时间间隔性等影响层面考察，节事活动的分类见表 1-4。

表 1-4　按影响分类的节事活动

节事活动类型	主要特征	典型节事活动
重大节事活动	声誉、规模影响大，能为东道主带来巨大效益的节事活动	奥运会、世博会、世界杯
特别节事活动	精心策划和举办的某个特定的仪式、演讲、表演或庆典活动	国庆节、重大市民活动、独特的文化演出
标志节事活动	一次性或在有限的时间内可重复的节事活动	西班牙奔牛节、苏格兰爱丁堡文化节、里约热内卢狂欢节
社区节事活动	主要指乡镇和地方社区事件活动	乡镇举办的葡萄节、越野赛长跑

八、按类型分类

从节事活动的类型上看，节事活动可分为自然节日、社会节日、民族节日、历史节日、政治节日、国际节日、休闲节日、文化与经济节日等节事类型（见表 1-5）。

表 1-5 按类型分类的节事活动及其主要特点

节事活动类型	主要特点
自然节日	节事内容多与农业或者崇拜自然有关，如清明节
社会节日	多与“人本”精神有关，如“五一”劳动节、“六一”儿童节、“三八”妇女节、“三一五”消费者权益保护日和“九一〇”教师节等
民族节日	一般是一个国家多元化的象征，如中国 56 个民族几乎都有自己独立的节日文化
历史节日	为纪念历史上某个特殊日子而举行的活动，如佛祖诞辰日、虎门销烟日以及抗日战争胜利纪念日
政治节日	强调公民的国家意识，具有强烈的震撼力，如国庆节、“八一”建军节
国际节日	多反映社会的开放度和跨文化交流，具有外来强势文化的渗透意义，如西方的圣诞节、情人节
休闲节日	它是现代文明进步的标志，如中国政府推出的长假举措
文化与经济节日	带有强烈的商业色彩和明显的区域特征

依据不同的目的和不同的分类标准，节事活动可以被分为不同的类型。单纯的分类活动并没有太大的意义，分类的目的在于进行结构对比研究。在实际工作和研究中，可以根据需要，设定不同的分类标准，搜集样本，进行分类并对结果进行解释。

学生活动 1-1

活动主题：认识节事活动。

活动目的：学生能够掌握节事活动的内涵与外延。

活动形式：以某一省、市、自治区为单位，通过图书馆、互联网查找相关资料，收集、整理区域内定期举行的大型节事活动。

活动内容：按下列体例收集整理区域内大型的节事活动，并制作成卡片。

节事活动名称：

类型：（会议、展览、节事庆典、奖励旅游）

举办时间：

主要内容：

社会影响：

第三节 节事活动的积极影响

节事活动的发展能够给举办地带来经济、文化、旅游、社会等多方面的影响，这些影响有些是积极的，有些是消极的。以下主要对节事活动在经济、文化、旅游、社会等方面的积极影响加以阐述。

一、提升目的地旅游业，缩小旅游淡旺季的差别

1. 提升旅游业

节事活动作为旅游吸引物往往具有很强的参与性和娱乐性，力求为游客营造一种不

同于日常生活的环境和氛围，从而带给游客多类别、多层次、多方面的旅游体验。重大节事活动最明显的影响和效应是短期内可以吸引大量的游客。据 2010 年上海世界博览会统计，在 184 天的举办期间，累计接待海内外游客突破 7 000 万人次，100 多位外国领导人莅临园区，创下逾百万人次的最大单日客流，门票共收入 73 亿元人民币。世博会作为一个极具魅力的旅游吸引体，吸引国内外的旅游者纷至沓来，其中有超过70%的参观者将做延伸旅游或周边旅游后参观世博会，这就为上海及周边地区的旅游经营者创造了组合新产品的良好机遇。据中国旅游研究院初步测算，世博会带来超过 800 亿元的直接旅游收入，对长江三角洲地区旅游及相关产业拉动作用尤为明显。

2. 缩小旅游淡旺季的差别

旅游资源、旅游活动具有季节性是一个不争的事实。在城市旅游业发展中，存在“旺季”和“淡季”之分。旺季时游人如织；淡季时游客则寥寥无几。通过对本地旅游资源、民俗风情等因素的优化整合，推出别出心裁的节事活动，不仅让游客对旅游目的地耳目一新，也推动了当地旅游业的发展，从而缩小淡旺季的差别。例如，2009 年春节，西藏通过藏历新年、拉萨雪顿节等具有浓郁地方特色和民族文化特色节日，掀起了“冬游西藏”的高峰，有近 6 万游客到西藏旅游，同比增长 6.2%，这既利用了当地的旅游资源，又可以缩小旅游市场的淡旺季。

二、带动相关产业发展，提高和完善举办地基础设施建设

1. 带动相关产业发展

任何一次节事活动都是有主题的，配合这一主题的企业或者整个产业都可以在节事活动中获得经济利益。由于余杭是中国竹子之乡，杭州竹笋节使余杭竹产业从毛竹利用仅限于农家竹器、农具、建筑脚手架等初级产品向凉席、提花窗帘、竹地板、沙滩椅、竹笛、竹雕刻等精加工日用品、工艺品转变，从单家独户的家庭手工作坊的经营模式向产业化、规模化、品牌化生产发展。区财政每年投入 400 万元资金，通过科技推广、(基地）园区建设和推进竹业产业化经营、提高竹农组织化程度等措施，大力培育竹林资源，扩大竹业加工，发展产品贸易和竹业文化旅游，走出了一条“山上建基地、山下搞加工、山外拓市场、山中兴旅游”的产业经济发展道路，竹业综合效益显著。

资料 1-2

洛阳牡丹花开出大产业

近年来，河南洛阳市积极围绕着“牡丹”做文章，牡丹年产值达 10 多亿元，已将“一朵花”打造成了拥有经济、文化、旅游等多项内涵的大产业。

为了加快牡丹品种的研发，形成牡丹系列产业，洛阳市相继成立了牡丹研究院、洛阳市牡丹生物学重点试验室、中国花卉工程技术中心牡丹研发与推广中心等机构，目前已有近百项牡丹科技成果问世，20 多项牡丹国家专利技术获得审批。2009 年市牡丹研究院培育牡丹新品种达到 106 个，新品种牡丹种苗嫁接出 5 万株。

同时，为了规范牡丹产品的生产销售，洛阳市先后制定《洛阳牡丹种苗质量标准》《洛阳牡丹盆花质量标准》等系列标准，申请注册了“洛阳牡丹地理标志”，推行标准

化生产。如今洛阳市已建成牡丹标准化生产基地 14 个，牡丹年产值达 10 多亿元，其产品销往全国各地和日本、法国、美国、荷兰、新西兰、加拿大等 20 多个国家和地区，年销牡丹 100 余万株。其反季节牡丹花销售也在全国花卉市场上占有重要位置，2010 年春节期间，洛阳牡丹催花总量达 34 万多盆，催花品种达到 50 多个。

随着牡丹产业的发展，洛阳市还开发了牡丹旅游系列产品，先后成功推出了牡丹书画、牡丹摄影、牡丹邮票、牡丹饼、牡丹茶、牡丹化妆品、牡丹香薰等产品，形成了精品观赏、生产种植、资源保护、科学实验、产品加工的系列牡丹产业。以牡丹为元素的特色产品实现了规模化生产和销售，随着牡丹产业化链条的进一步拉长，牡丹产业从业人员已达 3 万多人，年产值达 10.8 亿元。单就牡丹画而言，洛阳市孟津县平乐镇平乐村就有百余个牡丹画专业户和 400 多名农民画师，年创作生产牡丹画 10 万余幅。

2．提高和完善举办地基础设施

良好的基础设施是节事活动发展有力的依托和必不可少的条件，通过举办节事活动，可以使举办地的基础设施如交通运输、市容环境、酒店宾馆、体育运动场所等得到改善，从而进一步提高和完善举办地的节事活动接待能力。在节事活动举办之前，主办方会对节事活动举办地的道路、房屋、宾馆、车站、盏景观灯、绿化浇灌、供应设施进行集中整治，拆除违章建筑、维修景点、疏通道路、美化环境等，使举办地更加清洁、美观、靓丽。节事活动举办期间还会加大管理力度，建立健全规章制度，完善服务功能。

资料 1-3

加强基础设施建设全力筹办红叶节庆

为保证前来参加第八届中国·四川光雾山红叶节的众多游客的旅游质量，南江县投资 4 000 余万元，对光雾山风景名胜区进行整体打造和全新包装。①整修光雾山镇——岩房村、彭家坝——三道关 3 公里旅游公路路面和安全防护设施、排水沟、护坡；②重建观光车停车场、旅游生态停车场、电瓶车道及相关配套设施；③景区内设置标示牌 300 个、新添垃圾桶 200 个，恢复观景台 9 处、休息点 10 处、服务点 5 处、厕所 7 座；④对光雾山集镇月琴路 17 户外墙进行风貌改造；⑤按照“统一风格、统一标准、科学实施”的要求，对铁炉坝、桃园寺移民街按照川北民居风格进行整体形象打造，并设计和推进绿化带、路灯、人行道、公用厕所等附属设施建设。通过整体打造和重新包装，不仅保证红叶节期间的交通、接待和服务能力，而且为南江县居民的日常出行带来了长期效益，县城的基础设施得到了极大地改观。

三、聚集游客，进一步提升目的地的知名度

例如，20 世纪 90 年代以来，陕西西安市先后举办的“长安国际书法年会”“西安兵马俑石榴节”“西安古文化艺术节”“西安城墙国际马拉松友谊赛”“西安世界园艺博览会”等独具地方特色的大型节事活动，极大地提高了西安市的知名度，到西安旅游的人

数以年平均 25%以上的速度递增，尤其是高消费人群、国外游客数量也在攀升中，使西安市旅游业的地位不断提高，成为中国重要的旅游城市。成功的节庆活动的主题能够成为城市形象的代名词，如在我国一提到风筝节，就会想到山东潍坊；一提到啤酒节，就会想到青岛。再如丰县的苹果节，丰县县委、县政府先后和中央电视台七套乡村大世界栏目、中央电视台三套艺苑风景线栏目进行 3 次合作，联手打造丰县“红富士苹果节”，最大限度地争取国内媒体对苹果节信息的关注与报道，提高了丰县“红富士苹果节”在全国的知名度。现在丰县、丰县大沙河苹果在全国有了相当的知名度。

大型节事活动促进目的地旅游人次和旅游收入的迅速增长。奥运会总共举办了 30 届，每一届对举办国的影响都非常巨大。进入 20 世纪 90 年代，奥运会对举办国的影响尤为突出，许多国家因成功举办奥运会，极大地提高了国际形象，由此带来可观的外汇经济效益。在巴塞罗那、亚特兰大、悉尼、雅典、北京奥运期间，分别接待了入境游客 30 万人次、29 万人次、50 万人次、50 万人次、38 万人次。入境国际游客无论是在住宿、交通、通信、餐饮、观看比赛，还是吉祥物、纪念品等旅游购物的消费水平都比平时超出一倍或数倍，集中消费程度高，举办国外汇收入增量巨大。在巴塞罗那奥运会期间，旅游外汇收入达到 30 多亿美元；悉尼奥运会旅游外汇收入达到 42.7 亿美元，北京奥运会旅游外汇收入高达 48 亿美元。奥运旅游业毫无例外地成为举办国的重要外汇收入行业。

四、挖掘地方文化，推动举办地精神文明建设

1．挖掘地方文化

文化是节事活动的灵魂，没有文化的节事活动就没有生命力。因此，在节事活动的举办过程中，组织者会千方百计地挖掘地方历史、民俗、餐饮、物产等各类文化，使许多原来不受重视的地方文化得以传承发展，有利于我国文化多元化发展。很多区域文化虽然不能作为节事活动的主要内容，但是在节事活动中频频亮相，从而增加民众对此类文化的感知。例如，河南开封是七朝古都之一，每年开封菊花花会都吸引大量游客参观龙亭、铁塔、大相国寺、包公祠等名胜古迹，除此之外，开封的杂技、舞狮、盘鼓、高跷、旱船、唢呐等丰富多彩的民间艺术表演也在国内外都有很高的赞誉。所以，开封菊花花会也会以这些民间艺术表演来宣传开封悠久的历史文化，使传统民俗文化活动品味不断提升，发扬光大，同时也极大丰富了花会期间群众文化活动，增添了浓厚的喜庆气氛。

资料 1-4

加拿大郁金香节

时间：每年的 5 月 4 日至 22 日

世界上最大的郁金香节不在荷兰而是在加拿大渥太华，这多少让人感到有些意外。加拿大与荷兰国花的这份渊源要追溯到 1946 年。当时，为了表彰世界大战期间渥太华在解放荷兰的战争中所发挥的重要作用，朱莉安娜公主向渥太华赠送了 10 万只郁金香球。这些百合科的美丽花朵激发了渥太华人民对于郁金香的爱。而今天，郁金香则是和平、自由以及友谊的象征。1953 年，加拿大首届郁金香节展出了几万株郁金香花。在不

到 10 年的时间里，这一数量已经增长到 200 多万株，展出的郁金香包括了不同的品种、大小和颜色。每年 5 月，超过 60 万名游客来此参加为期 3 天的盛会，这使得渥太华成为了北美洲的“郁金香之都”，也可以说是世界的“郁金香之都”。

2. 推进精神文明建设

在我国绚丽多姿的各类节庆活动中，随着社会进步、经济发展和文化建设，传统节庆、国事节庆和新兴节庆的种类更为繁多，数量急剧增加，成为满足人民群众精神文化需求、推进精神文明建设的重要方式。“从三月三赶歌圩的传统习俗起调，在 10 年的优美旋律中激情飞扬，《大地飞歌》唱红了大江南北，绿城南宁蜚声于四海领邦。南宁国际民歌艺术节，一只带着梦想展翅的鹏鸟，一个乘着歌声飞翔的节日！”这一段如诗如歌的评语，写在由中华文化促进会等举办的“节庆中华奖”获奖证书上，尤如今日中国众多节庆活动传承和发展的生动缩影。这个乘着歌声飞翔的节日，不过是中华民族在几千年文明创造和文化传承的漫长岁月中形成的成千上万个各种节庆活动中的一个，它是从有着悠久岁月和历史积淀的三月三赶歌圩传统习俗中走来，又适应当代中国快速发展、人民群众精神生活需求的要求。国庆节、五一节、妇女节、青年节等国事节庆也对弘扬爱国精神、增强民族凝聚力发挥着重要作用。

学生活动 1-2

活动主题：了解节事活动的功能。
活动目的：学生能够了解节事活动的功能。
活动形式：小组作业。
活动内容：收集一项节事活动的资料，分析它的社会效益。

第四节 节事活动的发展现状及趋势

一、国际节事活动的发展概况

远古时期的人类由于对自然的认识处于原始阶段，会选特定的“日子”对人类自身之外的东西（如自然、祖先和无法解释的现象）进行原始崇拜。他们聚集在一个场所，按照一整套的仪式或程序演示一定的动作以表达其愿望。同时由于这是一个重要的活动，他们会穿上平时不穿的衣服，使用平时很少使用的用品，享用平时不舍得食用的食物等。这个时候的人类会忘掉平日生产的劳累和生活的艰辛，或庄严、或欢乐地消费和享用比平时更多的食物、用品等。在人类漫长的岁月里，逐渐形成了诸多丰富多彩、形式各异的节日风俗，这些节日风俗都是伴随着历史的发展而形成的，反映了各个民族生息、发展、进步的过程。其表现形式主要有各种庆典、民俗节日、宗教节日、体育比赛、团体聚会等。直至今日，节事活动发展成为枝繁叶茂的庞大体系，从社区娱乐活动到国际级的大型艺术交流，表现形式多种多样。

1．国际节事活动的特点

（1）节事活动公众参与性强　国外很多节事活动的设计特别重视参与性，为旅游者提供丰富多样的节事活动大大不同于日常生活的旅游体验。国际上有一些狂欢娱乐性质的节事旅游活动享誉全球，如巴西狂欢节、威尼斯狂欢节、西班牙西红柿节、法国尼斯狂欢节等都是全民参与的节日，活动与环境共同形成的特殊氛围特别吸引游客。以西班牙“西红柿节”为例，每年“参战”和“观战”的人数达 4 万人之多，已成为当地重要的旅游资源。另外，西班牙奔牛节不光是与牛同跑，还包括民间表演，一些乡间运动比赛，如伐木比赛、举大石头比赛等。有的还特别考虑到孩子们，专门为孩子们准备了表演和活动，充分考虑到了全民参与性。即便是文化艺术类节事，也都不光是表演展示，也注重设计一些公众参与的活动。2006 年爱丁堡国际艺术节开幕式上就吸引了十几万观众，来自世界各地两万多名表演者参与了 1 600 多场演出，旅游效应巨大。

（2）节事旅游活动具有鲜明特色　国外很多城市从地方文化中着手开发节事旅游活动，使节事活动极具民间特色。例如，日本各地开发出很具民间特色的民俗节事活动，札幌的雪祭、青森的“睡魔”节等，尤其是京都的“时代”节，将京都成为首都后1 000 多年来的风俗习惯按各个不同时代的风貌列队展现，使人感到好像亲眼目睹日本历史画卷。另外像比利时，这个欧洲国家一向以民间节日丰富多彩而著称于世界，号称“千节之国”，如“和飞龙战斗节”“巨人节”“火腿节”“虾节”“啤酒节”“肉馅饼节”“狂欢节”等，简直数不胜数。而同是狂欢节的巴西狂欢节和德国狂欢节也是各具特色，巴西狂欢节最精彩、最热烈的场面是桑巴舞比赛，而德国狂欢节的高潮出现在“玫瑰星期一”，人们举行化妆大游行、大型狂欢集会和舞会。

（3）市场认知度较高　由于具有鲜明的特色，国外很多知名的节事活动有着悠久的历史，成为每年的盛会，在国际上认知度很高，形成了品牌基础上的文化冲击力和特色震撼力。例如，西班牙奔牛节举办期已长达 4 个世纪，节间活动发展到 156 项，成为广为人知的西班牙节事活动。另外一些极具特色的地方性节事活动也做得很精致，在当地认知度很高，对当地及周边地区也很有吸引力。

（4）节事活动市场运作程度高　在西方社会，很多节事活动仍然是立足于社区的民间自发组织的活动，完全的市场化运作。此外，一些经过策划的特殊事件，如城市标志性事件，在产生之初就具有强烈的地区营销导向。因为这样的一个运作方式是在市场机制比较健全的条件之下，大家认为有必要来做的，所以大家共同来做，而不需要更多的行政干预。换句话说，是市场有需求，为了满足市场需求才设计了节事旅游产品。

（5）节事旅游行业相对完善，相关研究多　节事旅游行业在欧美发达国家有很广泛的基础，从节事服务、节事整合营销到节事相关技术的开发及节事活动的运作管理，从节事行业协会组织到节事传媒、节事教育培训机构，整个行业已经具备了健全的基础，形成了较完整的节事产业链。另外，随着节事旅游的发展，国外对节事旅游的研究形成了一股热潮。研究范围广泛，有从社会、经济、心理等角度的研究，也有从行业各个层面的研究，如行业效应、市场营销、旅游者行为等方面的研究，还有从管理层面着手的研究，探讨节事活动的组织、风险规避等问题。这些研究对节事活动的实践操作提供了理论支持和科学指导。

2．国际节事活动的发展趋势

（1）节事活动与城市发展相连　城市营销理念力求将城市视为一个企业，将具体城市的各种资源，以现代市场营销手段，向目标受众或目标客户宣传或兜售。所以，节事活动不仅塑造了城市形象、提升了城市知名度，也使节事活动发展日益成为城市整体发展战略的重要部分。它以拉动城市经济、带动城市更新改造、弘扬传统文化和体现精神内涵，而受到各个城市政府的高度重视，很多城市纷纷制定节事活动发展规划。伴随着这种趋势，通过竞标申办的方式争夺节事活动举办权也将逐步流行。

（2）商业赞助成为举办节事活动的重要融资途径　在现代社会，随着广告等传统手段竞争的日趋激烈，人们日益意识到节事活动作为“软媒体”具有的广泛影响和传播效应。因此，企业会赞助节事活动，借此来树立企业形象、提高产品知名度、打开产品销路等。企业热衷赞助节事活动，使得节事活动赞助变得越来越普遍，有助于节事活动的良性循环发展。

（3）节事活动将更为品牌化和专业化　节事活动品牌在旅游业中扮演十分重要的角色，它本身就是一张城市名片。美国的玫瑰花节、西班牙的奔牛节、意大利的狂欢节、马来西亚的国际风筝节都对本国节事活动和旅游业的发展起到了非常重要的作用。随着节事活动的发展，出现了专门的节事活动管理部门，专职管理部门已成为节事活动和旅游业发展最快的一个机构。

二、我国节事活动的发展概况

1．我国节事活动发展历程

作为历史悠久的文明古国，我国本土起源的传统节事活动同样源远流长。但是作为一种当代的文化产业现象，我国节事活动的起步发展基本上可以追溯到 1978 年改革开放以后，大致经历了 3 个发展阶段，并呈现出不同的阶段性特征。

（1）20 世纪 80 年代初期和中期　我国节事活动的兴起可以追溯到 20 世纪 80 年代，一些运作相对比较成功的节事活动现在依然影响很大，如洛阳牡丹节（1983 年）、潍坊风筝节（1984 年）、哈尔滨冰雪节（1985 年）等。仔细分析这些节事活动会发现，这一阶段的节事活动中心侧重于当地群众的庆祝和娱乐的功能，与老百姓的文化娱乐密切相关，是作为一种大众文化现象而存在的。比如，洛阳牡丹节举办的目的是“活跃人民生活，提供文化娱乐机会”，哈尔滨冰雪节则强调了“鼓舞群众精神，提供文化娱乐机会”的功能。

（2）20 世纪 80 年代后期与 90 年代　20 世纪 80 年代后期，城市改革的推动和沿海工业的大发展，以工业化产品为主题的节事活动在沿海地区集中兴起。这一阶段的节事活动反映了当时我国沿海地区工业获得长足发展的现实，“文化搭台，经贸唱戏”，节事活动的主题已渐渐地向商贸活动和城市形象的宣传转移，而商贸活动也渐渐地与节事活动、旅游等方面深刻地结合起来，朝着综合性方向发展，而且不断发展创新。通过节事旅游活动来争夺经济发展资源，为地方经济发展服务也是这一阶段节事活动大力开展的主要原因。因此，这一时期我国节事活动发展非常迅速。据粗略统计，1991 年新产生的旅游节 30 多个，为 1987 年的 3 倍。同一主题节事活动也发展迅速，一时间全国风筝节就有 10 个之多。根据 1991 年的《中国旅游年鉴》记载，当年全国著名节事旅游活动 88 个。其中哈尔滨的冰雪节、广州的年宵花市等最为著名。1992 年，全国推出了近 100 项节事活动，如昆明的中国艺术节，广州、上海、南京、杭州、成都、济南、厦门等地举办的各具特色的美食节，北京、上海、广州举办的中国旅游购物节，广州举办的中国旅游艺术节等。1995 年中国“民俗风情游”主题活动也极大地推动了全国节事旅游的发展。

（3）21 世纪到现在　进入 21 世纪，我国经济实力获得了巨大提升，节事活动向大规模、国际化的方向发展，集中表现是北京成功主办第 29 届奥运会和 2010 年上海世界博览会。这一阶段代表性的节事活动还包括 2001 年世界大学生运动会、2001 年在上海举行的 APEC 年会、2004 年中国网球公开赛、2005 年上海 F1 方程式赛车、2010 年广州亚运会等。这些节事活动一方面反映了我国一些国际化大都市的发展水平，提升了北京、上海等国际化都市在国际上的形象，产生了无与伦比的影响力；另一方面也集中展现了改革开放 30 年来我国经济发展的巨大成就，同时也在世界上提升了我国的国际形象，展示了我国举办大型节事活动的能力和信心。据统计，2010 年全国节事活动已经达到 9 000 多个，并且同时也形成一批知名节事活动，如大连服装节、青岛啤酒节、南宁国际民歌节、上海国际艺术节等。而更多的节事活动也开始在我国二线城市举行，如 2007 年在太原举行世界小轮车锦标赛，说明了我国进入一个有计划、有组织地主动开发节事活动的新阶段。

2．我国节事活动存在的主要问题及建议

（1）我国节事活动存在的主要问题　举办“以节招商，文化搭台，经济唱戏”的城市节事活动，来推介具有地方特色的旅游资源和产品，塑造城市的整体形象，促进城市经济和社会事业的加速发展，已在全国形成了热潮，并渐渐形成了一种政府显示政绩的“时尚”。综合分析，我国节事活动中存在的问题主要有：

1）举办城市规模不一，节事活动数量众多，缺乏品牌知名度与国际化水平。从城市规模上看，大到北京、上海，小到一些县级市几乎都有各自的节事活动；举办节事的城市（镇）数量、每一城市举办的节事数量都还在逐渐增加。但与西方一些具有长期举办历史的节事相比，我国多数城市节事活动举办届期都不长，能持续举办并发展成为国际节事活动的则更是屈指可数。比如，我国举办历史较长的有洛阳牡丹节，从 1982 年第一届开始，至今已有 29 届。与此相比，西班牙的斗牛节举办期已长达 4 个世纪，节间活动多达 160 项。

2）节事活动类型多样，但是主题存在一定重复雷同现象，缺乏文化深度。前面提到，我国的节事活动有 8 种主要的活动类型，可谓丰富多彩。但是大多以资源导向型节事居多。其中以物产餐饮型、历史文化型、民俗风情型和自然景观型的节事活动所占比例较大，四者合计占我国节事活动市场的 74%。同时，国内许多节事活动在诸如节事主题、活动内容、运作方式、管理模式等方面存在相互模仿、重复办节的现象，品牌节事活动数量不多。

3）节事活动以政府主导型为主，市场化模式有待加强。在我国，城市节事活动多数是由当地政府部门牵头主办的，由于政府在节事活动策划、运作能力方面专业性不强，大多按行政方式运作，市场作用发挥不足，从而导致节事活动效果不够理想。

目前，我国节事活动的运作模式大致可以分为 4 种主要类型：①一级政府（市政府）主办模式；②政府某行政部门（如文化局）主办模式；③政府引导、企业承办、市场运作模式；④完全市场化运作模式。其中第三种模式，普遍被大多数城市所采用，这种模式将整个节事活动作为一项系统的文化、旅游、招商举措来运作，最终实现社会效益与经济效益上的“双赢”。国内一些著名的大型节事活动，如南宁国际民歌节、青岛国际啤酒节、哈尔滨国际冰雪节等都是采用此模式。南宁市政府 1999 年开始举办南宁国际民歌艺术节，所有事务由举办地政府全权负责，甚至连场馆安排都活跃着政府忙碌的身影，然而当年的广告集资与票证收入仅为 500 万元。从 2002 年起，民歌节开始实行政府办节、公司运作、社会参与的市场化运作机制。当年筹资总收入达 2 757 万元，实际支出 2 694 万元，实现收支平衡略有节余，取得了较好的经济和社会效益。自此，民歌节逐步实行全面市场化运作，率先成为我国完全市场化运作的节事活动。

4）举办形式呆板老套，无法吸引大规模公众参与。由于节事活动在运作模式方面缺少新颖性与创造性，再加之节事活动本身知名度不高，内容缺乏文化内涵等原因，直接导致了当地民众及外地游客参与节事活动不够理想，并由此导致节事活动的成本过高，效果不显著。

5）节事活动空间分布不均衡，呈现“东多西少”的局面。我国节事活动主要集中在长江三角洲地区、环渤海地区、珠江三角洲地区，这些地区经济发达，旅游业也较为发达，因此举办的节事活动数量多、质量高。而中西部地区由于自身经济发展缓慢和综合实力不强，导致节事数量偏少，质量相对较差。从整体上看，我国节事活动空间分布不均衡，地域性差异大。

（2）我国城市节事活动开发与管理发展的建议

1）整合节事活动，彰显个性与特色，实现品牌化发展。针对目前我国节事活动滥而不精、形式单一的现象，整合节事活动是非常必要的。在整合的基础上，创造个性化、特色化的节事活动，打造本地区具有竞争力的节事品牌。节事活动的个性、特色与品牌需要依附一定的客观载体。这些载体可以是某地独特的人文或自然景观，也可以是某地的特色物产。比如，前面提到的洛阳牡丹节、青岛啤酒节、大连国际服装节，都是国内一些成功的节事活动，具有鲜明的民族特色，切合当地实际情况和风俗习惯，有较强的娱乐观赏性，已经成为国内知名的节事品牌。

2）加强政府引导、企业承办、市场运作的节事活动模式。目前，我国节事活动的主导力量仍旧依靠各级政府，尤其是国际性大型节事活动的举办需要靠政府去争取，并通过政府对外宣传与召集，充分调动社会各方面的力量共同参与，协助办好节事活动。企业承办主要体现在节事活动的主题策划、节事活动内容的精心设计、节事活动的全面服务等方面。整个节事活动的操作过程则应交给市场来运作。比如，节事活动的赞助商、冠名权、广告宣传等方面，都可以采用公开招标、公平竞争的方式，激励更多的企事业单位参加到节事活动中。

资料 1-5

办节事要处理好政府引导与民间商业化的关系

打造节事活动，要认真处理好“数量与度”的问题，不能贪大求多，要追求“精和质量”，在“精和质量”第一的前提下，应充分鼓励和引导企业参与核心环节，吸引社会资金融入节事活动中。政府要把主要精力放到“传承和发展”的层面考虑问题，不但要从文化的角度去研究节事活动，还需要从经济的角度去研究，即文化与市场相结合、文化与经济效益相结合、文化与消费相结合，只有体现了民族性、时代性、国际性、群众性、艺术性，才能保持节事活动的生命力，并使生命力得以张扬。政府要培育、筛选、引导节事活动的产品链条，在提高和丰富节事活动文化含量、组织好群众喜闻乐见的风俗活动的同时，要以文化贸易推动经济发展，在强化文化宣传教育手段功能的基础上，提炼出节事活动特殊的商品属性，提升市场竞争力，使节事活动既有政府主导的文化交流，又有社会各种力量参与的文化活动和经贸活动，在活动中鼓励民间资本投入文化产业，使民族文化资源与社会资金、技术等生产要素紧紧关联，让政府、企业、市场、本土文化持有者、外来文化消费者从不同的利益角度关注参与节事活动，使文化产品和文化艺术在不同层次、不同领域得到理解、尊重、欣赏、认同和发展。

3）加强节事活动促销与城市目的地营销。节事活动持续时间一般较短，产品性质特殊，临时调整难度大，因此对促销的要求较高，除一般惯用的促销手段外，还可以采取互联网促销，聘请专业性中介公司推进市场化和专业化运作等手段。与此同时，要充分发挥节事活动在地方品牌化中所具有的“作为促进城市发展的动力，强化地方意识；作为城市形象的塑造者，提升城市声誉；作为城市旅游吸引物，构成旅游产品体系的有机组成部分；作为提升旅游吸引物和城市目的地地位的催化剂，拉动地方基础建设”的作用（Getz · D，1997），将节事活动作为城市特殊的营销战略或城市目的地营销计划的组成部分，融入到城市营销或营销城市的活动中去。

4）加强宏观调控，因地制宜，促进节事活动的合理化时空分布。由于我国节事活动的举办往往是依托于当地最具有比较优势的资源和物产，在空间分布上表现出东部多、西部少的不均衡特点，因此在节事活动的举办中必须强调宏观调控和指导，强调因地制宜，从而促进节事活动在时空分布和类型上更趋合理和完善，形成良性的整合态势。比如，东部地区应充分利用经济文化及旅游业高度发达的优势，努力提升节事活动品质，促进其升级和转型，形成一些有重要影响的标志性节事；西部地区则应充分认识当地的资源现状，了解市场需求，将丰富多彩的自然资源、浓郁的民俗风情充分利用，大力发展以资源型为主导的节事活动，培育出地域特色鲜明、民族特色突出的重大或标志性节事活动，建立地方城市节事品牌。

我国节事活动，需要引入市场化运作模式，结合地域特色、资源优势，体现民族习俗文化，通过政府协调节事活动的开展，打造一个又一个具有民族性、地域性、国家性的品牌节事活动。

3. 我国节事活动的发展趋势

（1）我国节事活动文化内涵更加丰富　节事活动作为一个民族或一个区域集体文化记忆的符号和载体，其文化内涵的丰富与否，决定了这个节事活动是否延续和发展。因此，越来越多的城市在加大节事活动文化内涵上下了一番工夫，都十分注意将多元文化有机地、巧妙地结合起来，优势互补，扬长避短。纵观全国的节事活动，真正使人印象深刻的，都是注重做文化的，主要表现为以下 6 个方面特点：注意挖掘本土文化；坚持弘扬传统文化；大力挖掘独特文化；不断吸收外来文化；继续展示现代文化；积极普及大众文化。

（2）我国节事活动将向产业化趋势发展　招商引资，推动地方经济发展是举办节事活动的重要目的之一，所以发展节事活动产业势在必行。各举办者都注意使节事活动产业化，不仅通过举办节事活动达到发展城市的目的，而且节事活动的运作也在产业化。加强协调监控，减少行政成本，在确保社会效益的同时，争取经济效益的增长，实现节事活动的市场化、产业化运作。

目前不少节事活动从策划、集资、广告、会务、展览、场地布置、搭建、纪念品、宣传等都有专业的节事活动策划公司和机构承担，通过招标合作的形式完善现代节事活动的产业链条，大大提高了节事活动的水平，使节事活动真正走上“政府主导、社会参与、市场运作”的产业化发展道路，如中国宜昌长江三峡国际旅游节。

（3）我国节事活动将向多元化趋势发展　多元化体现在举办地多元化、模式多元化、主题活动多元化等方面。很多的节事活动跨越一个举办地，甚至全国举办，在主题活动上也不是单一的活动项目，而是文艺晚会、招商会、研讨会、论坛等多种主题形式的活动相融合。

资料 1-6

世界杯足球赛的经济价值

世界杯足球赛是世界上最大规模的单项体育赛事。作为全球最受欢迎的体育项目——足球的盛会，世界杯足球赛具有让世人折服的精彩激烈的比赛，而它创造出的巨大财富更令世人瞩目，每一届世界杯都会有很多商家收获颇丰。通过承办世界杯，举办国不仅可以获得直接经济收益，而且还能促进本国经济的发展。一届成功的世界杯往往会给举办国 GDP 带来 0.1%～0.5%的增长。1998 年法国世界杯，法国队历史性地夺冠之后，法国 GDP 在一年内增长了 4%；2002 年韩日世界杯，韩国获得直接收益达 40 亿美元，为 GDP 增长贡献 0.74%；2006 年德国世界杯，德国直接收益达 47 亿美元，为 GDP 增长贡献 0.2%；2010 年南非世界杯，促使南非当年的经济增长 50 亿美元，为 GDP 增长贡献近 0.5%。

（4）我国节事活动将向市场化和专业化方向发展　市场化是国外成功节事的基本运作模式，由大型专门的服务或策划公司承办，政府行为只起着协调、支持的作用。我国目前就要建立与国际活动业相适应的管理体制，根据目标市场打造节事活动品牌，广泛协作联合，注重宣传促销，尽快引进、培养专业管理人才，实施专业化管理，使我国节事活动与国际规范相一致。

思考与练习

一、不定项选择题

1．广义的节事活动包括（　　）。

A．节庆　　　　B．特殊事件

C．各类活动　　D．节日庆典

2．按主题分类，节事活动可分为（　　）。

A．宗教性　　B．文化性　　C．商业性　　D．体育性

E．政治性

3．按地域范围分类，属于全球性的节事活动有（　　）。

A．奥运会　　B．世界杯

C．世博会　　D．国内旅游交易会

4．我国节事活动将向（　　）趋势发展。

A．专业化　　B．市场化　　C．多元化　　D．产业化

二、填空题

1．节事活动是能对人们产生吸引，经过精心策划，有可能被用来开发成娱乐、休闲、旅游等参与性的消费形式的（　　）和（　　）的总称。

2．节事活动按照内容可以分为（　　）、（　　）、（　　）、（　　）、（　　）、运动休闲型、娱乐游憩型、综合型等 8 大类。

3．节事活动按照地域范围可以分为（　　）、（　　）和地方的节事活动。

4．大连国际服装节按节事活动属性分类是属于（　　）活动。

5．节事活动按照活动的形式可以分为（　　）和（　　）。

6．节事活动按照组织者可以分为（　　）、（　　）、（　　）。

7．节事活动按照属性可以分为（　　）、（　　）和其他节事活动 3 大类。

8．我国节事活动空间分布不均衡，呈现（　　）的局面。

三、简答题

1．简述节事活动的定义。

2．简述节事活动的功能。

3．简述国际节事活动的特点。

4．简述国际节事活动的发展趋势。

四、论述题

论述我国节事活动目前存在的问题及其原因，并提出解决对策。

五、案例分析题

南汇“以花为媒”牵动旅游经济

1991 年南汇首届桃花节，标志着当地旅游开始启动。目前，桃花节已成为上海知名品牌。2007 年共接待游客 68 万人次，同比增长 50%以上；同时，南汇境内的上海野生动物园、上海鲜花港等 10 多个颇具知名度的景点，接待游客首次突破了 300 万人次，同比增幅接近 50%。

花，称得上是南汇的特色旅游资源。据介绍，南汇一直有着华东平原地区最大的“桃源”，全区几乎每个镇都有上千亩桃树。每年 3 月、4 月，沪南、南芦、南六等主干道“两边桃花夹驰道”，为久居闹市的人们营造了一个踏青赏花休闲的佳境。在南汇桃花村，如今几乎天天有游客，春天可踏青赏花，夏秋时节可品瓜摘果，平时还有垂钓、会务、采摘蔬菜、吃农家饭等游乐项目。上海鲜花港也进一步演绎“花”的主题，这里的郁金香展一天

就能吸引近 2 万人次，今后，它还有望一年四季开园：春有郁金香，夏有莲花，秋有菊花，冬有温室鲜花。

以花为媒，并不局限于“花”。该区旅游局有关人士告诉记者，今年桃花节将“打包”推出五大特色游线路，除了踏青赏花游，还有自然生态游、文化休闲游、港城新貌游、健身休闲游，串起了南汇境内的几十个新老景点。其中“港城新貌游”，包括滴水湖、南汇嘴观海公园、东海大桥、洋山深水港等新景点。而“健身休闲游”中的滨海高尔夫俱乐部，也吸引了日本、韩国、新加坡等世界各国的游客，他们周末专门乘飞机到浦东，打完高尔夫就直接“飞”回国，去年俱乐部共接待游客 4.5 万人次，其中 50%为境外游客。此外，一些新景点，如“书院人家”农家乐、美特斯·邦威服饰馆、上海风电科普馆等人气也在迅速上升中。

一年超过 300 万人次的“人流”，带动了当地“吃、住、行、游、购、娱”旅游六要素服务设施的提升。比如，目前南汇在建和试营业的星级宾馆就达近 10 家，此外，大型商业设施如豪布斯卡生活港、“茜尔斯”购物街等也将于今年亮相。

（资料来源：黄勇娣，南汇“以花为媒”牵动旅游经济[N]，解放日报，2007.10.17 第 3 版）

【问题】试分析桃花节对南汇的发展有什么促进作用？

第二章

节事活动策划与流程

➢ 知识目标

掌握策划的含义、特点及其包含因素；理解节事活动策划七大原则及其内在联系；掌握节事活动策划的主要方法；理解不同策划阶段所采用的对应方法；理解节事活动策划的基本程序。

➢ 技能目标

掌握节事活动策划七大原则的实际运用能力；能应用节事活动策划的主要方法；掌握并学会运用节事活动策划的实施步骤；具有抓住节事活动每个程序策划重点的能力。

案例导入：中国香都——宁陵梨花节策划

一、宗旨

通过举办第一届宁陵梨花节，架设与八方商客经济合作的桥梁。增加“金顶谢花梨”的销量，并将宁陵的梨文化发扬光大。从而推动宁陵经济发展，架设经济合作桥梁，提升宁陵的综合竞争力，将经济的发展与当地文化紧密结合，丰富活动内容，提升文化品位，展现时代特色，吸引投资者为宁陵的经济繁荣注入更多新鲜血液。

二、组织领导

主办：宁陵县政府、第一届宁陵梨花节筹委会

承办：博日国际传播集团

协办：北京博日广告艺术有限公司

三、举办时间

2004年3月27日

四、举办地点

宁陵县梨园及周边区域

其他各活动场所

五、活动内容及流程安排

1. 首届宁陵梨花节揭幕仪式

主要内容：制作一个巨大的“梨”造型，中空，将活动吉祥物的造型做成气球放入其中，揭幕时由领导及嘉宾用小锤将“大梨”敲开，吉祥物和无数小气球及彩带从中飞出，气氛热烈

时间：3月27日上午8:00—9:00

地点：宁陵梨园梨花节主席台

流程：

1）8:00—8:10：主持人致开场辞，介绍领导及嘉宾

2）8:10—8:35：宁陵县领导致欢迎辞

3）8:35—8:50：请领导及主要嘉宾揭幕

4）8:50—9:00：主持人宣布活动正式开始

2.（略）

六、宣传策略

1. 报纸

国际性报纸：《世界日报》（全球最大的华文报纸）、美国《国际公报》

全国性报纸：《人民日报》、《中国青年报》、《中国旅游报》、《经济日报》

2. 电视

中央电视台新闻频道、教育频道、农业频道

3. 户外广告

在人流密集地区如市场、宾馆等张贴大幅海报

七．实施细则

1. 活动筹备流程

1）2004年3月10日：召开筹委会，研究筹备细则，协调各方面关系

2）2004年3月8日：准备开幕式节目

3）2004年3月9日：征招志愿者并与其他工作人员一起培训

4）2004年3月10日：将所有志愿者及其他工作人员按所需从事的项目分组，选出组长（组长须熟知活动内容及组织方法）进行演练

5）2004年3月23日：搭建露天舞台及其他设施

6）2004年3月25日：给领导、媒体、投资商送请柬并确认其是否到场

7）2004年3月26日：开幕式节目审查彩排

8）2004年3月27日：揭幕

2. 活动管理细则（由筹委会决定）

活动管理细则包括人员分工、财务制度、奖惩制度等

3. 活动效果评估

前期评估：预期达到以下目标：

1）树立宁陵梨的品牌知名度

2）为这一品牌的销售找到更多销售商和中间商

3）扩大地区知名度，以期为今后的销售做好铺垫

4）为今后每年的盛会探索一条特色途径，是这个盛会能够成功举办下去的目的

中期评估：由筹委会负责，用观察法对现场气氛及市场知名度的变化认真评估

后期评估：对广告活动的社会效果进行综合评估

八、附录：广告设计方案

1. 梨花节徽标设计

2. 梨花节吉祥物设计

3. 报纸、广告设计

【问题】你认为该策划方案哪些地方需要修改。收集宁陵的节事活动的相关资料，以宁陵作为一个旅游目的地，策划系列节事活动。

第一节 节事活动策划的概念

一、策划概述

1. 策划的含义

策划又称“策略方案”和“战术计划”（Strategical Planning / Tactical Planning）是指人们为了达成某种特定的目标，借助一定的科学方法和艺术，为决策、计划而构思、设计、制作策划方案的过程。策划活动是以掌握的现实信息材料为依据，以人们对这些信息资料的认知程度为标准，对未来的行为规范所作的规划和计划。

策划分为策略方案思考与计划编制两个过程：①策略思考又称策略性思考，是为达成某种设计编制具体行动计划的过程，或为达到某种特定目的所需采用的方法论的思考与设计；②计划编制是指按照已经确定的方法论编制具体行动计划的过程。

2. 策划的特点

现代意义的“策划”可以理解为借助一定的信息素材，为达到特定的目的、目标而进行设计、策划，以为具体的可操作性行为提供创意、思路、方法与对策。策划主要有以下特点：

（1）实用性 实用性是策划最根本的特点，其根本目的是为了处理或解决实际问题，是具有一定的实用价值的。

（2）真实性 策划从根本上说是思想交流和信息传达，创意和信息只有建立在行动的基础上才具备可操作性，否则便会成为无稽之谈。

（3）智能性 智能性是指策划者对环境有敏锐的感受能力，可以凭直觉觉察到人们未注意的情况和细节，想象丰富，思路开阔，勇于弃旧图新，逻辑严谨细密。

（4）全局性 现代策划讲究的是大战略着眼、小战术入手，大至对国内外的政治、经济、文化、军事以及整个社会信息的谋划，小至项目、产品甚至个人战术方法的技巧，注重整合多种资源，将战略与战术完美结合。

（5）可操作性 策划作为一种思想创意和策略方案，是为现实工作提供的总体方案和行动计划，在现实中是可执行和实现的。

（6）时效性 策划讲究审时度势，重在适时、及时。太超前了，不易被人接受；太滞后了，时过境迁，一钱不值。再好的策划，如不被及时采纳、实施，其效用也会消失。

3. 策划的要素

（1）策划者 策划者是策划活动的主体要素，是策划活动任务的承担者、策划工作的实际操作者。策划活动是人类高智慧的行为，对每一个策划者来说，如果要担当起策划主体的重任，就必须具有较高的素质，要知识丰富、学识渊博，有较强的分析问题与解决问题的能力，有创新精神，能预测事物的发展方向。博学多识是策划者进行策划活动的基础，谨慎细心是策划者成功策划的保证。

（2）策划需求者　需求者就是采用策划的单位或个人。策划需求者一般是以提高自身的效益（社会效益或经济效益）为根本需求。

（3）策划目标　策划目标是策划所要达到的预期结果和策划者将要完成的任务。

（4）策划对象　策划对象是策划的客体要素，是策划目标指向的对象。策划对象既可以表现为企业或组织内部的员工群体、个人、决策层，以及企业外部的顾客、经销商、代理商及相关公众等由人构成的对象要素，也可以是由产品、部门、地区等组织构成的对象要素。

（5）策划的环境　影响策划的因素是复杂多变的，同时各个因素之间也存在交叉作用。策划首先要认识和了解策划需求者所处的政治、社会、市场等环境，策划的过程应包含认定问题、评估威胁以及对威胁所作的反应等若干阶段，应注意环境的动态性及对环境的适应性。

（6）策划方案　策划方案是策划主体从策划目标出发，创造性地作用于策划对象的产物，是在创造性思维的过程中，遵循科学的策划运作程序和步骤设计完成的。它详细记录了策划的方法及实施内容，是策划活动最终的结果，提供了策划实施中反馈信息的对比依据。

二、节事活动策划

1．节事活动策划的定义

节事活动策划是指以一定的资源条件和市场为基础，对节事活动的主题、内容、举办形式进行事先分析，并作出谋划和决策的一个理性的思维过程。简而言之，节事活动策划就是对节事活动整体战略与策略的运筹规划。节事活动策划不是具体的业务，而是将节事活动目标具体化并形成决策的过程。

2．节事活动策划的必要性

节事活动策划的必要性是由节事产品开发所依赖的资源特性决定的。

（1）节事活动资源具有潜在的特性　节事活动往往是一个地方的地方精神和文脉的最具象、最集中的体现，是一种依据文化资源而定的特殊产品，而这种文化资源在平时是处于潜在状态的，必须经过节事活动策划开发，才能够由潜在状态转变为可以销售给节事活动利益相关者的产品状态。

（2）创新和独特是节事活动的灵魂　必须在类似的社会、经济条件下，通过敏锐的分析和大胆的创意，才能够提炼出节事活动的独特卖点和新颖的组织运作模式。

（3）节事是一种社会文化的仪式化表达　在现代商业社会，节事活动可能带来大量的经济、环境、社会效益，若策划运作不当，也可能引起较大的不良效应，需要因势利导扩大正面效应，消除负面效应。

（4）节事活动的筹办、策划、举办和运作是一个系统工程　前期需要经过周期的准备过程，来保证节事活动利益相关者的预期利益得到很好的满足，同时也保证节事活动举办的顺畅和安全。

学生活动 2-1

活动主题：认识节事活动策划的特点。
活动目的：能够掌握节事活动的特点。
活动形式：小组讨论。
活动内容：以《中国香都——宁陵梨花节策划》为案例，谈谈节事活动策划的特点。

第二节　节事活动策划的原则

原则是人们行为或做事所依据的准则、所遵循的标准。节事活动策划的原则是指能够反映节事活动策划过程的客观规律和要求，在节事活动策划活动中需要遵循的指导原则和行动准则。节事活动策划原则是节事活动策划客观规律的理性反应。无论是策划目标的确立、策划问题的评估，还是策划方案的设计制作和实施，都必须依据节事活动策划原则的指导。我国节事活动策划原则一般包括整体性原则、个性化原则、参与性原则、确定性和规范性原则、可行性原则、市场化原则、效益性原则等 7 大基本原则。

一、整体性原则

坚持整体性原则，就是要把策划作为一个系统来考虑，在整体与部分之间的相互依赖、相互制约的关系中进行整体综合分析；强调整体性原则，就是强调策划节事活动的系统性、全局性、效益性，对整体中的各个部分的策略做统筹安排，确定最优目标，以实现决策目标。整体性原则的着眼点不是当前，而是未来。具有远见的节事活动策划者，绝不会只顾眼前而不顾及长远。有些事情，尽管从眼前看是有利的，但从长远看却是有害的，如为了眼前利益而牺牲长远利益，这就叫作缺乏谋“势”的眼光。正如“杀鸡取蛋”一样，得到了鸡肚子里现有的蛋，却以鸡长远下蛋机会的失去为代价。立足眼前，放眼未来，照顾眼前与长远的关系，是实现整体性原则的关键。2010 年上海世界博览会开幕式、中华世纪坛的启动仪式等看上去是一个相对简单的策划，但事实上没有一个策划是孤立的，尤其对于一个包括演出、展览、游戏、活动等系列内容的庆典活动，在策划上不但要考虑活动的艺术效果，还要考虑市场效果，如企业形象的提升、观众参与的兴趣和人数、招商融资赞助的战略规划等问题，这样才可能获得成功。

二、个性化原则

独具匠心是节事活动策划的第一原则，创意独特、手法新颖、营销方式独特、个性鲜明，才能在激烈的市场竞争中出奇制胜。例如，泰国清迈的宾（Ping）河边的水灯节、曼谷的兰娜赛舟、清迈的雨伞节、全国各地的泼水节，主题各不相同而且颇具地方特色，使得整个泰国节事活动期间热闹非凡，吸引很多国内外游客参加，取得很大的成功。

三、参与性原则

节事活动的策划要充分考虑群众的参与性，是因为要尊重参与者对解脱束缚、回归自然的心理需求，满足参与者对节事活动产品的购买需求，同时还可以营造节日庆典的氛围。例如，西塘国际旅游文化节，每到中秋节，别说是游客，连西塘周边的老百姓也都汇聚到西塘，到千年水乡古镇过中秋节。西园里有猜灯谜、江南丝竹、品茶、掷圈、夹弹子等活动，河面上可以放许愿灯，水上有移动丝竹表演，古镇内有古弄探幽等参与性的活动，让游客们感受不一样的中秋节。

四、可行性原则

遵循可行性原则一是为了避免节事活动投资失误，二是为了选出最佳节事活动策划方案，以实现投资收益的最大化。一个无法有效实施的节事活动策划，是毫无价值的。可行性原则要求：①考虑策划实施的可能性程度。这要求对社会效益、经济效益、人力、物力、财力、科学技术水平等主客观条件进行可行性论证，以保证策划得到实施。②从成本一收益角度考虑策划的实施代价问题。有些策划尽管可行，但由于投入过多或代价太大，最终结果可能是得不偿失的。③可行对政策实施过程中可能出现的问题以及应变措施加以考虑。因此，策划考虑更多的便是其可行性。

五、确定性和规范性原则

节事活动虽然是一种动态的吸引物，但又必须在动态中寻求某种确定性和规范性，它们是招徕游客的先决条件，也是著名节事活动获得巨大效益的成功秘诀。例如，西班牙斗牛节共有156项活动，在长达4个世纪的历程中，每年7月8～14日，这些活动分布在潘普罗那市固定的时间和空间，从早8时至深夜24时，以时分的精确性年复一年，百年不变。市政府为此印制大量的日程表和节目单，将节事活动安排见诸各类媒体，公布于众，达到“有组织的无政府状态”。这种严谨、周密的管理和确定性是塑造节事活动的关键，也是节事活动产品化的基本条件。

六、市场化原则

在市场经济条件下，市场化原则是节事活动策划的第一原则。节事活动策划不仅要考虑文化上的传承性，主题突出，内容丰富；更要注重经济上的可行性，使得节事活动各利益相关者的利益预期在节事活动中都有很好的表达和满足。要做到这一点，对于节事活动来说就要从运作方式入手，进行彻底的改革。也就是要从节事活动策划之初就引入市场化原则，立足市场的需要，对以往的节事活动内容到节事活动举办流程进行改造。市场化原则包含3层含义：①目标客户市场化，观众和参与者要有一定的市场规模；②资金筹措多元化，不再单独依靠政府资金支持；③运作主体企业化，具体活动交由专门的企业来承办。通过市场化原则从策划环节介入，节事活动举办就会从主题定位、赞助招商、效果评估形成一套外来评价标准。目前，我国许多重大的节事活动已经改变了原来政府操办的模式，北京奥运会、上海世博会都已经成立了专门公司，按市场化原则进行运作。

七、效益性原则

效益是每个人、每个团体、每个阶层乃至整个国家所追求的目标，它是整个人类社会前进的动力，所以人类的一切策划活动实质上就是寻求特定的效益。以往政府对节事活动大包大揽的举办方式存在效率低下、铺张浪费的弊病，与目前我国提倡建设节约型社会相违背。因此，在节事活动的策划设计中，要牢牢把握高效率原则，提高节事活动的举办效率，从设计上堵住浪费的黑洞。

第三节　节事活动策划的方法

在知识经济时代，虽然技术日新月异，但技术上的创新只有通过理念创新、体制创新才能够被挖掘出来。不断创新是节事活动常办常新的关键，是节事活动吸引力和魅力所在。节事活动是以满足人的个性化体验为主，要能够提供独特享受，就要求能超越常规、打破行业界限，实现技术创新、体制创新、内容创新、理念创新。具体来说，可以通过以下方法达到创新目的。

一、运筹学方法

"运筹"即运算筹划、以策略取胜。进行节事活动策划时，要借助运筹学的方法来关注并提高节事活动的质量与效率。在节事活动策划中使用运筹学就是要使用定量的、定性的科学方法，在内外环境的约束条件下，为了达到策划的目的，合理配置整个活动中的人力、物力、财力等资源，统筹兼顾各环节之间的关系，以便使策划方案有效实施，达到效益最优化，并体现节事活动可持续发展的长效性。

二、思维闪电策划法

思维闪电策划法是指在特定环境或氛围下，以个人或群体知识、经验、判断为基点，通过亲身的感受和直观的体验而闪现出智慧的一种方法，即一种创造性的思路。事实上，思维闪电就是通常所说的灵感，它可以很全面地揭示事物或问题的本质，并让人有一种突然间的假设性的觉察和敏感。在节事活动策划中，大量创新成果均是在灵感的火花中诞生的。而灵感实际上是因思想集中、情绪高涨而突发表现出来的一种创意。因此，思维闪电策划法也可被称为创意策划法。这种方法比较适合于对节事活动主题思想进行创新。掌握创意策划技术需要运用各种思维方法对创意的基本要素进行分类、罗列、排除、归纳，进行创造性的思维活动，最终确立一种创意。思维闪电策划法主要包括 KJ 法、纸牌法、侧面思考法、游戏创意策划法和直觉创意策划法。

三、排除策划法

排除策划法是由阿诺思·特维斯基提出的，意思是将众多的备选条件、备选方案按一定顺序排列起来，通过寻找各个条件、方案存在的缺点将其排除在序列外，来达到选择最优方案的目的。这是一种如何在决策方案之间作出选择的方法。使用此方法需要注意如下几个问题：

1．将各个备选条件、方案按照一定的层次、顺序排列

要满足不同层次策划目标的方案和条件则需要在相应的层次条件上进行比较和排除，不能越级、越层比较。

2．确定科学的排除标准

缺点与优点总是相对的，在一定条件下是缺点的方面，在另一条件下可能是优点，所以，要合理地分析各个节事活动策划方案所要求的各方面条件以及会带来的所有后果基础

上，用科学的标准将不合适的方案排除出去。

3．排除的目的是为了更好地创新

凡是被排除出去的方案，肯定是其本身含有这样或那样的缺点。排除不是最终的目的，排除是为了避免问题，防患于未然。通过对各个条件、方案的缺点和不足的考察，使策划者在节事活动策划过程中避免了相关问题的产生，并通过对这些问题的克服来发展和完善节事活动方案，使方案实现创新。

四、群体策划法

群体策划法就是客观、科学地扩大策划参与人员的范围，群策群力，设计最优的策划方案，目前主要有以下两种方法：

1．规定程序调查法

规定程序调查法又称德尔斐法，是20世纪50年代末由兰德公司奥拉夫·赫尔曼和诺曼·达尔基共同提出的以德尔斐为代号的调查及策划方法，用以对有关国防的未来发展进行战略策划，其具体操作方法是先由调查组织者制订调查表，按规定程序进行咨询调查，经过几轮反复，然后再征求专家意见，反复分析判断，最终在专家们的意见逐渐趋于一致的基础上得出最终结论。

2．头脑风暴法

头脑风暴法又称智力激励法，是一种专家会议形式，目的是进行决策预测和策划方案设计。这种专家会议是在一种非常融洽和轻松的气氛下进行的，人们可以畅所欲言地发表自己的看法。头脑风暴法的心理基础是一种集体自由联想而获得创造性设想的方法，它可以创造知识互补、思维共振、相互激发、开拓思路的条件，因此可收到思考流畅、思考领域扩大的效果。

这种方法适用于研讨节事活动战略性决策问题，可以从中产生出新思想、新观念、新方法、新成果。但这种方法受与会者主观素质条件限制，整理分析要花相当长的时间，甚至会延误决策，这也是这种方法的局限性。

五、系统分析策划法

系统分析策划法是将一个项目看作一个由若干个子系统相互联系的有机整体，通过揭示不影响各个子系统运动的各项要素及其相互关系，提出最优方案的方法。其具体步骤如下：

1．确定策划目标

从系统整体的要求出发，提出需要解决的中心问题，确定策划活动必须达到的目标与希望达到的目标。确定目标一般应满足4个条件，即目标的唯一性、具体性、标准性和综合性。综合处理目标的办法有两种：①精简目标，包括两个方面，一是对各项目标进行全面分析，对相互对立、无法协调的目标进行权衡后，去除那些实际上根本无法达到的目标；二是从具有从属关系的目标中去除其子目标。②合并目标，包括合并意义相近的目标以及将若干个子标组成一个综合目标。

2．拟订合理方案

根据既定的策划目标，制订出可以实现目标的各种方案。在拟订策划方案时，一般应遵循两个基本原则：

（1）提供两个以上备选方案，防止越权和代替策划。例如，有些项目策划公司在一般情况下，会向项目委托人提供多达 5 个策划选择方案，并将每一种选择在政治、经济、社会、公共关系等方面可能产生的后果及利弊一并反映给用户，为用户提供科学、客观、公正而全面的策划建议。

（2）在多方案情况下，坚持各方案间相互排斥原则。在实际策划中，一般只要坚持同时将拟订的两个以上方案相互排斥即可。

3．评价各种方案

通过模型分析、功能模拟分析等方法，对提出的各种备选方案进行比较和评估，以区分各种方案的优缺点。在对诸多方案进行分析评价时，应掌握策划方案的价值标准、满意程度和最优标准。策划方案的价值标准是指一个方案的作用、意义和收效。确定价值标准同确定策划目标一样，完全取决于策划的需要，受客观条件的限制，但又具有一定主观选择性。评价方案常用的策划方法有经验判断方法、数量化方法和模拟方法。

（1）经验判断方法　如淘汰法、排队法、归类法等，适用于策划目标多、方案多、变量多、标准不一的情况。

（2）数量化方法　用数学方法、运筹学方法等对可供选择的多个方案进行定量分析和测算，提出数据结果，供策划者加以权衡和选择。

（3）模拟方法　通过设立模型来揭示原型的性质、特点和功能，通过结构或功能的模拟寻找出最佳的方案或对已经产生的方案加以修订或调整。

4．系统选择，策划优选

通过上面的综合分析、比较和计算，从诸多备选方案中，选择出最优化的方案。根据系统局部效益与整体效益相结合、多级优化和满意性等原则，策划人员应该向策划委托部门提出书面策划报告，由策划者根据报告中提出的若干方案或建议权衡利弊，决定最终方案，同时由委托部门开始组织实施。

5．跟踪实施，调整方案

这是系统策划的最后一个步骤。在实际工作中，由于策划从性质上说是预测性的活动，方案在实施时不可避免地会遇到在策划时所无法预见的问题，所以策划委托部门一般还要求策划人员协助，继续跟踪方案的执行情况，以便及时发现问题，修改或补充原方案，使方案的实施结果能始终朝着策划的目标前进，最终实现策划目标。

第四节　节事活动策划的实施步骤

一、节事活动策划的思维过程

形成节事活动概念的主要思维过包括“5W”，这 5 个“W”分别代表了 5 个相互关联的问题，即：

Why——为什么举办这次节事活动？

Who——谁将是节事活动的利益相关者？

When——节事活动什么时候举行？

Where——节事活动在哪里举办？

What——节事活动的主要内容是什么？

对这 5 个问题的回答，实际上已经涵盖了节事策划程序中的概念和主体内容形成的诸多环节，具体来说：

Why——需要说明节事活动的目的、意义、宗旨和方向。

Who——需要说明节事活动的参与者、赞助商、组织者、发起者、承办者、媒体、公众和管理部门等。

When——需要说明节事活动在什么季节、具体什么时间举办，要考虑节事活动的季节性因素，要考虑到节事活动与传统节假日、双休日、时间协调及交通拥挤情况。

Where——需要说明节事活动所处地区的气候，是风景区还是闹市区，是海滨还是山区，是小城镇还是大城市。需要考虑到节事活动相关旅游活动的安排等。

What——需要声明节事主题活动分为哪几个部分，每个部分的关键环节是什么，每个部分的亮点何在。

二、节事活动策划的实施步骤

策划是一个整体性的系统工程。它是以明确目标为起点，以掌握信息为基础，以创意为核心开展的意向思维活动与实践活动。节事活动策划过程一般包括以下几个环节：成立策划小组、相关调查和分析、主题创意和开发设计、制定媒体策略、节事活动预算、制定策划方案。

1. 成立策划小组

节事活动策划工作需要集合各方面的人士进行集体策划，因此首先要成立一个节事活动策划小组，具体负责节事活动策划各项事宜。一般而言，节事活动策划小组人员组成如表 2-1 所示。

表 2-1 节事活动策划小组人员组成表

人 员	事 务
策划主管	负责协调、沟通整个小组各策划人员的工作，并全权负责策划方案的制定和修订
策划人员	负责编拟节事活动项目计划
文案撰写人员	负责撰写各类节事活动文案，包括节事活动常用文书、节事活动社交文书、节事活动推介文书、节事活动合同等
美术设计人员	负责各类各种类型视觉形象设计，如广告设计，此负责人要求能熟练运用 photoshop、Imageready、Illustrator、coreldraw 等软件
市场调查人员	负责进行市场调查并编写市场调查报告
公关及媒体联络人员	进行节事活动形象宣传和媒体宣传推广

2. 相关市场调查和分析

市场调查是以科学的方法，有系统、有计划、有组织地收集、调查、记录、整理、分析有关产品或劳务市场等信息，客观地测定与评价，发现各种事实，用以协助解决有关营销的问题，并作为各种营销决策的依据。

节事活动市场调查是节事活动策划的基础。从传播学的角度来看，市场调查是节事活动策划者为了了解市场信息，把握市场动态，进而确定节事活动目标和主题，编写节事活动策划方案，检查节事活动效果等所必需的调研工作。只有在系统地收集有关市场与相关背景资料，并加以科学概括分析基础上确立的节事活动计划，才能卓有成效地实现其总体目标。

以一次节事活动为例，主办者需要将市场调研的重点放在以下 4 个方面：

（1）市场前景分析（如政策可行性、市场规模及类型等）。

（2）同类节事活动的时间、节期、规模、主题等竞争能力分析。

（3）本次节事活动的优势条件分析。

（4）潜在客户需求调查。

总之，在瞬息万变的市场中，如果没有科学的市场调研和预测做先导，节事活动的策划、运作就很难达到预期的目的。

3．主题创意和开发设计

创意是策划的核心，是创造性的意念。运用头脑风暴法、思维闪电策划法等方法，当相继产生一连串的节事活动创意时，将所有的创意分别单列出来，依据地域环境、投资环境、文化特色、目标市场等对方案进行充分、全面地讨论。在对节事活动分析和整理的基础上，遴选出合理而有价值的策划方案，并对其进行设计，选定节事活动主题。更重要是要对节事活动内涵深入挖掘、拓展、包装，使主题具体化。也就是说，节事活动内容要常办常新，才能不断吸引消费者的眼球，让人耳目一新，让人其乐融融、流连忘返；节事活动的招商要有新思路、新突破，才能财源滚滚，良性循环；节事活动要有新境界，才能高起点、高标准、大手笔。2011 西安世界园艺博览会以“天人长安，创意自然”为主题。“天”即是自然，“人”即是城市，“长安”既是千年古都西安的历史旧称，也是国家繁荣与安泰的象征，“天人长安”包含了文化历史元素、自然元素、创意元素，意味着自然与城市的和谐共生。“创意自然”就是在不违背自然规律的前提下，利用自然、改造自然，使自然为人类服务，就是通过举办 2011 西安世界园艺博览会把“人文西安、活力西安、和谐西安”展示于世人面前。

4．制定媒体策略

现代社会是一个信息社会，人与人之间、企业与企业之间都需要交流，而信息交流的主要载体便是各种各样的媒体。实施有效的媒体策略对节事活动组织者至关重要，节事活动组织者根据有限的广告预算以及举办节事活动的需要和条件，来选择合适的媒体。在选择媒体的类型时需要综合考虑目标受众的媒体习惯、信息类型以及广告成本等因素。

在市场经济的冲击下，中国传媒的市场化步伐越来越快。市场化程度的提高，带来了媒体的迅速成长或衰落。因而，在制定具体的媒体策略时，分析媒体在节事活动的成长策略至关重要。

5．节事活动预算

良好的财务管理和预算控制是筹办节事活动最重要的因素之一，如果安排得当不仅将起到增加收益、提高效益的作用，而且能使管理者了解收入的来源及比例、分析主要的投入项目、确定主要的收入来源。预算是协助实现财务目标的一个工具。可以把预算看作是一张特有地图，它能引导公司达到所寻找的目标。为了达到这个目标，节事活动在制定预算时必须做到有计划、有步骤，不断更新信息。

一般说来，制定一份节事活动预算至少包括历史数据、行政管理费、收益、固定费用、详细开列的项目、调整控制等内容。

6．制定策划方案

在对市场相关信息调查并产生创意之后，策划者一般可以形成概念性的策划方案，并在此基础上制定总方案、各项具体活动、具体工作的实施方案。策划方案是策划工作运行的蓝本，决定着策划工作实施的每一个环节，因此策划书的制定一定要科学可行。节事活动策划方案包括市场调查、选定主题、选定日期、选择地点、预算费用、估计规模等内容。在制定节事活动策划方案时，要提高节事活动的可操作性，减少原则性制订，对实施办法进行轻重缓急的次序安排，制定时间表等。

第五节　节事活动策划书的写作

一、策划书的写作

节事活动策划就是节事活动的策略规划，为了节事活动的成功举办，必须对节事活动的整体性和未来性策略进行规划。它包括从构思、分析、归纳、判断，一直到拟订策略、方案的实施、事后的追踪与评估过程。

节事活动策划与计划不同，它有为达到目的的各种构想，这些构想和创意是新颖的，与目标保持一致的方向，有实现的可能。把策划过程用文字完整地记录下来就是节事活动文案。

广义的节事活动策划案可以涵盖经市场调查而产生的可行性研究报告、项目意向书、项目建议书、广告策划方案、宣传手册等，包括围绕某次节事活动的节前、节中和节后所有的策划方案。

策划的种类很多，写法也很灵活，没有固定的写作模式，因此这里只论述节事活动策划书的基本结构和基本要求。节事活动策划书的写作结构和要求如下：

1．标题

节事活动策划书的标题通常由3部分组成，即基本部分（如策划书或方案）、限定部分和行业标识。例如，“重庆市首届国际火锅文化节策划方案”，如果按上述3个内容对号入座，则基本部分是“方案”，限定部分是“重庆”“首届”和“国际”，行业标识是“火锅文化节”。

2．文头

在标题下方依次排列下列内容：策划书的名称、策划者的姓名、策划书完成的日期、策划书的目标。策划书的名称与标题相同，策划者的姓名除了策划者的名字之外，隶属的单位、职位均应写明。策划书完成日期也包括修改的日期。策划书的目标写得越明确具体越好。

3．正文

正文由策划书的前言和策划书文本两个部分组成。

（1）前言　前言包括策划的缘起、背景资料、问题点和节事活动创意的关键等。另外，也可以加上序文、目录、宗旨。序文把策划书所讲的概要加以整理，内容简明扼要，让人一目了然。目录务必要能让人了解策划的全貌。宗旨主要是对策划的必要性、社会性、可能性等问题的具体解说。

（2）策划书文本　这部分包括基本事项、策划设计、宣传与推广、参加对象和观众组织、组织机构、任务分工、进度安排、经费预算、资金来源、总体协调事项、效果评估等。策划书文本的内容是方案最重要的部分，因策划类型的不同而有所变化，但要做到总揽全局、目标清楚、思路清晰、分工明确、综合协调，力求内容具体、可操作性强等。

具体如下：

1）市场背景。分析市场背景是策划节事活动非常重要的任务，也是节事活动迈出的第一步。只有通过周密的调研和分析，才能明确市场机会、市场需求、市场威胁及自身的优劣势，从而为节事活动定位提供决策依据。

2）目标和指导思想。节事活动的目标是节事活动组织者的期望，也是节事活动相关利益者的共同期盼。节事活动的指导思想是节事活动的方针和原则的集中体现。这两项内容的表述要清晰、明确、概括。

3）主题和形象。提出具有创意的节事活动主题和节事活动传播口号，并详细地阐释节事活动主题的内涵。

4）实施计划。人员分工计划、招展计划、招商计划和宣传推广计划是展会的具体实施计划，这 4 个计划在具体实施时会互相影响。

5）策划进度表。把策划活动全部过程拟成时间表，标示清楚到什么阶段就应该完成哪些工作，直到节事活动成功举办。节事活动进度计划安排得好，节事活动的各项工作就能有条不紊地进行。

6）经费预算。节事活动的各项费用在根据实际情况进行具体、周密的计算后，用清晰、明了的形式列出。明确筹集经费的渠道和方式。

7）现场规划及执行流程。现场勘探——拍照——画规划图——设定节事活动总规划图——现场布置——资源配置。

8）总体协调事项。内外环境的变化，不可避免地会给方案的执行带来一些不确定性因素，因此当环境变化时是否有应变措施，损失的概率是多少，造成的损失多大，应急措施有哪些等也应在策划中加以说明。

9）效果评估。是否达到节事活动目的，以及主题与产品和目标受众是否一致，对他们是否有足够的吸引力。

二、编写策划书的写作要领

1．言简意赅

为了在有限的篇幅内把要需要介绍的内容全部说清楚，一定要注意在写作过程中不要啰嗦。

2．用词准确

要突出节事活动主题及特色，增强吸引力，避免一些不温不火的语言，尤其是节事活动的创新之处要讲清楚。

3．实事求是

在介绍节事活动情况时，切忌过分夸张，言过其实，应多列举事实，如重要的赞助商、历届的口碑与效果等。

4．重点突出

对节事活动的策划程序要写清楚，并突出重点。

5．注意包装

这主要体现在两方面：一是策划书的文章结构与层次上，要清晰明朗、重点突出，让读者能抓住节事活动的亮点，并有一个清晰的头绪；二是在包装制作上，要装订整齐、制作精美，给人以赏心悦目的感觉。

学生活动 2-2

活动主题：为你的家乡或所在城市策划一个中小型的节事活动。要求：能反映出家乡或城市特色，活动参与性强、趣味性强，具有可行性。

活动目的：了解节事活动策划的基本流程和内容。

活动形式：小组活动。

活动步骤：1．小组成员分工准备。

2．查找相关资料。

3．撰写节事活动策划方案。

4．展示小组作业，师生评论。

实训项目一　节事活动策划书写作训练

工作任务	假设你是某企业的策划人员，你所在的企业要在本地策划一个桃花节，请根据节事活动策划书的写作格式和规范，写作一份节事活动策划书	
实训提示	组织分工——教师将学生分成3～5人一个小组，每小组选取1人担任组长 任务研究——桃花节应是现代年轻人春天踏青经常春游的活动，各小组可拓展思维进行创意策划 注意事项——教师主要是审核学生节事活动策划书结构的完整性	
	实训建议	
三维度	方法能力	创意策划能力，分析辨别能力
	专业能力	节事活动项目策划能力、策划书写作能力
	社会能力	团队创意策划能力，市场调查与工作计划制定能力
工作6要素	工作环境	实训室或多媒体教室
	工作对象	节事活动项目创意策划、节事活动策划书
	工作内容	制定节事活动策划方案
	工作手段	桌面调研、创意策划、小组讨论、方案写作
	工作组织	节事活动项目策划工作小组
	工作结果	节事活动策划方案
工作6步骤	第一步：信息	桃花节市场信息，节事活动项目策划信息，举办地信息
	第二步：决策	以小组长为团队核心，形成有效的团队工作计划步骤与决策方法
	第三步：计划	节事活动策划工作方案与步骤
	第四步：实施	团队策划、文案写作
	第五步：检查	在调查结束后，每小组选派1名学生进行小组工作过程与创意策划介绍
	第六步：评估	教师根据创意策划的方法，组织全体学生对各组节事活动策划方案进行方案可行性评估与指导

思考与练习

一、不定项选择题

1．策划的特点（ ）。

A．实用性 B．真实性 C．智能性 D．全局性
E．可操作性 F．时效性

2．策划的要素（ ）。

A．策划者 B．策划的需求者 C．策划目标 D．策划对象
E．策划的环境 F．策划方案

3．编写策划书的写作要领（ ）。

A．言简意赅 B．用词准确 C．实事求是 D．重点突出
E．注意包装

二、填空题

1．节事活动策划是指以一定的资源条件和市场为基础，对节事活动的主题、内容、举办形式进行事先分析，并作出（ ）的一个理性的思维过程。简而言之，就是对节事活动整体战略与策略的（ ）。

2．我国节事活动策划一般包括（ ）、（ ）、（ ）、（ ）、市场化原则、确定性和规范性原则、效益性原则等七大基本原则。

3．节事活动的策划方法主要分为5类，即（ ）、（ ）、（ ）、群体策划法及系统分析策划法。

4．节事活动策划书的标题通常由两部分组成：（ ）和（ ）。

5．节事活动正文由策划书的（ ）和策划书的（ ）两个部分组成。

6．（ ）是策划的灵魂。

7．（ ）是节事活动策划的第一原则。

三、判断题

1．实用性是策划最根本的特点。（ ）

2．策划目标是策划所要达到的预期结果和策划者将要完成的任务。（ ）

3．策划的环境对策划影响微乎其微。（ ）

4．确立个性化原则，是节事活动的魅力所在。（ ）

5．在市场经济条件下，市场化原则是节事活动策划的第一原则。（ ）

6．节事活动策划书的目标写得越明确具体越好。（ ）

7．头脑风暴法又称智力激励法，是一种专家会议形式，目的是进行决策预测和策划方案设计。（ ）

四、名词解释

节事活动策划　　思维闪电策划法　　头脑风暴法　　整体性原则

个性化原则

五、简答题

1. 简述节事活动策划的原则。
2. 简述编写策划书的写作要领。
3. 简述节事活动策划的必要性。

六、论述题

根据你所在城市的形象定位，说说你们城市应该设计开发哪一类节事活动？具体活动如何开展？

第三章

节事活动市场调查和可行性分析

➢ **知识目标**

掌握节事活动市场调查的内涵、范围、对象；掌握节事活动市场调查的程序和步骤；掌握节事活动市场信息的收集和调查方法；掌握节事活动可行性研究的内涵及作用；掌握节事活动可行性研究的内容。

➢ **技能目标**

能准确地对节事活动进行市场调查、预测及分析；能编写节事活动项目可行性研究报告。

案例导入：宁波国际服装节逆势谋变

广东服博会与广州服装节宣布合并，其后又一同加入另一个非服装类展览会；温州一个连续举办了几届的服装交易会也偃旗息鼓……今年以来，各地服装博览会的一连串异动，让十月份即将举办的宁波国际服装节成了业界关注的焦点。服装节庆竞争的白热化必然导致资源分流，一大部分运作主体、机制、体制不符合国际节庆活动发展规律和市场经济发展需要的服装业将难以为继。作为国内规模第二大的宁波国际服装节，如何在风声鹤唳中前行？宁波国际服装节组委会依据市场调查提出节庆从“热闹型”到“专业型”转变的可行性分析，目标是打造面向未来的国际性专业交易会。

从节庆规模来看，本届服交会与上届持平，共设展位 2 200 个，展出面积 45 000m^2，严格控制规模是为了保证节庆洽谈双方的比例，确保展商有充足的买家洽谈。展会由五大展区和一个服装设计师作品动态发布区组成，展品包括男装、女装、休闲装、童装、针织、梭织、羽绒服、家纺、内衣、面料、辅料、服饰配件、媒体资讯、服装 CAD 等，与上届相比，展品各类更加丰富，几乎涵盖了服装服饰相关的所有产品。

节庆时间调整是本届服装节的又一个务实之举。之前，组委会专门就节庆时间向展商和企业发放了调查问卷，90%以上企业希望避开“广交会”。所以，本次服交会将在“广交会”间隙的 10 月 21 日至 23 举行，一方面可以避免与广交会“撞车”，更重要的是，通过有效组织，可以把部分广交会上的国内外买家请到宁波来谈生意。以往宁波服装节都是 4 天或 5 天，其中 1～2 天向市民开放，本届服交会缩短为国际通行的 3 天，且拒绝零售。这就使得服交会真正成为一个谈生意、下订单的场所。

从场馆的安排上看，历届服交会对企业展位面积上不封顶，甚至一家企业包下上千平方米展位。这样一来，使展会更像一个展示大牌企业形象的舞台，还容易使企业产生攀比心理，而一些中小企业则望而却步。今年服装节将限制单个展商的展出面积，明确规定每个品牌的展位面积不得超过 450m^2，给众多参展群体一个公平的竞技环境，并减轻服装大企业参展成本压力。

【问题】分析宁波国际服装节如何进行市场定位？其定位是什么？

第一节　节事活动市场调查概述

一、节事活动市场调查的内涵

节事活动市场调查，就是以科学的方法，有系统、有计划、有组织地收集、调研、记录、整理、分析有关节事活动产品、服务及市场等信息，客观地测定及评价、发现各种事实，用以协助解决有关节事活动经营决策问题，并作为各项经营决策的依据。

二、节事活动市场调查的对象和范围

调查研究是可行性分析的重要基础，节事活动市场调查的对象和范围有：

（1）节事活动项目所处的宏观环境　包括经济环境、政治安全环境、社会各界对节事活动项目的关注程度。

（2）市场环境　包括市场规模、市场发展前景、市场进入壁垒。

（3）竞争环境　包括同类城市同类展览会及举办者。

（4）节事活动举办地条件分析　包括经济发展水平和产业体系、基础设施和社会服务体系、自然环境和人文环境、节事活动中心的规模和服务水平。

（5）自身环境　包括项目管理团队、财务约束以及以往举办同类节事活动的情况。

三、节事活动市场调查的类型

节事活动市场调查从不同的角度可以划分为不同的方式，每种市场调查的方式都有其独特的功能和特征。

（1）按照调查对象所包括的范围分类　可分为全面调查和非全面调查。全面调查是对调查对象中的所有节事活动的单位进行的调查，其主要目的是要取得有关总体的、比较全面系统的总量资料。非全面调查是对调查对象中的一部分单位进行的调查，但所调查的单位应具有较充分的代表性。非全面调查主要包括典型调查、重点调查和抽样调查等。

（2）按照调查的组织形式分类　可分为报表制度和专门调查。报表制度是统计部门收集市场统计资料的主要形式。它是按照国家统一规定的报表形式，定期的、自下而上的填报统计资料的一种统计调查制度。专门调查是为了某一特定目的而专门组织的一种市场资料的调查形式，主要包括普查、重点调查、抽样调查和典型调查。

（3）按照调查登记时间和连续性分类　可分为经常性调查和一次性调查。经常性调查是指随着事物在时间上的发展变化而连续不断地进行登记，其主要目的在于获得关于事物全部发展变化过程及其结果的信息资料。一次性调查是指对那些短期内变动不大的研究对象为了某一特定目的而组织的定期或不定期的调查，其目的在于收集某事物（现象）在某一特定时间上的水平、状态资料。它包括定期调查、不定期调查、阶段性调查和追踪调查。定期调查是指每隔一定时期进行一次、时间间隔大致相等的调查；不定期调查是根据实际需要而组织进行的不定时调查；阶段性调查是指不以时间长度为转移，而以事物发展阶段为依据的调查；追踪调查是指在不同时期对统一调查对象进行的定点调查。

四、节事活动市场调查的程序和步骤

1．节事活动市场调查基本程序

节事活动市场调查的过程与一般的各种调查研究相同，其基本程序有：

（1）拟定计划　有了计划，就可以使节事活动市场信息的收集工作有条不紊地进行。

（2）收集信息　按照计划确定的内容、信息源和方法收集节事活动市场信息。

（3）初步分析　由于收集的各种信息资料，往往比较杂乱，因而需要边收集边分析，以便把收集工作引向深入，同时也可避免收集中发生的遗漏。

（4）提供资料　信息收集者将所获得的节事活动市场信息以文字形式整理出来，提供给信息加工部门或人员。节事活动市场信息资料的形式很多，如调研报告、资料摘编、统计报表等。

2．节事活动调查的一般步骤

（1）确定调查的目的

1）明确调查所针对的对象。不同的对象对调研的要求有所不同，政府部门关注宏观数据，生产企业关注具体情况，调研也应该因对象而异。

2）分析调查所要解决的问题。调研过程的开始首先是认识问题，应该准确把握数据的真正作用，明确开展调研究竟要解决什么问题，哪些问题是通过节事活动调研可以解决的，哪些不能或不用通过节事活动调研解决，否则大量的财力、人力和时间就将被浪费。同时，由于节事活动时间的限制，必须认真对待那些在节事活动过程中难以完成的任务。

确定了调查的目的，就应形成调研目标，目标应尽可能具体和切实可行，这样可以避免许多不必要的麻烦。向委托方复核过调研目标之后就可以形成初步的假设了，假设是在给定信息的条件下，被认为是合理的初步陈述。调研假设的提出为生成调研设计奠定了基础。

（2）生成调研设计　调研设计是指实现调研目标或调研假设需要实施的计划。调研人员需要建立一个回答具体调研问题的框架结构。当然，客观上不存在唯一最好的调研设计，不同的调研设计都各有优缺点，重要的是必须权衡调研成本和信息质量。通常，所获得的信息越准确、错误越少，成本就越高，但是由于节事活动调研的特殊性质，调研设计者应以有效性原则为基本准则。

（3）选择基本的调研方法　调研人员可以根据调研项目的目标选择描述性、因果性或预测性的调研设计。随后确定搜集数据的手段，一般有 3 种基本的调研方法，即观察法、询问法、试验法。

（4）抽样过程　不同的调研手段对样本的要求也有所不同，节事活动调研中抽样与调研手段的对应关系与一般调查研究一样，应根据具体情况灵活运用。

(5) 搜集数据　大多数数据是由市场调研公司、现场服务公司从节事活动现场搜集得到的，同时，节事活动的主办方掌握有大量免费公开信息，无须麻烦便可获得。

(6) 加工分析数据　加工分析的目的是解释所收集的大量数据并提出结论，数据的分析需要具备一定的专业技巧和手段，专业分析人员不仅可以对数据进行简单的频次分析，同时能够使用复杂的多变量技术进行交互、聚类、因子等分析，从而使搜集到的数据解释更多的信息。

节事活动市场信息加工，是指将收集到的节事活动市场信息按照一定的程序和方法，进行分类、计算、分析、判断、编写，使之成为真实的、标准的信息资料，以便使用、传递和储存。节事活动市场信息加工一般包括分类、比较、计算、研究、判断和编写。

1）分类。分类就是将杂乱无章的初始信息按一定的要求（如问题、时间、目的等）分门别类。

2）比较。比较就是一种分析，即从各种信息资料的比较中分析市场活动的变化趋势及其特征，并与经营管理的需求进行比较，判断是否符合要求。如果不符合，就再补充收集初始信息。

3）计算。计算就是按照一定的方法对数据状态的信息进行加工运算，并从中得出所需要的新的数据。

4）研究。研究就是在比较、计算的基础上进行的。通过研究可以从纷繁的信息资料中形成新的概念，得出新的结论，形成富有指导作用的信息。

5）判断。判断是对节事活动市场信息的准确性、可信度进行鉴别，剔除不可信、不真实的部分，同时对信息的含量、价值、时效进行判断，以便提供使用。

6）编写。编写是将加工过的信息资料编写成新的信息资料，这是信息加工的基本产出。

节事活动市场信息加工的上述基本内容是彼此联系、不可分割的，而且是相互交叉的。这些不同内容组成信息加工的有机过程。收集市场信息是策划举办一个展会最基本的工作，市场信息收集的过程是一个系统的、有目的的市场调查过程。它主要通过各种市场调查手段，有目的、系统地收集、记录和整理有关市场的信息和资料，客观地反映市场态势，为全面认识市场、进行市场分析和预测，以及为办节机构进行科学决策提供依据。

(7) 报告撰写　节事活动调研的报告形式因提交对象的不同而有所不同，一般市场调研报告都要求简明、清晰，如果报告是提交给政府部门用作宏观分析，报告就应详尽一些。

(8) 跟踪　跟踪调研成果的应用情况，不仅可以督促和帮助委托方，还能有效地提高调研服务的水平。

第二节　节事活动市场信息收集和调查方法

一、市场信息的收集

搜集市场信息是立项策划举办一个节事活动最基础的工作。市场信息搜集的过程是一个系统的、有目的的市场调查过程，它主要是通过各种市场调查手段，有目的地、系统地搜集、记录和整理有关的市场信息和资料，客观地反映市场态势，为全面认识市场、进行市场分析和预测，以及为举办节事活动机构进行科学决策提供依据。没有掌握有关市场信息的节事活动策划是盲目的策划。对于策划举办一个节事活动而言，市场信息搜集主要涉及4个方面，即市场、产业、相关节事活动以及法律方面的信息。

1. 信息的种类

（1）市场信息　目前，我国大部分的节事活动都是市场化的商业性节事活动，由政府全程包办的节事活动已经越来越少了。举办市场化的商业性节事活动，需要对市场进行全面的了解，要能对各种市场信息进行全面的认识和深入的分析，并能在其基础上作出科学的应对决策。如果市场信息不全，凭此作出的决策就会出现偏差，有的甚至会使节事活动全盘皆输。

从策划举办一个节事活动的角度出发，需要搜集的市场信息主要有：

1）市场规模。某一产业的市场规模的大小，对在该产业内举办的节事活动的规模会产生直接的影响。如果市场规模过小，举办该产业主题节事活动就会失去市场基础，节事活动就很难举办成功。了解市场规模不仅要了解现在的市场规模，还要预测将来市场规模的增减趋势，因为市场规模的增减直接影响到节事活动规模的变化。若市场规模缩减过快，那么节事活动规模也将会在较短的时间内很快缩小；当市场规模缩减到一定程度时，节事活动也就失去了继续存在的基础。

2）市场竞争态势。市场竞争态势对企业的参与意愿会产生重要的影响。市场竞争态势是指产业内部企业之间的竞争关系以及政府对该产业的控制力和影响力如何。不管这种垄断性是来自产业本身还是来自政府的政策，产业内企业通过参加节事活动这种方式来营销自己的产品的积极性就较小，在该产业内举办节事活动的难度较大；市场竞争较自由的产业，产业内企业通过参加节事活动这种方式来营销自己的产品的积极性往往会较大，在该产业内举办展览会就较容易成功。

3）经销商数量和分布状况。除生产企业外，各种经销商也是节事活动重要的潜在客户。他们既可能是参加节事活动的参展者，也可能是参观节事活动的专业观众。同时，既要事先准确掌握某一节事活动的经销商的数量，也要掌握零售商的数量；对于经销商的分布状况，不仅要掌握其在全国的分布状况，也要掌握其在各省市的具体分布状况。对于国际性的节事活动，除了要掌握国内的经销商数量和分布状况外，还要尽量多地去掌握该产业在全世界较重要的经销商的数量和分布状况。

4）行业协会状况。产业内是否存在行业协会和行业协会在产业内的号召力如何，对节事活动的成功举办有较为重要的影响。一般地，如果产业内存在行业协会，则意味着该产业内有一些较统一的行业规范和行业管理，产业内的企业行为和市场行为会受到某些条例的约束；否则，市场会较为无序。另外，如果行业协会在产业内有较大的号召力，则行业协会对某一节事活动的评价或看法会对企业的参与意愿和参与行为产生较大的影响；反之，其对企业的参与意愿和参与行为的影响就会微不足道。

5）市场发展趋势。市场发展趋势直接影响到节事活动未来发展前景。了解某一产业的市场发展趋势，就是要在了解该市场现状的基础上，对该产业市场的未来发展趋势作出科学的预测，以此了解在该产业里举办节事活动的发展前景如何，并为节事活动的未来发展作出预测和规划。对于策划举办一个节事活动而言，需要了解的市场发展趋势包括很多方面，如市场容量的增减趋势、市场集中度的发展趋势、产业市场营销方式的变化趋势、市场竞争的发展趋势、市场分布状况的变化趋势等。

6）相关产业状况。这里的“相关产业状况”是指与本产业有产品使用关系的有关产业的状况。所谓“有产品使用关系”是指该产业是本产业产品的中间用户或最终用户，或者该产业是本产业生产设备和中间产品的提供者。了解这些相关产业的状况，主要是为节事活动以后邀请和组织买家与观众作准备。所以，了解这些相关产业的状况，必须弄清楚这些相关产业的企业数量和分布状况，了解它们对本产业产品的需求状况，掌握它们购买本产业产品的渠道和方式等。

（2）产业信息　产业发展状况和产业的性质是影响一个节事活动是否成功举办的重要原因之一。搜集相关产业的有关信息主要是为了从产业的角度分析产业对举办展览会可能产生的影响，以及产业给节事活动提供的可能发展空间等，为制定切实可行的节事活动举办策略奠定坚实的基础。

从立项策划举办一个节事活动的需要出发，一般来说，需要搜集和掌握的产业信息主要有以下几个方面：

1）产业性质。一般来说，一个产业的发展都要经过投入、成长、成熟和衰退 4 个阶段。处于投入期的产业由于刚刚起步，企业有限，市场不大，举办节事活动往往较难获利；处于成长期的产业，由于市场扩张快，企业数量不断增多，市场对该产业的产品和该产业对相关设备的投资需求较大，企业盈利性好，较适合举办节事活动；处于成熟期的产业，由于市场竞争激烈，企业数量较多，很多企业在为自己的产品寻找销路，也比较适合举办节事活动；处于衰退期的产业，由于企业数量在不断减少，企业盈利性较差，市场容量收缩，较难举办节事活动。

2）产业规模。产业规模主要是指该产业的生产总值、销售总额、进出口总额和从业人员数量等，这些信息是策划举办节事活动时需要参考的重要数据。例如，了解产业的生产总值和销售总额可以为预测节事活动的规模提供依据，了解产业从业人员数量可以为预测节事活动的到会专业观众数量提供参考。由于产业规模对节事活动规模会产生直接的影响，产业规模的增减会影响到节事活动规模的增减，所以在搜集产业规模的相关数据时，不仅要搜集产业规模的现在数据，还要对产业规模在未来的增减趋势作出预测，以便为节事活动制定长期发展策略提供参考。

3）产业分布状况。了解产业的分布状况十分重要，因为它与以后节事活动的招展和宣传推广策略的制定密切相关，是以后制定节事活动招展招商和宣传推广策略的基础，不仅要了解该产业的产品主要在哪些地方生产，每个生产地在该产业的产品生产中所占的比例大约是多少，也要了解该产业的产品主要是在哪些地方销售，每个销售地在该产业的产品销售中所占的比例大约是多少，还要了解每个地方生产和销售的产品的种类和特色以及档次如何等。只有了解了这些信息，以后的招展招商和节事活动宣传推广策略才会有可靠的依据。

4）厂商数量。一般而言，适合举办节事活动的产业都是那些主要以“看样成交”为主的行业，以及那些对产品的外观设计和款式比较看重的行业。如果产品主要是看说明或图样成交，则该产业举办节事活动的空间就较小。另外，产业的产品销售渠道模式及其成熟度对举办节事活动的影响也比较大。例如，如果某产业产品的批发渠道比较发达，大型批发市场较多，则在该产业内举办节事活动就会遇到很大的困难；如果某产业的销售渠道比较成熟，各企业的销售渠道已经自成体系，则节事活动招展也比较困难。

（3）相关节事活动的信息　俗话说："知己知彼，百战不殆。"我们在策划举办节事活动时，最理想的状况是，在计划举办节事活动的产业里目前还不存在节事活动，这样，策划举办新节事活动就要容易得多。但是，在现在的市场状态下，已经基本不存在没有节事活动的产业。因此，在策划举办节事活动时，一定要对该行业内的现有节事活动的情况有所了解。了解这些信息，一方面可为我们决定是否在该产业内举办节事活动提供决策依据；另一方面也可为我们一旦决定在该产业内举办节事活动而如何制定竞争策略提供参考。

从理论上讲，对相关节事活动的有关信息当然是了解得越多越好，但在现实中，由于存在竞争关系，一般很难全面搜集到相关节事活动的全部信息。一般来说，在策划举办一个节事活动时，至少应该搜集到相关节事活动的下述信息：

1）同类节事活动的数量和分布情况。要尽量搞清楚国内和全世界范围内的与我们即将要举办的节事活动的主题相同的节事活动的数量，搞清楚这些节事活动的地域分布情况。一般来说，同主题节事活动的数量越多，对在该产业策划举办新节事活动越不利；同主题节事活动的分布离计划举办的节事活动地域越远，对策划举办新节事活动越有利。

2）同类节事活动之间的竞争态势。不管多个节事活动的定位如何，同主题的节事活动之间总会存在这样或那样的竞争关系。弄清楚同类节事活动之间的基本竞争关系，对是否策划立项举办新节事活动和为新节事活动制定怎样的竞争策略有着十分重要的意义。

3）重点节事活动的基本情况。除了要了解同主题的所有节事活动的数量和分布情况以外，对该主题的一些重点节事活动的基本情况有必要作进一步的了解。所谓"重点节事活动"，是指那些规模和影响都较大、行业口碑较好，或者是与我们即将举办的新节事活动有直接的竞争关系的节事活动。对于这些节事活动，对其组展机构、办展时间、办展频率、办展地点、节事活动规模、参与企业数量及分布、观众数量和来源、展品范围、节事活动定位等情况要有比较详细的了解。

（4）有关法律法规　不管是产业还是市场，它们都不同程度地受到国家有关法律法规的影响和约束。如果在搜集产业信息和市场信息时，对有关的法律法规不加以了解，搜集到的产业信息和市场信息就是不完整的信息，而不完整的信息对节事活动策划和营销决策是有害的。

1）产业发展规划。产业发展规划是指国家和地方政府对某一产业的发展所作的长远和宏观规划。这种规划在某种程度上决定着该产业在今后较长时期内的发展状况和发展趋势。一般来说，在新兴产业和政府规划为重点发展的产业里举办节事活动，其发展前景比较看好。另外，产业发展规划和政府的产业政策密切相关，它不仅从宏观上影响着节事活动，也从具体操作方式上影响着节事活动。

2）产业政策。这里所说的产业政策，是指政府对产业产品的销售、产品的使用和生产等方面的规定，如国家对酒等销售方面的"专卖"规定等。这些规定对节事活动的举办、企业的参展意愿和参展行为等都会产生直接或间接的影响。

3）海关有关规定。海关有关规定主要是指针对某一产业的货物进出口政策、货物报关规定的关税等，这些规定对海外企业参加节事活动产生重大的影响。货物进出口政策直接影响海外企业的参展意愿。例如，如果一国禁止或限制某类产品的进出口，那么海外企业不管是参展还是参观节事活动的意愿都将非常低。

4）市场准入规定。一是对举办节事活动的企业或机构的资格的审定；二是国家对外资进入该产业的政策规定。前者对企业能否举办节事活动将产生直接的影响，后者不仅影响到海外企业的参与意愿和参与行为，也同样影响到国内企业。

5）知识产权的保护。很多参展企业会在节事活动上或在节事活动前发布新产品，推出新设计，如何保护这些新产品和新设计的知识产权，是节事活动主办者所必须考虑的问题。如果节事活动上大量出现侵犯知识产权的展品，不仅会引起参展企业之间的纠纷，也会影响节事活动的声誉，对节事活动的发展较为不利。

6）其他规定。由于举办节事活动会涉及多种行业，因此政府对交通、消防、安全等其他有关行业的规定，也会对节事活动产生这样或那样的影响。在策划举办节事活动之前，对这些规定也要有所了解。

2. 获取信息的方法

前面介绍了立项策划举办一个节事活动所需要搜集的信息的内容。在试图获取上述各种信息时要尽量使获取的信息客观准确、全面系统且富有时效性。要达到这个目的，可以通过以下各种办法来获取上述各种信息：

（1）收集现成的资料　尽管现成资料基本都是二手资料，但它们却是进行决策所必不可少的参考。搜集现成资料可由办展机构市场部的有关人员搜集，也可以委托其他人搜集。能够提供现成资料的渠道很多，如政府部门公布的政策、法令和统计数据，各种信息中心和上级主管部门提供的资料，专业杂志和报纸以及书籍提供的资料，公共图书馆里大量的资料，外国驻华机构提供的资料，国际商会和各国商会的出版物和贸易数据，国际组织刊发的资料等。搜集上述资料时，注意要先尽量利用办展机构已有的现成资料，然后再按先近期后远期、从一般到具体、从表象到实质的原则去搜集。

（2）委托专门的市场调查机构帮助搜集　目前，市场上有许多专门从事市场调查和市场信息搜集的机构，它们有专门的市场调查程序和调查人员，有较科学的调查方法和资料整理分析手段，得出的调查结论也较为客观。从事市场调查的机构一般包括专业市场调查公司、广告公司、咨询服务公司等。在委托这些公司帮助搜集信息时，要向它们明确需要搜集的信息的地域范围、时间跨度和产业范围等。

（3）市场抽样调查　市场抽样调查也是获取各种信息的一种重要办法。这种方法可以在一定程度上排除主观因素的干扰，对调查结果能有一定概率把握度的推断和估计，并能计算和控制抽样误差。抽样调查的方法有两种：随机抽样调查和非随机抽样调查。前者是采取随机原则从调查对象总体单位中直接抽取一部分单位组成样本进行调查的一种调查方法，它包括纯随机抽样调查、分层随机抽样调查、整群随机抽样调查和等距随机抽样调查等几种形式；后者是根据调查者主观设定的某个标准来抽取样本单位的一种调查方法，它包括任意抽样、判断抽样和配额抽样等几种形式。抽样调查需要有一定的专业知识。

（4）通过网络搜集　通过网络搜集资料是一种非常便捷的信息搜集手段。网络具有信息时效性强、覆盖面广、方便快捷的特点。但通过网络获取的信息的准确性有待提高。在使用网络搜集信息时，要注意运用专业知识进行多方面分析和比较，去伪存真，力求信息准确可靠。

通过以上方法搜集到上述各种信息以后，就可以从时间、空间和产业 3 个角度对信息进行整理和分析。通过整理和分析，得出真实、及时、系统和实用的资料。根据这些资料，就可以进行节事活动展览主题的甄选和确定工作了。

二、节事活动调查的方法

1．观察法

观察调研法主要是观察人们的行为。明确地讲，观察调研法可以被定义为不通过提问或交流而系统地记录人、物体或事件的行为模式的过程。当事件发生时，运用观察技巧的调查员客观见证并记录信息，或者根据以前的记录编辑整理证据。节事活动主题明确，参展商与参观者已经过明确的细分，绝大多数节事活动对专业参观者和普通参观者又进行区别，因此在客观上符合使用观察法的条件。

节事活动调研所使用的观察法大致分为以下两类。

（1）非参与观察法　这是指将受访者视为局外人，从旁进行观察，而不参与其活动。调查员可以分布在节事活动的不同位置，根据之前统一的要求进行现场观察，并在印制好的记录单上予以记录，记录单可以使用按秩序圈选的封闭式量表，也可以使用记录具体情况的开放式表格。调查员的观察不应打扰参会者的行为，最好能够避免引起参会者的注意。另外，也可以安装一些被允许的装置进行机器观察，如流量计数器、条形码识别仪、录像机、现场监测仪等。

（2）参与观察法　与前者不同的是要和受访者直接相处并与其一起活动，从中可以更深入地了解被访者。参与观察法仍是以观察为主，调查员可以作为节事活动中的一分子，参与试用，参加专业研讨等，有的放矢地进行观察研究。当然这种研究对调查员的能力要求就更高了。

2．询问法

询问法是最为广泛使用的调研手段，通过此种方法能够收集到广泛的资讯。询问法又可分为问卷访问法、小组访谈法、深度访谈法、投射法等。

（1）问卷访问法　问卷访问法在调研中最为通用，包括个别访问法、集体访问法、电话访问法、邮递法、留置法、计算机访问法等。问卷访问法的每一种形式都依赖于问卷的使用。问卷几乎是所有数据收集方法的一般思路。问卷是为了达到调研项目目的和收集必要数据而设计好的一系列问题，它是收集来自于被访者的信息的正式一览表。问卷提供标准化和统一化的数据收集程序。节事活动调研中所使用的问卷应注意区别调研目的和调研地点。

（2）小组访谈法　节事活动过程中，来自四面八方的经销商、消费者汇聚节事活动，使得平时几乎无法实现的小组访谈成为可能。小组访谈可以针对主题进行充分和详尽的讨论，参展商可以对定价、销售手段、产品性能等需要了解的主题进行深入研究，节事活动组办方也可以通过小组访谈对参展商的需求以及满意度进行调研。

（3）深度访谈法　深度访谈法在节事活动过程中也能够得到充分应用。深度访谈法适用于两类人群：一是参与的重要官员、学者和企业高层管理者。这类人群在日常的深度访谈操作中皆是难于接洽的对象，但是在节事活动过程中往往相对集中，同时由于大部分节事活动都有明晰的主题或单一的行业性质，因此访谈的实际操作也容易深入，有效性更高。二是参观者。不论是企业自己组织的现场介绍，还是委托专业公司进行的会场演示，都是极好的直接面对参观者的机会。商业节事活动参观者中有代理商、经销商以及消费者；文化节事活动参观者大都是专业人士或爱好者。通过相对无限制的一对一会谈，可以实现多种调研目的。受访者与面谈者很容易在节事活动这样一个特定环境中达成相互间的融洽关系，同时与主题无关的信息也将比一般情况少。

3．实验法

以实验为基础的调研与以询问为基础的调研相比有着根本的区别，其对调研环境、技术、人员素质的要求都非同一般。在节事活动过程中要想实现真正意义的实验调研是很困难的。但是，实验法有许多值得在节事活动调研中积极采用的思路和手段，如在节事活动中设置试验区域，请消费者现场试验产品功效，一方面可以起到宣传促销的作用，另一方面也可以为参与观察的调查员提供条件进行观察、记录。

4．二手资料分析

以上3种方法是调查研究中最常见的获取一手资料的方式和手段，但并非调研的全部，在节事活动调研中，二手资料的分析运用也相当重要，从节事活动上可以收集到大量的二手资料。这些二手资料不仅有助于明确或重新明确探索性研究中的研究主题，而且可以切实提供一些解决问题的方法。政府或企业所面临的问题，以及下达给节事活动调研者的问题很大程度上并不是前所未有的问题，很有可能曾经有过类似的研究，可能已经有人收集了所需的精确资料，只不过不是针对当前的问题。做好这方面资料的搜集工作可以说是事半而功倍。

二手资料主要有以下几个来源：

（1）来自主办方　节事活动主办方都会在节事活动过程中免费发放各种名录，如参展商名录，内有详细的地址、联系的方式、产品介绍、工厂分布、主要领导的姓名、员工数量、销售水平、市场占有情况等。

（2）来自参展商　参展商在节事活动中更是会准备大量资料，这些资料中就有可能包括平时难得一见的内部资料，如新产品研发档案、年度报表、股东报告、新产品测试结果、公司内部刊物等。

（3）来自行业管理部门或行业协会　节事活动中常设有免费公开的信息查询系统，提供诸如行业发展趋势、市场分布等来自权威机构的统计结果。

（4）节事活动项目管理系统　越来越多的大型节事活动开始使用节事活动项目管理系统。这种系统实际上是一个庞大的数据库，可以为各方面提供所需要的二手资料，如展位预订管理系统、邀请函、参展手册发放管理系统等。这些资源可以以付费的方式单项或全部出售给数据的使用方，对于二手资料收集者而言也是意义重大的。计算机数据库、公开的二手资料、互联网和内部数据库都是一个组织的信息管理系统的重要组成部分。

第三节 可行性研究概述

一、可行性研究的含义

可行性研究（Feasibility Study）又可称为可行性分析，是指通过对项目的主要内容和配套条件，如市场需求、资源供应、建设规模、工艺路线、设备选型、环境影响、资金筹措、盈利能力等，从技术、经济、工程等方面进行调查研究和分析比较，并对项目建成以后可能取得的财务、经济效益及社会环境影响进行预测，从而提出该项目是否值得投资和如何进行建设的咨询意见，为项目决策提供依据的一种综合性的系统分析方法。

节事活动的可行性研究是指在活动启动之前，对自然、政治、社会、经济、科技等方面进行调查研究、资料收集与分析，从而得出该活动是否可投资建设的可行性和必要性，以及确认可行的投资建设方案，并预测活动项目实施后的社会效益和经济效益。

二、可行性研究的作用

对于节事活动项目进行可行性研究主要是为了帮助决策者判断项目是否能投入实施，从而获得社会经济效益。具体来说，其主要有 3 点作用：

1．作为活动项目投资决策的依据

一个项目是否能成功并取得不错的效益，受到自然、政治、社会、经济、科技等多方面的影响。在立项之前对项目进行科学、客观、全面的调查与可行性分析，可最大限度发挥优势，减少或避免劣势所造成的损害，为项目的决策提供强有力的依据。

2．作为最佳投资金额标准、投资方式选择的依据

投资机构根据项目环境利弊分析、当地政府扶持情况、项目效益产出分析等对项目进行全面的投资计划，包括融资方式、金额、财务管理办法等。可行性研究可以为投资部门提供全面的分析评估，制定出合理的融资办法。

3．衡量是否达到预期效果的标准

对项目进行事后评价，需要可行性研究报告做参照物，作为活动结束后评价的标准。可行性报告上的分析数据，是衡量活动是否达到预期效果的对照标准，对活动的不足之处以及下届活动举办的注意事项的提出提供了重要依据。

三、可行性研究的特点

1．专业性

可行性研究报告在论证项目的可行性时要涉及许多专业，通常要涉及基本建设、环境保护、市场预测、政策法规等方面内容，所以需要各方面专业人员分别开展深入研究，再进行科学的综合分析。

2．科学性

可行性报告内容要真实、完整、正确。研究目的要明确，研究过程要客观，要应用各

种科学方法、科学推理，得出明确结论。可行性研究报告的结论要建立在定量分析基础上，这些定量化数据是根据科学技术和经济学原理，在调查研究基础上计算出来的，具有科学根据，是经得起时间考验的。

3. 时效性

可行性研究报告反映某领域中某急需认识的事物，或某急需解决的问题，所以要及时、迅速地写出可行性研究报告，才能实现其价值，发挥其作用。

第四节 节事活动可行性研究的内容

任何经营活动都是生存在一定的市场环境之中，市场环境分析是节事活动立项可行性分析的第一步。它根据节事活动立项策划提出的节事活动举办方案，在已经掌握的各种信息的基础上，进一步分析和论证举办节事活动的各种市场条件是否具备，是否有举办该节事活动所需要的各种政策基础和社会基础。市场环境分析不仅要分析各种现有的市场条件，还要对其未来的变化和趋势作出预测，使立项可行性分析得出的结论更加科学合理。

一、宏观市场环境

宏观市场环境是指能对节事活动举办产生影响的各种社会因素，这些因素可能会给主办方举办节事活动带来市场机会，也可能会给其造成市场威胁。主办方在策划举办一个节事活动时，必须对它加以密切关注，并及时对其作出适当的反应，以便有效地识别和抓住市场机会，避开和减少市场威胁，它们包括：

1. 政治法律环境

政治法律环境由那些具有强制性的和对举办节事活动产生影响的法律、政府部门和其他组织机构所构成。由于举办一个节事活动涉及的行业和社会面非常广，因此会受到比其他行业更加严厉的法律管制，如政府对举办节事活动在消防、安保、工商管理和产品进出口方面的严格要求，举办节事活动对《广告法》和《专利法》等法律的严格遵守等。此外，与节事活动主题所在产业有关的法律对举办节事活动也会产生较大的影响。

2. 社会文化环境

社会文化环境有3大类，即物质文化、关系文化、观念文化。它们分别代表人们对物质生活、社会关系和意识形态等方面的要求、认识和看法。社会文化环境对企业参展和观众到会参观会产生较大影响。例如，人们的餐饮习惯，国与国之间的关系的好坏，世界各国节假日和喜庆日的安排，对举办节事活动的影响就非常大。

3. 人口环境

从量的角度看，人口数量是市场规模的重要标志，从人口的分布、结构及变动的趋势可以分析判断出市场需求的特点和发展趋势，这一点对注重现场零售的某些节事活动有重要的意义。对于专业贸易类的节事活动来说，更要注意该节事活动主题所在产业及其相关产业的从业人员数量和结构构成，因为从这里能预测节事活动的专业观众的大约数量，而拥有一定数量和质量的专业观众正是专业贸易类节事活动的生存之本。

4．经济环境

经济环境是指那些能对企业参展和观众到会参观产生影响的各种经济因素，如社会经济发展水平，产业利润的高低，市场规模的大小，产业进出口状况，产业结构状况，节事活动所在地的住宿、餐饮、旅游、交通等配套设施的完备程度等。这些因素从侧面影响着企业参展和观众到会参观的意愿。

5．技术环境

科技的发展给企业的经营活动和经营方式产生重大影响，一方面可以给一些企业提供新的有力的发展机会；另一方面可以给一些企业的生存与发展带来威胁。另外，在所有节事活动服务的外部环境方面，科学技术的发展也能发挥巨大作用，如互联网的出现就极大地改变了节事活动的举办思路和竞争模式，计算机的广泛使用使节事活动的观众等级模式发生了翻天覆地的变化。

在进行认真的市场调查和充分掌握以上各种信息的基础上，要切实结合节事活动的实际特征，对举办节事活动所面临的宏观市场环境的各个方面作出准确的分析，寻找市场机会，发现威胁，为节事活动立项可行性研究的最终决策服务。

二、微观市场环境

微观市场环境是指对机构举办节事活动构成直接影响的各种因素。这些因素包括节事活动内部环境、目标客户、竞争者、营销中介、服务商和社会公众等。和宏观市场环境一样，微观市场环境所包括的各因素也可能会给主办方举办节事活动带来市场机会，或者给其造成市场威胁。

1．节事活动机构内部环境

节事活动机构内部环境就是节事活动机构内部所具备的各种条件，包括资金、人力、物力（办公设备和通信工具）以及所掌握的信息资源和能联系的社会资源等。通过对节事活动机构内部环境的客观分析，准确地找出它们在本节事活动所在产业以及它们本身所具有的举办节事活动的优势和劣势，并对这些优势和劣势进行客观的评估，分析节事活动机构是否具有举办该节事活动的能力。

2．目标客户

目标客户是指节事活动的潜在参展商和观众。从类别上看，节事活动的目标客户包括消费者市场客户、生产者市场客户、中间商市场客户、政府部门和国际市场客户 5 大类。这些客户可能是参展商，也可能是观众。参展商和观众都是节事活动的服务对象，两者都不可偏废。节事活动的最终目的是要满足目标客户的要求。因此，在分析节事活动的目标客户时，不仅要分析他们的数量和分布，还要注意分析和把握他们的需求及其变化趋势，并以此作为节事活动举办的起点和服务的核心。

3．竞争者

竞争者是指与本节事活动有竞争关系的其他同类节事活动。在现实中，一个主题的节事活动往往不止一个。节事活动要想在市场上取得成功，就必须能比其他同类节事活动更有效地满足参展商和观众的需求。一般来说，每个节事活动都会面临 4 种类型的竞争：①欲望竞争，即参展商和观众想要满足各种需求之间具有可替代性，他们可以选择参展，也可以选择不参展；②类别竞争，即能满足参展商和观众的各种需求的不仅仅是节事活动，其他的营销形式也可以具有此功能；③节事活动间竞争，即参展商和观众能在可以满足他们需求的同类主题的不同节事活动之间进行选择，他们可以选择本节事活动，也可以选择其他同类节事活动；④品牌竞争，即参展商和观众凭节事活动本身的品牌和举办节事活动机构的品牌对参加哪个节事活动作出选择。所以，在对竞争者进行分析时，不仅要分析具有竞争关系的节事活动，还要分析这些节事活动的举办机构；不仅要分析具有竞争关系的节事活动和其举办节事活动机构的现状，还要分析它们的变化，并及时提出应对的对策。

4. 营销中介

营销中介是指那些受举办节事活动机构委托的或者是协助节事活动进行宣传推广和招展招商的中介组织和单位，包括节事活动的招展代理、招商代理、广告代理和其他营销服务机构等。营销中介是一个节事活动成功举办不可缺少的。好的营销中介能很好地分担和完成举办节事活动机构的宣传推广和招展招商等营销工作，能更好的协助办展机构成功地举办节事活动。

5. 服务商

服务商是指受举办节事活动机构的委托、为节事活动提供各种服务的机构，包括节事活动指定的展品运输代理、提供旅游服务的旅行社、提供住宿服务的宾馆酒店，以及提供节事活动资料印刷和观众登记的专门服务商等。这些服务商是办好一个节事活动必不可少的组成部分。在举办节事活动时，参展商和观众都会将这些服务看成是节事活动本身的一个有机组成部分。

6. 社会公众

社会公众是指对节事活动实现其目标具有实际和潜在影响的群体。一个节事活动所要面临的公众有 5 种：①媒体公众，即专业和大众报纸、杂志、广播和电视等，它们具有广泛的影响力，对节事活动的声誉具有举足轻重的影响；②政府公众，即负责管理节事活动和商业活动的有关政府部门；③当地民众，即节事活动举办地的居民、官员和其他社团组织等；④市民公众，即举办节事活动机构的全体员工；⑤金融公众，即那些关系并可能影响举办节事活动机构获取资金能力的机构和组织，如银行和投资公司等。这 5 类公众都具有增强一个节事活动实现其目标的能力，也有阻碍其实现其目标的能力，有时候它们的态度还能直接影响到一个节事活动的市场前途。因此，成功地处理好节事活动与这些公众的关系格外重要。有些举办节事活动机构专门成立公共关系部门，专门负责策划和处理与这些公众的关系，为举办节事活动提供宽松的市场环境。

微观市场环境的构成要素与节事活动本身密切相关。在分析这些要素时，要善用资源、整合资源，使各种资源间优势互补，最大限度地挖掘资质优良的资源，壮大办展队伍，并最大限度地降低举办节事活动成本。

资料 3-1

在人们一生中，每个人都会经历或参加很多节事活动。从表面上来看，这些活动可以“热闹我们的眼睛，丰富我们的生活”。但是，从地方进步的角度来看，只有事先经过周详的计划和可行性研究的活动，不管是只举办一次的节事，还是周期性举办的节事，才能对地方形象建设和经济的带动发挥真正的作用。

例如，由国家旅游局、云南省人民政府共同主办的“中国昆明国际文化旅游节”，对进一步发掘和弘扬民族文化，增强旅游业的文化内涵，塑造云南旅游整体形象，推动区域经济的发展，促进社会的全面进步，都具有深远的影响。

三、市场环境评价

在对市场环境的上述各因素进行分析以后，举办节事活动机构就要根据通过市场调查获取的有关信息，对市场环境进行整体分析和综合评估，以预防在举办该节事活动时可能受到的威胁，抓住可以利用的机会。

在掌握了大量的有关信息和对未来的环境变化趋势作出一定的预测后，就可以对市场环境进行整体分析和综合评估。对市场环境进行整体分析和综合评估的方法很多，最常用的是 SWOT 分析法。

SWOT 分析法，就是把举办节事活动机构所面临的宏观和微观环境各要素综合起来进行分析，得出市场环境对举办节事活动机构举办该节事活动所形成的优势（Strength）、劣势（Weakness）、机会（Opportunity）、威胁（Threat），并将这 4 个方面结合起来研究，以寻找到适合举办节事活动的可行战略和有效对策。

SWOT 分析法一般分 3 步进行：①整理和分析搜集到的各种信息，并根据这些信息对环境的变化趋势作出预测；②详细地分析办节机构内部和外部的各种环境要素，列出市场环境对办节机构举办该节事活动所形成的优势、劣势、机会和威胁；③对市场环境对办节机构举办该节事活动所形成的优势、劣势、机会和威胁进行综合分析，确定可以选择的战略和对策。

通过以上步骤，SWOT 分析法为办节机构举办该展会提供 4 种可以选择的策略，如表 3-1。

表 3-1　SWOT 分析法

内部 / 外部		内部环境	
		内部优势（S）	内部劣势（W）
外部环境	外部机会（O）	SO 战略 依靠内部优势 利用外部机会	WO 战略 利用外部机会 改进内部劣势
	外部威胁（T）	ST 战略 依靠内部优势 回避外部威胁	WT 战略 克服内部劣势 回避外部威胁

（1）SO 战略　利用举办节事活动机构的内部优势去抓住外部市场机会。例如，如果某举办节事活动机构举办节事活动经验丰富并且资金雄厚（即内部优势），而某产业尽管有节事活动存在但该节事活动市场覆盖面不广（即外部机会），那么，如果其他条件具备，该举办节事活动机构就可以利用本战略进入该产业举办节事活动。

（2）ST 战略　利用举办节事活动机构内部的优势去回避和减少外部威胁。例如，如果某举办节事活动机构的品牌优势十分明显（即内部优势），但与之有合作关系的节事活动服务商却不尽如人意（即外部威胁），那么，该举办节事活动机构就可以利用本战略，通过寻找更好的节事活动服务进入该产业举办节事活动。

（3）WO 战略　利用外部机会来改进举办节事活动机构内部弱点。例如，如果从市场分析得出结论，某产业举办节事活动的市场机会巨大（即外部机会），而某举办节事活动机构内部节事活动策划和招展招商的人才缺乏（即内部劣势），那么，如果其他条件具备，该举办节事活动机构就可以利用本战略，利用社会和其他单位的策划和招展招商等人才，为本举办节事活动机构进入该产业举办节事活动服务。

（4）WT 战略　克服举办节事活动机构的内部弱点，避免外部威胁。例如，如果某举办节事活动机构即将举办的节事活动与另一已经存在的节事活动冲突（即内部劣势），而大部分参展商和观众又认同该已经存在的节事活动（即外部威胁），那么，如果其他条件具备，该举办节事活动机构就可以利用本战略，重新对计划举办的节事活动进行定位，用新定位吸引参展商和观众。

在对市场环境进行整体分析和综合评估后，就可以形成针对市场环境的分析结论和分析报告，供举办节事活动机构最终决定是否进入某一产业举办节事活动作决策参考。

实训项目二　节事活动项目市场调查实施

工作任务	根据当地近期举办的节事活动情况，选定即将开展的节事活动，拟订多项市场调查目标，并根据目标制订市场调查方案，进行市场调查实施，最终形成市场调查过程和结果报告	
实训提示	组织分工——教师将学生分成 3～5 人一个小组，每小组选取 1 人担任组长 任务研究——可根据参展商、专业观众、现场活动状况等不同目标设定市场调查任务，并根据项目管理方法，进行实施方案的制定 注意事项——在进行调查实施前，教师要对学生们进行市场调查的培训，主要是针对问卷制作，学生与参展商、观众的沟通等方面	
	实训建议	
三维度	方法能力	利用项目管理方法，制定市场调查方案、市场调查问卷的能力，同时掌握与被调查者沟通交流的方法和能力
	专业能力	节事活动项目市场调查方案的制定、节事活动现场市场调查实施的基本能力
	社会能力	学生应适应小组工作，培训学生与外界沟通交流，了解节事活动市场发展状况，明确工作目标
工作 6 要素	工作环境	实训室——市场调查方案制定；正在举办的节事活动现场——市场调查方案实施
	工作对象	节事活动现场的主办方、参展商、专业观众等
	工作内容	制定市场调查方案并实施
	工作手段	桌面调研、小组讨论、方案写作、现场实施、归纳总结
	工作组织	节事活动项目市场调查工作小组
	工作结果	形成某节事活动项目的市场调查方案和调查数据分析
工作 6 步骤	第一步：信息	节事活动市场信息，主办方、参展商、专业观众关注点
	第二步：决策	以小组长为团队核心，形成有效的团队工作计划步骤与决策方法
	第三步：计划	市场调查工作方案
	第四步：实施	人员分工实施过程与现场问卷调查
	第五步：检查	在调查结束后，每小组选派 1 名学生进行小组工作过程与工作结果介绍
	第六步：评估	教师根据市场调查的方法，组织全体学生对各组市场调查方案和实施情况进行指导与评价

实训项目三　节事活动项目可行性分析报告

工作任务	根据当地近期举办的一项节事活动的市场调研分析报告，利用桌面调研，调查当地此节事活动涉及范围的相关状况，试分析开展此节事活动是否可行，原因是什么	
实训提示	组织分工——教师将学生分成5～8人一个分析小组，每小组选取1人担任项目经理，1～2人担任经理助理 任务研究——按照节事活动项目可行性分析的工作步骤，并结合所调查到的数据对应相关指标，进行讨论 注意事项——市场调查与分析是一项难度较高的技术工作，尤其是通过桌面调研所得的材料大多为二手资料，可行性分析前应先制定一定的评价指标体系。本活动教师主要从学生掌握节事活动项目可行性的步骤和方法入手，规范市场调查工作步骤，提升市场分析能力	
	实训建议	
三维度	方法能力	正确运用项目管理中市场调查与分析的能力，应在分析中充分体现调查过程的正确规范和分析的合理
	专业能力	掌握市场调查与分析的能力实施要点，能正确按照市场调查的工作步骤开展调研工作，并依据分析指标开展分析
	社会能力	团队成员间沟通表达、互助合作能力，调查与分析能力
工作6要素	工作环境	实训室或多媒体教室
	工作对象	节事活动项目可行性分析
	工作内容	制定节事活动项目可行性分析指标体系，分析项目可行性
	工作手段	桌面调研、小组讨论、可行性报告写作
	工作组织	项目市场调查与分析工作小组
	工作结果	形成节事活动项目可行性报告
工作6步骤	第一步：信息	节事活动涉及范围的相关信息与数据，节事活动项目可行性分析指标体系
	第二步：决策	以项目经理为团队核心，参照可行性分析指标体系进行数据分析
	第三步：计划	人员分工与时间控制
	第四步：实施	人员分工实施过程与团队分析过程与结果
	第五步：检查	由小组选派1～2名学生进行小组工作过程、可行性分析原因与结果阐述
	第六步：评估	教师根据市场调查与分析的工作方法，组织全体学生对各组市场调查与分析报告进行评估，看重于实施过程的完整与分工的协调

思考与练习

一、不定项选择题

1．节事活动市场调查的过程主要包括哪几步？（　　）

A．拟定计划　B．收集信息　C．初步分析　D．提供资料

2．市场信息搜集主要涉及哪几个方面？（　　）

A．市场　B．产业　C．相关展会　D．法律信息

3．可行性研究的特点有哪些？（　　）

A．专业性　B．科学性　C．时效性　D．统一性

二、填空题

1．可行性研究是指投资决策前，对拟投资的活动项目在（　　）上是否先进可行，在

（　　）上是否科学合理，在（　　）上是否有利可取而进行的（　　）、（　　）和（　　）的一种科学方法。

2．节事活动市场调查，就是以（　　），有系统、有计划、有组织地（　　）、调研、（　　）、整理、（　　）有关节事活动产品、服务及市场等信息，客观地测定及评价、发现各种事实，用以协助解决有关节事活动经营决策问题，并作为各项经营决策的依据。

3．按照调查的组织形式不同，可将市场调查划分为（　　）和（　　）。

4．节事活动调查基本程序包括（　　）、（　　）、（　　）和（　　）。

三、简答题

1．简述节事活动市场调查的内涵。

2．简述节事活动市场调查的一般步骤。

3．简述节事活动市场调查的内容。

4．简述节事活动可行性研究的作用。

5．简述节事活动可行性研究的内容。

6．简述节事活动市场调研的类型。

四、论述题

试以实际节事活动为案例进行市场调查。

五、学习活动

活动主题：为你的家乡或所在城市中的具有代表性的节事活动做可行性方案。

活动要求：对举办机构进行深入了解，收集相关数据并进行分析，全面开展市场调研。

活动目的：了解节事活动的定位和流程，对节事活动进行市场调研，全面了解节事活动设计理念、思路。

活动形式：小组活动。

活动步骤：①小组成员分工准备；②查找相关资料；③撰写可行性方案；④展示小组作业，师生评论。

第四章

节事活动品牌策划与实施

➢ 知识目标

掌握节事活动品牌内涵及特征；了解节事活动品牌的意义；掌握塑造节事活动品牌策划的程序和方法；掌握节事活动宣传与推广的内容和手段；掌握节事活动的公关策略；掌握节事活动广告宣传中的媒体选择策略。

➢ 技能目标

具备节事活动品牌识别的能力；具有节事活动品牌策划的能力；具备节事活动公关专题活动策划的能力。

案例导入：爱丁堡艺术节

每年8月，爱丁堡就成为举世瞩目的焦点，一年一度的爱丁堡国际艺术节在这里举办。这段期间，观光游客人数达到顶峰；旅店的老板们笑得合不拢嘴；酒吧得以合法延长营业时间，而新开张的酒吧也特别多。全爱丁堡的人都因此而忙碌、疯狂。

第二次世界大战期间，欧洲的艺术家面临空前浩劫，英国格莱德堡歌剧（Glyndebourne Opera）经理Rudolf Bing，与许多英国当时艺术界知名人士齐聚伦敦，谈到艺术家在战争期间所面临的困境，兴起在英国本土找一个未受战争破坏的地方办艺术节的念头，希望重新为欧洲艺术家找到一个可以互相交流的舞台，甚至创造一个可与奥地利萨尔斯堡与德国白莱特音乐季相媲美的节事活动。经3年筹划，终于在1947年举办了第一届爱丁堡国际艺术节（Edinburgh International Festival）。

选择爱丁堡，除因未受战争破坏，也因该城市素有北方雅典的美名，城市规模也恰当。当时全欧洲最富盛名的音乐家和团体，如Schnabel、Szigeti、Fournier及维也纳爱乐交响乐团，都在首届艺术节齐聚到爱丁堡，可说是相当成功的音乐季。

艺术节开始前一天晚上，在爱丁堡城堡门前的广场上会举行著名的Military Tattoo的表演，在这个表演上，你可以观赏到各个国家军乐团的不同演奏风格。中国的军乐团曾参加了2004年的表演，获得了广泛的好评。这个表演的票价大概是20英镑，并且需要提前一年订票。而艺术节第一天在王子街上的游行当属艺术节最盛大的节目之一。军乐队的宏大气势，苏格兰风笛的独特旋律，世界各国乐队和舞蹈队的助兴，再加上民族服装或超前的奇装异服，构成一个色彩纷呈的狂欢场面。

艺术节常常吸引着来自世界各地的一流文艺团体在此举行精彩的演出。此时到访爱丁堡的游客正从紧锣密鼓的艺术节节目中选择最爱。国际艺术节、军乐队分列式、爵士艺术节、国际电影节、书展等琳琅满目的节目令游客眼花缭乱、应接不暇。

在爱丁堡国际艺术节期间，走在爱丁堡著名的Royal Mile上，映入眼帘的到处是汹涌的人潮和怪异的装扮，三步一小唱、五步一大舞的人流，或打鼓、或耍宝、或演戏、或高歌，到处是演出。演员、舞者、导演、音乐家、街头艺人和观光游客全打成一片，谁是谁、谁看谁似乎都不再重要了。趁着8月艺术节的热潮，爱丁堡的众多艺廊也不再只做静态展示，而是让艺术精品倾巢而出。

每年，爱丁堡的艺术节都会结束在一场烟花表演之中，城堡上放出的烟花，城堡下公园中奏响的交响乐谱成了一首艺术的诗篇，标志着艺术节的结束，也仿佛在说明年艺术节再见。

【问题】分析爱丁堡艺术节品牌发展定位的特色与创新。

第一节 节事活动品牌概述

一、品牌的定义

品牌（Brand）一词来源于古挪威文字“brand”，意思是“烙印”。早期的人们利用这种方法来标记他们的家畜，后来也运用到手工业中。原始意义上的品牌起源于古代手工艺人，他们在制作的手工艺上打上某种标记以利于顾客识别产品的来源，这种标记主要是一种抽象的符号，因此可以说，符号是品牌最原始的形式。当代世界已进入品牌时代。企业对品牌的理解已不再仅仅是一个“标记”，而是一个含义更广、更抽象的概念，它存在于消费者的心目中，成为企业最重要的无形资产，由此出现了具有现代意义的品牌。

1．国外对品牌的定义

美国市场营销协会（AMA）对品牌定义如下：“品牌是一种名称、术语、标记、符号或设计，或是它们的组合运用，其目的是借以辨认某个销售者或某群销售者的产品或服务，并使之同竞争对手的产品和服务区别开来。”

广告先驱大卫·奥威格对品牌下的定义：“品牌是一种错综复杂的象征——它是产品属性、名称、包装、价格、历史声誉、广告方式的无形总和，品牌同时也因消费者对其使用的印象以及自身的经验而有所界定。”

品牌专家大卫·菲利普·琼斯把品牌定义为：“能为顾客提供其认为值得购买的功能利益或附加值的产品。”琼斯认为，附加值是品牌定义中最重要的部分。她从一万个人中进行抽样调查，90%的人都认为附加值在他们几乎所有的购买因素中起着最重要的作用。

《牛津英语词典》对品牌的定义：“证明供应者的一种去不掉的标志。”

2．国内对品牌的定义

中国驰名商标保护组织主任委员、学者艾丰先生认为：“品牌的直接解释就是商品的牌子。但在实际运用中，品牌的内涵和外延都远远超出这个字面解释的范围。品牌包括3种牌子：①著名商品的名称，就是平常说的‘商标’；②企业的名字，也就是‘商号’；③符号性的识别标记，即商品标志。这三种就是人们所说的牌子。”

品牌专家梁中国认为：“品牌是凝聚着企业所有要素的载体，是受众在各种相关信息综合性的影响作用下，对某种事物形成的概念与印象。它包含着产品质量、附加值、历史以及消费者的判断。在品牌消费时代，赢得消费者的心远比生产本身重要，品牌形象远比产品和服务本身重要。”

学者韩光军认为：“品牌是一个复合概念。它是由品牌名称、品牌认知、品牌联想、品牌标志、品牌色彩、品牌包装以及商标等要素构成。”

从以上对国外、国内的专家、学者对品牌的定义，可以总结出：品牌是制造商、商标、产品和服务质量、标志、色彩、包装等要素的综合，它是一个整体概念。

二、节事活动品牌的内涵、特征及意义

节事活动品牌是指能使一个节事活动与其他节事活动相区别的某种特定的标志，它通常是由某种名称、图案、记号、其他识别符号或设计及其组合构成的。一个节事活动品牌主要由商标、品牌名称、品牌标志 3 部分组成，它主要反映参与者对节事活动的感知和体验，不仅是物质层面的体验，更多的是心理和精神层面的体验，它让参与者体验一种新的生活方式。价值、文化和个性是一个节事活动品牌永葆魅力关键所在。参与者对不同地域的同类节事活动的感知和体验是有很大区别的，大连国际服装节、广州国际服装节和江苏国际服装节同样是服装节，但是对于消费者的感知是截然不同的。

1. 内涵

节事活动品牌的内涵包括活动消费者和活动产品之间的全部体验。它不仅包括物质体验，更包括精神体验，它向活动参与者传递一种生活方式。人们在消费节事活动产品时，被赋予一种象征性的意义，最终将改变人们的生活态度；人们参与节事活动越来越多地取决于精神感受，而非物质产品的物理属性。一个节事活动品牌最持久的含义是它的价值、文化和个性，它们确定了节事活动的基础。

2. 特征

（1）无形性　品牌是有价值的，品牌的拥有者凭借品牌能够不断地获取利润，而节事活动品牌效应的价值是无形的，它不像企业的其他有形资产直接体现在资产负债上。它必须通过一定的载体来表现自己，直接载体就是品牌元素，间接载体就是品牌知名度和美誉度。目前对节事活动品牌价值的评估还未形成统一的标准，但品牌是节事活动举办者的一项重要无形资产已是事实。

（2）排他性　节事活动品牌排他性是指一项节事活动一经举办者注册或申请专利等，其他的节事活动就不能使用此标志品牌和类似的品牌名称从事任何商业活动。节事活动品牌在举办过程中，通过良好的质量、独特的个性、持续的创新建立良好的信誉，这种信誉一经参与者认可，很容易形成品牌忠诚。参与者对品牌节事活动的感知和体验是独一无二的，即使同类的节事活动可以被竞争者模仿，也难以产生更大的影响。例如，重庆火锅节，其实并不是只有重庆有火锅节，全国各地的火锅节不计其数，但只要提到火锅节，大多数人马上就会想到重庆火锅节，这就是品牌节事活动排他性的体验。

（3）风险性　节事活动品牌创立后，在其成长的过程中，由于诸多因素的不断变化，品牌资本可能壮大，也可能缩小，甚至某一品牌在竞争中离开众人的视野。对于节事活动

品牌的风险，有时由于客观方面的因素，如社会环境、自然环境、重大意外事故，有时由于主观方面的因素，如策划思路、技术问题、经营服务、现场管理、资金困难等，未能保持节事活动品牌的质量，都会给其品牌的维护带来难度。

3．意义

（1）节事活动品牌成为国家、地区或城市的代名词　节事活动是经济发展的产物，尤其是大型节事活动更需要雄厚的经济实力作为支柱。成功的节事活动品牌可以引发一连串的连锁反应，不仅可以使节事活动在一个国家或地区小有名气，而且可以通过节事活动的开展，加大举办地的宣传营销力度，从而提高举办地的知名度，并促进举办地打造富有特色的国家品牌或者城市品牌。例如，节事活动有“皇冠上的宝石”“触摸世界的窗口”“城市的面包和奶酪”等美誉。重庆国际火锅文化节是全国知名的节事活动品牌，当人们提到火锅文化节，必然会想到重庆国际火锅文化节，进而想到重庆这座城市。火锅节就成为重庆这个城市的代名词。

（2）节事活动品牌是保证服务与产品质量、赢得消费者信任的重要手段　企业设计品牌、创立品牌、培养品牌的目的是希望此品牌能变为名牌，于是在产品质量上下工夫、在售后服务上做努力。同时，品牌还代表了一类产品的质量档次，代表了企业的信誉。比如“海尔”品牌，人们一提到“海尔”就会联想到海尔家电的高质量、海尔的优质售后服务以及海尔人为消费者着想的动人画面。再如“耐克”品牌，作为运动鞋的世界知名品牌，其人性化的设计、高科技的原料、高质量的产品为人们所共睹。“耐克”代表的是企业的信誉、产品的质量品牌——企业竞争的武器。因此，节事活动品牌也不例外，虽然制造技术和产品设计较容易模仿，但品牌形象不易模仿，这有助于在市场竞争中形成一种有效的防线。节事活动品牌只要满足了消费者的心理需求，保证了产品质量，就必然会赢得消费者的信任和偏爱。所以，从长远发展的眼光来看，节事活动必须保质保量，提升服务档次。

资料 4-1

与品牌相关的概念

（1）产品（Product）　产品是指能够提供给市场，被人们使用和消费，并能满足人们某种需求的任何东西，包括有形的物品、无形的服务、组织、观念或它们的组合。产品一般可以分为3个层次，即核心产品、形式产品、延伸产品。核心产品是指整体产品提供给购买者的直接利益和效用；形式产品是指产品在市场上出现的物质实体外形，包括产品的品质、特征、造型、商标和包装等；延伸产品是指整体产品提供给顾客的一系列附加利益，包括运送、安装、维修、保证等在消费领域给予消费者的好处。

（2）商标（Trade Mark）　商标是一种法律用语，是生产经营者在其生产、制造、加工、拣选或者经销的商品或服务上采用的，为了区别商品或服务来源，具有显著特征的标志，一般由文字、图形或者其组合构成。经国家核准注册的商标为“注册商标”，受法律保护。商标注册人享有商标专用权。

（3）名牌（Famous Brand）　对于名牌最通俗的理解就是知名品牌。“名牌”一词的出现先于品牌概念，它是中国特定环境下的产物。

第二节　节事活动品牌塑造

一、节事活动品牌诊断

品牌诊断是节事活动品牌形象定位的基础性工作。通过诊断，节事活动举办者可以准确了解品牌建设工作的起点，在此基础上，确定科学的品牌形象定位及品牌发展目标。在诊断品牌现状时，可从 3 方面入手：

（1）参与者与观众情况　包括两者对品牌的态度以及顾客对品牌所形成的看法，可以通过设计调查表和量化指标，在活动前期、中期与后期，对参与者及观众进行跟踪调查，从中得出他们对品牌定位的看法及品牌价值的认可。

（2）品牌的内部管理情况　包括节事活动的管理、组织、人员、制度、文化等，是否支撑相应品牌的定位等。

（3）品牌成长的外部环境分析　包括市场竞争的公平性、法律法规的健全性、国际经济环境的利弊等，为品牌定位奠定基础。

通过以上分析，对节事活动品牌发展的制约因素与有利条件做到心中有数，在品牌的建设中可以有针对性地推进，逐步完善并向外传播。

二、节事活动品牌定位的步骤

品牌定位就是在品牌诊断的基础上，针对目标受众的心理需要采取行动，将品牌的功能、特征与目标受众的心理需要联系起来，使品牌进入消费者的视觉领域，并引起消费者的注意和偏好。节事活动品牌定位包括 3 个步骤：

1．识别各种可能作为定位依据的竞争优势

潜在竞争优势使本节事活动能比其他同类节事活动带给参与者与观众更多的价值，它源于节事活动组织管理的过程中，如更符合趋势的主题选择、更优惠的价格，更具代表性、更权威的参与者，更高质量的专业观众，更人性化的服务等。本节事活动可以就某一方面的功能进行打造，也可进行全方位的塑造，但并不是所有的潜在竞争优势都能转化为现实中的竞争优势，因为潜在竞争优势转化为现实竞争优势是需要成本的，有些转化成本过高，有些不值得转化，有些时机未到等。

2．选择正确的竞争优势

通常，能够选做节事活动品牌定位基础的潜在竞争优势必须满足以下要求：

（1）差异性　这是指在主题选择上是其他节事活动所没有的，具有创新性，或即使是其他节事活动有，但本节事活动可以在成本、服务或功能上做得更好。

（2）交流性　这是指节事活动品牌可以向目标受众传达，使他们能够感知得到。可以赋予品牌更大的想象空间，可代表一种文化，给节事活动注入更多的文化内涵，通过节事活动广告、标识语、印刷品、相关活动等提升它的品牌影响力。

（3）经济性　这是指目标受众是能够支付得起、有能力支付这种定位带来的差异性，并且能够形成规模效应。

（4）盈利性　这是指节事活动的规模应足够大，可以弥补节事活动在品牌定位时采取差异化策略及相应的管理策略所付出的成本，从而有利可图。

3．有效地向经过选择的目标市场传达节事活动的品牌定位意图

持续与顾客沟通是品牌定位很重要的一项工作。例如，可以先花几个月时间，建立顾客的认知、回忆与了解，之后再开始建立顾客的忠诚度。另外，要确保公司对外发出的信息是一致的，不会带给顾客前后不一的感觉。

三、节事活动品牌定位策略

节事活动品牌定位通常采用以下 5 种策略：

1．情感定位

情感定位已成为许多品牌定位和诉求的重要切入点。情感定位能直接和间接地冲击参与者的情感体验而具备明显的营销力量，主要体现在两个方面：①节事活动举办地的民众和职工对节事活动的情感。对于举办地的民众来说，节事活动品牌能够真正为他们带来好处，如经济利益、优化环境等；对于职工来说，让他们体会到主人翁的地位，更让他们体会到节事活动策划是集体智慧的结晶。②消费者（游客）对节事活动的情感。因为节事活动高品质的服务、丰富多彩的活动、彰显个性的创新等，可以满足不同游客的需要，并且给他们带来心灵的震撼，由此产生终生难忘的情感。

2．功能定位

功能定位就是通过对举办的节事活动各种功能的表现、强调，经过策划进行定位，给参与者提供比竞争对手更多的收益和满足，借此使参与者对节事活动留下深刻印象，实现节事活动某类功能的定位。

3．利益定位

利益定位是指直接将节事活动能带给参与者的主要利益作为节事活动定位的主要内容。这种利益即有物质方面的，也有精神方面的。例如，2012 年七夕节，重庆金夫人婚纱摄影开展促销，推出了“快乐结婚向‘钱’冲——全场 3.8 折优惠”的系列活动等，以给参与者带来实实在在的利益为出发点进行定位，获得了情侣的喜爱和青睐。

资料 4-2

背景：三八妇女节

口号：一年之计在于春，美丽的皮肤从春天开始，动人从专业的花能护肤系列开始。

目的：营造“喜庆、富贵、亲情”的节日氛围，扩大本店知名度，吸引消费者，培养忠实的消费群，派专业的人员根据每一个顾客的皮肤的不同属性、消费层次作出最实惠、有效的产品搭配，同时进行积分卡制营销活动，建立长期或者短期的各类主顾系统。

活动内容：三八妇女节，白皙女人之约，购买花能产品满 500 元者，即可获价值 298 元的水晶项链一条。

工具：联谊会场地，派发用的传单，POP 海报，气球等。

主题软文：女人天生靠男人来宠爱，但女人的美丽，则是要靠女人自己来呵护，花能十天缔造漂亮女人，现在开始，关爱自己，关爱第二生命！白皙女人，多情女人，时间勾起对她的记忆，白皙、光洁、透明的肌肤，是所有女人内心期盼的肤质。白皙女人的一种味道，白亮光洁的水晶有着长久的魅力，白皙自然的女人，有让人琢磨不尽的风情，女人配上这水晶项链便如你想象中……

风靡全球的水晶项链，象征女人的清高和优雅，价值 298 元，愿天下白皙女人灿烂永恒。

4．特色定位

特色定位又称市场空档定位，是指举办者寻求市场上尚无人重视或被竞争对手控制的节事活动，使自己策划的节事活动能适应目标市场的需要。此种定位是在差异化的基础上，与众不同的一种方式。

资料 4-3

中国龙虾节：创新铸就品牌

地处江苏北部，淮河下游的盱眙是个有 2 200 多年历史的古县。由于经济欠发达，不仅丰富的资源、灿烂的文化古迹鲜为世人知晓，就是“盱眙”二字，也很少被国人读知。20 世纪初，盱眙确立“环境立县、旅游兴县、工业强县”三大方略，从节庆入手，寻找县域经济突破口。从 2001 年到 2005 年连续成功地举办了 5 届中国龙虾节，在大江南北掀起一轮轮红色风暴，中国龙虾节极大地提高了盱眙的知名度和美誉度，为老百姓带来了无限商机和财富。盱眙的县域经济也以前所未有的速度超常发展。盱眙的中国龙虾节和实施的“小龙虾大战略”，为经济欠发达地区县域经济发展探索出一条新路子。国内经济学界一些专家学者将中国龙虾节称为“盱眙现象”而加以研究，海内外媒体也热切关注。中国龙虾节把平凡廉价的小龙虾炒作包装成中华美食，为人民群众提供了创业新平台，孕育产生了“五湖四海闯荡，红红火火终身”的龙虾精神。对中国龙虾节加以解读，我们可以这样说，这是办节机制创新、文化创新、品牌创新创造的成功节庆。

5．公益定位

公益定位是指企业通过做对公众有意义的事业，倡导精神文明新风，并阐述企业自身的文化理念，以对社会负责任的态度，争取公众的认可。例如，2012 年 5 月 27 日晚第四届“嫣然天使基金慈善晚宴”在北京成功举行，晚宴云集 100 位明星、艺人，200 位企业家倾情竞拍，筹善款 5 400 万元。同时经过两年半的精心筹备，北京嫣然天使儿童医院终于落成，于 2012 年 7 月 1 日正式开业。嫣然天使基金（Smile Angel Foundation）是由李亚鹏、王菲夫妇倡导发起，在中国红十字基金会的支持和管理下设立的专项公益基金，他们倡导、动员社会资源，以弘扬人道、博爱、奉献的红十字精神为宗旨，积极为嫣然天使基金筹集医疗救助资金，让更多唇腭裂患儿得到治疗，拥有一张健康纯真的笑脸。基金会 2006 年 11 月 21 日正式启动。

学生活动 4-1

活动主题：节事活动品牌的塑造。

活动目的：让学生能够运用相关策略掌握节事活动品牌定位塑造的步骤。

活动形式：小组活动。

活动步骤：以当地某一项节事活动为例，综合采用节事活动品牌定位策略，分组讨论该节事活动品牌的塑造步骤。

第三节 节事活动宣传与推广

一、节事活动宣传推广的特点

节事活动宣传推广是指节事活动整体的宣传推广，是围绕节事活动基本目标制定的、有目的、有计划举行的一系列促进建立节事活动品牌的宣传推广活动。一般的节事活动组织者都会指定专门的人员来负责节事活动的宣传与推广，因为公众和潜在客户都是通过宣传推广才开始认识和了解该活动的。

1. 整体性

节事活动宣传推广服务于整个节事活动，是一种整体的宣传推广工作，不能因为要实现节事活动项目的某项目标，而忽视其他任务。

2. 阶段性

节事活动宣传推广工作是随着节事活动筹备工作的进行和节事活动的实际需要而分步骤和分阶段逐步实现的，每个阶段需要宣传的内容和重点也不相同。所以，节事活动宣传计划的阶段性很强，阶段性目标和任务应十分清晰而明确。

3. 计划性

节事活动宣传推广需要全面统筹安排节事活动筹备工作中的各个环节，应加强计划性，给节事活动筹备工作以强有力的全方位支持。

4. 本质上是一种对服务的宣传

节事活动宣传推广是在宣传和推广节事活动的各种服务。

二、节事活动宣传与推广的内容

1. 节事活动基础资讯的宣传与推广

各种节事活动都需要向参加者详细介绍节事活动的一切基础资讯，包括：

（1）开展节事活动的时间、地点、交通住宿情况、会务组接待事宜、节事活动时限等。

（2）参与者情况、往届节事活动效果、社会评价等。

（3）参展的要求与条件等。

以上宣传内容主要是针对参展方，比较简便的做法是将所有基础资讯编订成册，印发邮寄或进行人员推广。

2．节事活动相关活动的宣传与推广

在节事活动过程中往往会安排一些活动，一方面增加节事活动的内容，另一方面也可以有效吸引参观者，这些活动不仅是节事活动的有效构成部分，对于一些特定主体的节事活动，甚至可以说是节事活动的重中之重。

节事中的活动，所指的是开幕式，闭幕式，民族风格的表演，场内特设舞台上演的节目、表演、音乐会，或者是主题讨论会、研究会等。平时，难以接受邀请的著名音乐家的演奏会、海外艺术表演等，在节事活动举办期间都能备受青睐，也能够增加整个节事活动的魅力，成为吸引更多观众前往参观的重要因素之一。

根据活动的类别划分，可将其归纳为：

（1）正式活动—由主办者举行的前夜典礼、开幕式、闭幕式等正式活动。

（2）主题活动—围绕节事活动主题进行的讨论会、研究会、电影节等活动。

（3）交流活动—出展单位主办的活动。

（4）一般活动—音乐演奏会、电影、传统艺能、街头表演、盛装游行等。

（5）市民参加活动—由一般市民资助主办的活动。

节事活动期间活动的宣传与推广可以在很大程度上帮助节事活动聚集人气、突显风格，形成品牌效应。特别是大型节事活动如世界博览会，都将一些重要活动融入节事活动过程，不仅在节事活动场地进行，更可以将活动延展至整个城市，从而实现更大的社会效应和经济效应。在这方面完全可以借鉴一些比较成功的城市文化活动的先例。

3．品牌的宣传与推广

将自己举办的节事活动逐步培育成在国内外有重大影响力的品牌节事活动，是每一个节事活动主办单位不懈的追求和执着的梦想。品牌节事活动都是通过对节事活动进行卓有成效的品牌经营才培育出来的，节事活动品牌经营是节事活动进行市场竞争最有效的手段之一。节事活动品牌经营的主要目的，是通过对节事活动进行品牌化经营来提高节事活动的影响力和市场占有率，并努力使本节事活动在该题材的市场上形成一种相对垄断，因此节事活动品牌的宣传与推广应着力于独特性与排他性，可以在宣传过程中突出品牌节事活动在行业或领域中的不可替代性。

企业通过负担举行这类活动的一部分或者全部资金的方式获得向来参与观众宣传该企业的商品名称或企业名的好机会。另外，为了设立举行活动的专用舞台，还需舞台装置布景、音响照明、计算机控制灯具等业务方面的专家的协助。

三、节事活动宣传与推广的手段

节事活动宣传与推广在执行手段上是多种多样的，应根据财力、人力以及节事活动本身的特性选择组合使用。当前比较常用的手段包括广告、新闻宣传、公关活动等。当然，传统的人员推广模式仍是适用的，特别是作为节事活动的组织者，利用现有条件开展与潜在客户之间的直接人员推广仍是相当有效的方式。特别是作为节事活动组织者的政府部门、行业协会等，可以采用直接发信函、人员联系等手段进行相关的宣传与推广工作。

必须看到的是，节事活动的市场化程度越高，其宣传与推广工作对市场化的运作方式的依赖也就越高，因此以下主要介绍几种市场化操作中常见的宣传推广方式。

1．广告

广告是节事活动宣传的重要方式，也是吸引潜在客户和公众的主要手段之一。节事活动广告的范围可以覆盖已知的和未知的所有参与者，可以将节事活动情况传达到直接联络所遗漏的潜在客户和公众，也可以加强直接联络的效果，这是覆盖面最广同时也是最昂贵的节事活动宣传手段，因此必须目标明确，根据节事活动的需要、意图和实力有效安排。

广告预算决定广告规模，要根据需要和条件决定预算。选择合适的媒体才是降低成本、提高效率的最好办法。同时，广告的时间也需要安排，在一般情况下，不要将广告集中在节事活动开幕前几天，而应该在三四个月之前就开始，广告不仅可以安排在节事活动之前，还可以安排在节事活动期间和节事活动之后。节事活动广告活动具有相当的专业性，最好的方式是与广告代理公司合作，从而实现广告宣传的最佳效果。

2．新闻宣传

新闻宣传费用一般较低，因为通常情况下新闻采访与报道是免费的，同时新闻报道的可信性较大，效果不错。新闻宣传必须在节事活动之前、期间和之后连续进行。节事活动组织者一般都在节事活动期间设有专门的新闻宣传部门，该部门的工作人员应该具有良好的媒体背景，熟悉新闻宣传的手段与一般规律，并能够与专业新闻人员有效沟通，和记者、编辑、摄影师、专栏作家等都能够保持联系。良好的人际关系有助于获得媒体的最大支持并获得最高最正面的报道。

新闻宣传工作的一般流程如下：

（1）任命新闻负责人或开始联系委托代理，收集、整理、更新目标新闻媒体和人员名单。

（2）制定节事活动新闻工作计划。

（3）举办节事活动记者招待会、发布节事活动基本信息。

（4）收集媒体报道情况，如果在节事活动期间对记者作过许诺，一定要尽快予以办理或告知何时办理。

（5）向未能参与节事活动的记者寄发资料。

（6）向出席节事活动招待会、参与节事活动的记者发感谢信，向所有记者寄节事活动新闻工作报告。

（7）迅速、充分地回答节事活动新闻报道引起的读者来信。

（8）与媒体保持联系。

在新闻宣传工作中，节事活动组织者特别需要注意新闻稿、新闻图片。新闻稿是组织者提供给媒体的主要的基本新闻资料，质量高、内容新、符合新闻写作要求的新闻稿被广泛应用的可能性就高。好新闻图片可以直观体现节事活动现场的效果或主体，好新闻图片比好文章更易被采用。

资料 4-4

CNN 播出上海世博会宣传片 上海世博推介广告亮相纽约

上海世博会组织者在加大国内推介力度的同时，不断采用各种方式，提高上海世博会在国际社会的知晓度。

从 2009 年 6 月 17 日起，上海世博局与美国有线电视新闻网（CNN）合作，在其欧洲频道播出上海世博会宣传片。短短一周内，上海世博会宣传片滚动播出共计 72 次，给欧洲各国观众留下深刻印象。上海浦东华丽的天际线、江南女子的甜美笑容，伴随着悠扬清美的音乐，和上海世博会的会徽、口号一起，让远在欧洲的人们感受到上海世博会的气息。下半年，上海世博局将继续与 CNN 等主要海外媒体开展合作，逐步加强上海世博会的海外推介工作。

6 月 18 日，上海世博会推介广告在美国纽约亮相。中国国家旅游局和上海市旅委共同策划组织了 170 辆双层旅游观光巴士和公交车，在纽约进行为期 2 个月的流动宣传。高 5 米、长 11 米的双层旅游观光车车体一边喷绘着外滩流光溢彩的繁荣夜景、陆家嘴阳光下大气磅礴的风姿、世博会会徽以及“上海欢迎您——2010 世博会”的英文字样等图案，另一边则是北京奥运会的宣传广告。这些旅游观光车穿梭于曼哈顿主要旅游景点，即时代广场、帝国大厦、中央公园、第五大道、百老汇大街、华尔街等，每天早晨 8 点至晚上 11 点沿固定线路行驶，长达 15 小时，每天行程 100 多公里，平均每天每辆车有 800～1 000 人次乘坐。车体上的巨幅广告随着观光车穿梭行驶于拥挤、繁华的曼哈顿闹市，不仅成为夏季纽约街头的亮点，也吸引了数以百万计行人的注目。

3. 公关活动

为扩大节事活动影响、吸引潜在客户和民众、促进经济贸易，节事活动组织者往往也要通过会议、评奖、演出等公关手段对节事活动进行宣传。这些公关活动通常不是单纯的为节事活动服务，还兼顾政策宣传、文化交流等社会责任。公关活动不仅可以帮助组织者争取到更多的来自当地政府的支持，同时也可以有效地在参观者中引起共鸣。

报告会、研讨会、交流会等会议形式是节事活动过程中最普遍的公关手段。一般会议中可以吸引行业管理者、决策人物、专家、学者到来，这些人往往具有相当的影响力，客户往往希望通过参加会议获得如国家经济动向、政策发展等信息。

评奖活动的公关效果更为明显。一般由节事活动组织者，参展商参加。评奖团多由专家组成，评奖结果通过媒体宣传。例如，每年一度的由《南方日报》集团等举办的广州房地产交易会过程中都会评出当年最佳楼盘、最佳开发商等多个奖项，不仅大大调动了参展商的积极性，同时也使参观者增强了对节事活动的信赖感。

资料 4-5

“吐鲁番葡萄评比”亮相葡萄节

2011 年 8 月 19 日，在吐鲁番市青年中路，本届吐鲁番葡萄节一项重要活动——吐鲁番葡萄评比展示品尝活动在这里进行。

吐鲁番葡萄评比展示品尝活动由吐鲁番葡萄节组委会、自治区林业厅主办，地区林业局承办，各县市林业局和地区农科所协办，以紧扣地区“强农”发展战略，突出打造“葡萄文化”理念，是一项以“葡萄”为载体，以现代文化为引领，融知识性与趣味性为一体的活动。

当天，来自各县市 86 家种植户选送了 6 个品种 94 个样品参加评比活动。评比活动采取专家现场评分的方式进行。新疆农科院、中国农学会葡萄分会、新疆瓜果开发研究中心、新疆农业大学、地区农科所等单位的资深葡萄专家担任评委。评委根据测量结果，现场对理化指标进行了评分，最后评选出了各奖项。评比指标包括含糖量（测糖仪测定）、外观（看果穗大小、果形、果粒大小与均匀度、色泽等）、口感等项目，奖项总设"最甜葡萄奖"1个，每个参赛品种葡萄设"最佳葡萄奖"1个，评出奖项将在葡萄节闭幕式上颁奖。

通过评比展示品尝活动，展示"吐鲁番葡萄"的优良品质和独特魅力，将进一步提升"吐鲁番葡萄"的知名度和美誉度，促进吐鲁番葡萄产业、葡萄文化的转型升级和跨越式发展。

4. 媒体传播

媒体主要是指大众传媒，如广播电视、报刊、电影、网络等载体。传播是指根据一定的目的而通过各种信息传达方法以影响他人意识和行为的社会活动。媒体传播的策略与原则包括明确传播的目的和目标、了解传播对象情况准确选择目标媒体、确定媒体使用的重点、科学合理地进行媒体组合（整合）、从实际出发制定传播策略等。在节事活动宣传时，要正确处理与大众媒体的关系，要有计划地针对目标记者，视工作需要增加双方见面的机会；为媒介提供有用的新闻素材和信息源，尽量满足记者对信息的需求。提供吸引媒介的新闻，使自己成为可靠的信息来源；巩固、加深与媒介的沟通和合作，与目标媒介、业界重要媒介开展内容合作，力争成为业界权威内容的提供者，如人物采访、业界分析等；与目标媒介开展会务、节事活动、论坛的合作，充分发挥媒介的优势，为自己所开展的活动营造氛围；与目标媒介开展广告、营销方面的合作，为媒介创造效益，为组织提高名声。借助组织本身开展的活动，力争各主要媒介作为支持单位，以此建立各种深入合作的模式。

媒体传播和媒介关系是新闻策划的关键，新闻策划是借助于新闻媒介，协助政府、团体、相关机构等公众的关系，遵守新闻规律，站在企业（组织）整合营销的高度，整合企业（组织）优势资源，通过蓄势、借势、造势这一系统工程，树立企业（组织）、产品形象，引导并创造消费需求，为企业（组织）营造良好的外部环境。

节事活动一般是以社会活动为主，这类活动的传播出发点和落脚点都是公众利益最大化，传播都具有社会性，传播的内容和方法都有一定的艺术性，是在事件和时代背景下提炼出来的新闻，一般具有较强的传播性和转发性，较容易受到大众的关注和参与，因此与其他新闻策划又有不同之处。新闻策划的过程有：

（1）新闻策划的创意（新闻点的提炼）：新闻价值的判断与分析，蓄势、借势、造势（第一、新奇）（影响力、时效性、相关性）。

（2）拟订新闻活动方案。实施方案、传播方案、预算、工作制度（财务）、报批件、请示件等文案。

（3）确定新闻活动的目标媒介，研究分析活动与媒介的充分结合并做出计划。

（4）召开新闻活动工作会议，分工安排。

（5）新闻写作。新闻稿、领导讲话的撰写、活动流程、背景资料、组织简介、活动手册等。

（6）邀请记者。确定重点，按需邀请。

（7）接待记者。会前沟通、会中实际接待与服务、会后沟通（如遇重要媒介未到应及时联系补上稿件和礼品）。

（8）现场管理。营造氛围安全有序，氛围热烈、隆重。

（9）新闻传播。广播电视、报刊、网络，并进行传播过程中的有效跟踪和控制。

资料 4-6

2004 年北京马拉松事件

据媒体现场报道："20 岁的大学生刘××在倒地 7 分钟以后，才被救护车送到医院。显然，组织方缺乏这方面的思想准备，没有制订紧急救护等方面的相关预案。""之所以参赛人数不断增加，与长期以来的社会舆论有关，很多人受社会影响把跑马拉松看得容易，缺乏基本的科学常识。一些从来没有锻炼习惯的人也来参加，无形中增加了伤病的发生率。他认为，任何运动都有适宜对象，组织者不应该以参与人数的多少作为一项赛事成功与否的重要指标，在进行宣传时应明确适宜人群，并且应加强比赛过程中的监察、劝阻工作力度"等。

此次事件一出，各类媒体针对此事对活动组织、宣传、人员、危机协调等各方面提出了质疑，对主办单位和政府的作为提出挑战。此事的发生，一方面与活动的现场组织、人员培训、现场指挥、协调机制有关外；另一方面与主办方的宣传机制和应急能力也有很大关系，如果主办单位在危机时间内可以作出合理的解释和实际的表现，如果主办方给媒介传达准确的信息，设立新闻发言人解答各类问题，此事不会造成如此严重的后果。

虽然，主办单位在短时间内发表了声明，但是出了事故，仅仅表态是不够的。在当时的情况下要作如下处理：

接到有人死亡和当场休克的指令时，立即起动最有效的应急机制。第一时间请医务人员、警务人员、工作人员到达现场，请示领导赶到现场指挥、协调。

10 分钟内，应急指军人员现场处理危重病人的抢救，同时协调最近的医院及时救治，并安排人员到达医院。此时，请示相关领导，协调、检查现场其他人员的安全情况，并做好现场运动的继续开展。

20 分钟内，主办单位法定代表人到现场，与市政府、公安、体育管理部门、医务部门、文化部门等领导召开现场会。处理现场、抢救病人，安排专人对病、死者同学（同事）或最易联系的朋友进行联络，通报情况、表态和实际行动。同时，现场工作、善后工作、应急工作分别指定领导人员参加，保证各方工作有条不紊。

1 小时后，确定接下来的工作步骤。确定新闻发言人、准备开通记者提问专线、及时关注病（死）者进展情况、准备草拟主办者的对外声明（表态和实际做法）、通过中央权威媒介发布声明、进一步与政府各职能部门沟通，配合其工作。

12 小时后，成立家属（亲人、同学）接待组、新闻记者接待组（尽量不接受现场采访）、领导接待组（最好现场接待、现场请示、现场解决问题）。

24 小时后，视情况和领导指示，是否举办新闻发布会。

48 小时后，按计划关注媒体报道、关注事件发展，及时作出相应的战略、战术调整，力争将事件的影响降到最小，将损失减少到最低。

说明：

1）每天向政府主管部门汇报事情的进展情况。一周后书面向政府主管部门和领导汇报事件进展和处理情况。

2）以上所指是在正常大型活动中的常规处理办法，是在有预案、有应急处理机制的情况下进行。

3）如在此次事件中，媒介在3天左右报道各种情况，有的报道是有根据的，有的报道也是没有根据的。因此，如果在媒体方面能主动一点，能够从事实的本身出发，尽量从有利于自己的角度出发去接受采访或发表意见，我想最后的媒体报道不至于黑白颠倒。

4）大型活动往往现场就有记者采访，因此更要做好现场的控制工作。比如，现场谁也不知道选手是否死亡，只有医生才知道，何况医生现场也不能马上下决断就是死亡。

5. 网络营销

网络营销是指利用互联网络作为手段，从而达到营销的目的。网络营销不仅仅是网上销售，而是企业现有营销体系的有利补充；网络营销是4C（整合营销）营销理论的必然产物。网络营销包含的内容很广，主要有网上市场调查、网上消费者行为分析、网络营销策略制定、网上产品和服务策略、网上价格营销策略、网上渠道选择与直销、网上促销与网络广告、网络营销管理与控制等。网络营销并不是单纯指网络技术，而是更侧重于市场营销，服务于产品及企业的营销体验。

网络营销首先是用互联网来替代或部分替代（补充）传统营销的中介媒体如报刊、邮件、电话、电视等，其实质是利用互联网对产品的售前、售中、售后各环节进行跟踪服务，它自始至终贯穿在企业经营的全过程。它是企业以现代营销理论为基础，利用网络技术和功能，最大限度地满足客户需求，以达到开拓市场、增加盈利为目标的经营过程。它是由网络客户、市场调查、客户分析、产品开发、销售策略和反馈信息等环节组成的、强有力的营销方法之一。

6. 代理销售

这是指通过代理商如委托国外代理商的销售来提高节事活动的知名度，不仅吸引大量国外游客前往，而且吸引有一定知名度的演出团体参与活动。

7. 宣传册等印刷品

这些宣传品从设计到印刷，都要求字迹清晰、颜色醒目、图案与文字比例适中。

8. 公共宣传

公共宣传是最便宜的宣传手段。公共宣传是指企业为实现销售指标，以非付费的方式从报刊、电台、电视等各种媒体获得编排的版面和播放时间，供节事活动的消费者和潜在消费者读到、看到、听到的各种活动。公共宣传作为一种营销手段具有如下作用：①恢复人们对新鲜度和渴求度下降的节事活动的兴趣；②引起人们的注意，提高节事活动的知名度。企业的公共宣传必须借助某种媒体或公开展示的机构来实现，所以使用次数是有限的，而且是突发性的，但其作用是十分显著的。它和其他促销工具相比，具有如下特点：①可信度很高，由于公共宣传是第三者写出来的，在新闻媒体里进行报道，体现了消费者的利益和公众的看法，消费者认为它是客观、真实的；②对于广告或人员推销不予理睬的消费者，一般不会对企业的新闻报道反感，因为它是一种新闻活动、在心理上不必担心上当受骗；对于企业来说，宣传费用水平低，无须花钱购买媒介的版面或时间；而新闻报道所产生的价值，可能花几百万的广告费也得不到；公共宣传的费用水平和其他促销工具相比是最低的。

学生活动 4-2

活动主题：为已经策划的中小型节事活动撰写宣传与推广方案。要求：宣传方案不少于 500 字，具有可操作性。

活动目的：掌握节事活动宣传与推广的手段，并能撰写宣传与推广方案。

活动形式：小组活动。

活动步骤：1．小组成员分工准备。

2．查找相关资料。

3．展示小组作业，师生评论。

第四节　节事活动公关策划

“公共关系”简称“公关”，是由英文“Public Relations”翻译而来的，缩写为 P.R.，现在对“什么是公关、什么不是公关”还存在着很多分歧。美国公关协会（The Pubic Relations Society of America's，PRSA）对公关的定义是：“公关是帮助组织和所处的社会群体达到互利的一种手段。”在徐鼎亚先生主编的《市场营销学》（2004 版）中，对公共关系的定义是：“公共关系是企业通过公共传播和对特殊事件的处理，使自己与公众保持良好关系的活动。”从徐鼎亚先生给出的定义中可以得出，公共关系进行的手段就是公共传播和对特殊事件的处理两种。

一、专题活动策划

公共关系的专题活动是以公共关系传播为目的，有计划、有步骤组织众多人参与、协调的社会活动。专题活动中应掌握以下 3 点：

1．专题活动以社会传播为目的

例如，中国银行斥巨资赞助香港“97 回归”在香港维多利亚港的烟花大会演，目的就是传播中国银行是香港发钞银行的良好形象。

2．众多人参与的社会活动是专题活动定义的基本条件

大型节事活动，要有两个基本条件：一是活动社会化，二是活动参加人数量多。香港烟花汇演覆盖香港，参加活动的人有上百万，加上电视的转播，影响的人就更多了。

3．活动是有组织、有计划、有步骤的社会协调行动

假如不是协调行动，再多人参与也不能算是专题活动。

群体策划是一种人才组合的集体策划的形式。其具体形式为组成一个专责策划小组，由策划小组共同完成策划的任务。策划小组的最佳形式是由多学科的成员组成，而且应该有经验丰富的前线工作者参与，这样，有利于知识、信息的互补，有利于思维激荡。

策划小组的工作步骤可以归纳为 5 句话 20 个字：分头调研，共享信息，独立思考，小组讨论，专人提炼。在 5 个步骤中策划小组的成员是分头收集、整理、研究基本的调查资料。然后将个人收集、整理、研究的初步结果向策划小组成员互相通报，形成第一次信息冲撞效应。各人又再次独立构思至一定程度，由项目召集人召开策划小组讨论会。这个策划小组讨论会是脑力激荡的过程，互相启发，十分有利于创造性的意见产生。有时一次会议未必产生结果，就须重复前面的程序，再择日召开会议，直至有一个基本结论为止。最后由指定的专人将策划小组研究的成果整理成方案，或者由不同的人撰写不同的方案，形成多个方案。这是运用群体智慧执行的策划方式。其最大优点是知识互补和产生冲击思维的力量。

二、新闻发布会

新闻发布会，也有人称为记者招待会，其实严格来讲两者不太一样。新闻发布会侧重于发布新闻，如企业作出了某项重要的决策，研制生产了某种新产品或推出了某项对社会有重大影响的革新项目。企业若想通过大众媒介把这些信息广泛地传播出去，就可以举办新闻发布会。

记者招待会则有所不同，它不一定是有新闻发布，它的主要目的是和新闻媒介公众进行沟通。任何企业与社会各界公众的交往中，都会遇到很多错综复杂的问题，如本单位与外单位发生了法律纠纷，企业受到了社会舆论的谴责，受到了新闻媒体的公开指责，受到了某一其他社会组织的诬告等。当这些问题发生之后，企业为了挽回形象并争取舆论界的支持，借助于新闻媒介传递真相、澄清事实，引导公众舆论，树立或维护形象，就有必要召开记者招待会。

要使新闻发布会召开成功，达到预期的效果，在新闻发布会召开之前、召开之中、召开之后都需要做好多方面的工作。

1．确定必要性和主题

研究和分析是否有值得广泛传播的信息，传播的信息是否有新闻价值，是否有新闻传播紧迫性，是否是新闻传播的最佳时机等。一般来说，新产品问世，新技术开发，新项目合作，开业或倒闭，合并或转产，重大纪念活动，重大危机事故等，都具有一定的发布价值。

2．确定时间和地点

举行新闻发布会，在时间上应该尽量避开节假日和有重大社会活动的日子，以免记者不能来参加。在地点选择上主要是考虑给记者创造各种方便采访的条件，如录像、拍摄的辅助灯光、视听辅助工具、幻灯或电影的播放设备，适合记者使用的桌椅、电话机、传真机等，以及交通是否方便、地点是否安静等。

3．确定邀请的对象

确定邀请的对象，应根据新闻发布会的主题，有选择地邀请有关的新闻记者参加，如经济类、文化教育类、体育类、社会生活类、法制类等，都有不同的媒介工具或不同的媒介记者。还要根据消息发布的范围来确定记者的覆盖面和级别，考虑如何选择报纸、杂志、广播、电视等媒介记者，以及考虑媒介是地方性、区域性的，还是全国性的。邀请对象一经确定，应提前7～10天发出邀请，临近开会时还应打电话联系落实。

4．选定主持人和发言人

由于记者的职业要求和习惯，他们大都会提出一些尖锐深刻甚至很棘手的问题。这对主持人和发言人提出了很高的要求。主持人和发言人除具有较高的文化修养和专业水平，还要思维敏捷、口齿伶俐。主持人一般由组织公共关系机构的负责人担任，首先介绍会议的基本情况和议程，再由发言人作详细发言。发言人应由组织的高级领导担任，因为他们熟悉组织的整体情况和方针、政策，发布消息和回答问题具有权威性。不论主持人和发言人，都是组织形象的化身，其外表形象的设计也应下一番工夫，服饰仪表、言谈举止都应该给人以礼貌、真诚的感受。

5．准备好发言和报道提纲，以及宣传辅助材料

根据会议的主题收集有关信息，写出准确、生动的有关资料，如主持人的讲话提纲、发言人的发言稿、答记者问的备忘提纲、新闻统发稿、会议报道提纲、所发新闻的有关背景材料和论据材料，以及有关的图片、实物、影像等辅助材料。这样，既为会议的主持人和发言人提供有益的参考提示，也为记者们充分理解所发新闻信息及有关问题提供帮助，并为记者们的采访报道提供方便和参考。需要特别注意的是，会前应将会议主题、发言稿和提纲在组织内部通报一下，以防会上口径不一而引起记者的猜疑和混乱。

6．预算会议所需费用

根据新闻发布会的规格和规模作出可行的经费预算。费用项目一般有场租、会场布置、印刷品、茶点、礼品、文书用品、音响器材、邮费、电话费和交通费等。需要用餐时还应加上餐费。

除以上几点会前准备工作外，有时会后还需要组织记者实地参观采访，这项工作需要有专人接待，安排好参观路线和范围。

资料 4-7

公益救助活动新闻发布会方案

一、主办单位

湖南省慈善总会、湖南省红十字会、湖南省健康教育协会

二、发布主题

“名医联手，情动三湘”公益救助活动新闻发布会暨启动仪式

三、发布时间、地点

1. 新闻发布会时间：2007 年 6 月 18 日上午 9:00 时

2. 发布地点：天玺大酒店

四、组织工作

由组委会负责，负责来宾签到、贵宾接待、材料分布等。

五、主持人

六、邀请媒体及有关领导

1. 新闻媒体：潇湘晨报、红网、三湘健康网、湖南省各电视台

2. 有关领导：熊清泉、湖南省民政厅副厅长、卫生厅彭厅长

湖南省慈善总会秘书长余长明、湖南省红十字会秘书长刘迎建、潇湘晨报社长龚曙光、湖南省健康教育协会秘书长肖正湘

3. 医院代表（每家参与医院 3～4 人）：湖南省人民医院、湖南省儿童医院、湖南省肿瘤医院、南湖医院、华美医院、长江医院、东方男科、爱尔眼科等（其他医院也邀

请一下）

4. 地市代表：株洲卫生局谭局长

七、会场布置

1. 鲜花。

2. 发布会会场背景：悬挂横幅为"'名医联手，情动三湘' 公益救助活动新闻发布会暨启动仪式。"悬挂展示"名医联手，情动三湘"公益救助活动宣传海报（宣传画）。

八、发布会前宣传氛围的渲染

1. 潇湘晨报、红网、两家媒体记者为"名医联手，情动三湘"公益救助活动新闻发布会，采专题新闻报道。

2. 参与活动的地市新闻单位（地市电视台）要找角度、出亮点、精心组织，分别作好专题新闻宣传报道，并加大在潇湘晨报地市主页版块上的新闻宣传力度。

九、议程安排

上午 9:00，主持人宣传新闻发布会开始。

1. 主办单位领导就"名医联手，情动三湘"公益救助活动的意义、目的、主题、内容、时间安排进行发布，"名医联手，情动三湘"公益救助活动的有关筹备情况。

2. 医院代表讲话就医院参与"名医联手，情动三湘"公益救助活动的意义与医院对活动的支持方式，同时倡导更多的医院参与到医疗公益救助的活动中来，强调此次活动的公益性。

3. 承办方讲话。议题围绕承办此次公益救助活动的意义与报名活动的条件与方法。

4. 启动仪式。

三、赞助活动

赞助活动是社会组织无偿地提供资金或物质支持某一项社会事业或社会活动，以获得一定形象传播效益的公共关系专题活动。它可以使提供赞助的组织与赞助的项目同步成名，是一种信誉投资和感情投资行为，也是一种有效的公共关系手段。赞助活动的基本类型主要有赞助体育活动、赞助文化活动、赞助教育事业、赞助慈善福利事业、赞助纪念活动和赞助特殊领域。赞助活动的基本步骤如下：

1. 明确赞助目的

每次赞助活动都有它的目的。赞助活动的目的一般有以下几种：

（1）追求新闻效应，扩大社会影响。

（2）增强广告效果，提高经济效益。

（3）联络公众感情，改善社会关系。

（4）提高社会效益，树立良好形象。

2. 选择赞助对象

社会组织可以主动选择赞助对象，也可以请求决定赞助对象。不论是什么情况，都要依据组织自身的发展战略和公共关系目标来选择和确定。

3. 制订计划与具体实施

提供赞助的社会组织要由赞助委员会根据赞助方向和政策，根据组织的经济实力等，提出年度赞助计划，写明赞助对象的范围、费用预算、赞助形式、组织管理办法等，以做到有计划、有控制地进行活动。计划制订好以后，要派专门的公共关系人员负责各项赞助方案的具体实施，运用公共关系技巧去扩大组织的社会影响。如果遇到不正当赞助要求和摊派，应坚决拒绝，必要时可诉诸社会舆论和法律。

4．检测赞助效果

赞助活动结束之后，组织应对赞助效果进行调查检测，可以对照计划检测指标完成情况，还可以收集社会公众、新闻媒体和赞助者的看法，找出差距，评定效果，写出报告，存档备查。

四、庆典活动、参观活动、联谊活动

在公共关系专题活动中，除了前面所讲的新闻发布会以外，还有庆典、参观、联谊等多种常见的活动。

1．庆典活动

庆典活动是社会组织为庆祝某一重大事件而举行的一种公共关系专题活动，如开业或周年庆、新设施奠基、展销会开幕等。目的在于联络公众、广交朋友、增进友谊、扩大影响。一个组织举行一次气氛热烈、隆重大方的庆典活动，就是一次向社会公众展示自身良好形象的机会，它体现出领导人的组织能力、社交水平及企业文化素质，往往成为社会公众取舍亲疏的重要标准，因此庆典活动必须进行精心策划和组织。庆典活动实施的基本步骤如下：

（1）拟订宾客名单　邀请的宾客一般应包括政府有关部门负责人、社区负责人、知名人士、社团代表、同行业代表、新闻记者、员工代表和公众代表等。名单拟订后，提前7～10天发出请柬，以便被邀宾客安排时间。

（2）确定典礼程序　庆典程序一般为：宣布典礼开始，介绍重要来宾，领导或来宾致贺辞，主办者致答辞，剪彩。其间可适当安排一些助兴节目，以渲染气氛，提高兴致。应及时发放宣传资料并赠送纪念品。

（3）安排致辞、剪彩人员　致辞、剪彩的主办方人员应是组织的主要负责人，致辞要言简意赅，起到融洽关系的作用。致辞、剪彩的客方人员应是地位较高、有一定声望的知名人士。要事前安排好他们的座次或站位。

（4）安排典礼后活动　庆典活动基本程序快结束时，可以组织来宾参观工作现场、生产设施、服务设施或商品陈列等，这是让上级、同业和社会公众了解自己、宣传自己的好机会；也可以通过座谈、留言等方式广泛征求来宾意见，总结完善。

庆典活动的形式并不复杂，时间也不长，但要办得隆重热烈和丰富多彩，给人强烈、深刻的印象并不容易。要使这次活动达到预期目的，公共关系人员应有冷静的头脑和充分的准备，善于用热情的举止鼓动公众，有序地指挥调动现场。否则，在程序安排和具体接待中稍有不慎，不但使典礼扫兴，还会影响组织的整体形象，其内部的损失是难以估计的。

2．参观活动

参观活动是社会组织为了让公众更好地了解自己，向公众宣传自己，表明自身的存在，或为了消除某种误解而进行的开放活动。通常由公共关系部门负责组织一些社会公众到组织内部来考察、参观，使公众了解真相，增加兴趣和好感。虽然这项工作很麻烦，但却可以较好地提高组织美誉度。组织参观活动要做好如下主要工作：

（1）明确目的主题　对外参观活动的目的一般有几种：提高知名度；已有良好的美誉度，有关方面主动要求参观；产生了误解和隔阂，希望借此消除和澄清；融洽自治与公众的关系，联络感情，广结良缘。

（2）安排时间和路线　开放参观的时间最好能安排在组织的一些具有特殊意义的日子，如开业典礼、周年纪念节日之前等。应尽量避开假期和节日期间，并且要考虑季节和气候因素。要留有足够的时间做准备工作，较大规模的参观开放活动需3～6个月的准备时间，更大规模的或极为特殊的参观活动则需要更多时间。参观路线应提前划分好，防止参观者超越参观范围而出现意外事故或不必要的麻烦，也为了防止组织的秘密泄露和保证工作秩序的正常进行。例如：日本一个代表团参观我国浙江一家生产花雕酒的工厂，由于保密措施不严格，日本人学会了生产工艺，从而使日本生产的花雕酒代替我国的花雕酒，占领了台湾市场。

（3）成立机构和安排程序　如果要把参观活动办得尽善尽美，最好成立一个由组织领导人、公共关系人员、行政业务和人事部门人员组成的专门机构，明确分工，紧密配合。程序的安排也很重要，几点开始，一次接待多少人，由什么人出面接待和陪同，参观以前除了发放宣传资料外是否还需要先看录像、幻灯或计算机资料，在什么地方设立路标，有无休息的地方和茶水饮料，是否合影留念，纪念品如何发放等，都需要精心安排。

3. 联谊活动

联谊活动是以实现一定合作目标为宗旨的信息沟通和感情交流专题活动。企业之间经常开展这类活动。开展联谊活动需要注意什么问题呢？

（1）选择联谊对象　联谊对象的选择要遵循互助互利的原则，它必须是联谊的双方或多方都有联谊的要求、联谊的内容、联谊的能力，三者缺一不可。选择联谊对象的过程就是一个奠定联谊活动基础的过程。

（2）确定联谊层次　联谊活动是有层次的，由低到高、由浅入深。一般可以分为3个层次：第一是感情型的，以联络感情为主，如利用节假日、周年庆等机会，互致信函，互赠纪念品、出席庆祝活动，相互留下良好印象，为以后的联系奠定盛情基础。第二是信息型的，以互相沟通信息为主要内容，就各自掌握的与双方有关的信息进行交流，如原材料信息、销售市场信息、资金市场信息、技术合作信息和学术研究信息等，使双方面对新信息掌握主动权。第三是合作型的，这是高层次的联谊，是联谊活动成果的最终体现。通过一些生产项目、经营项目、研究项目的合作，促进双方经济效益和社会效益的提高。这是一种最具实质性的联谊，是组织的公共关系人员的着眼点和落脚点。

（3）遵循联谊原则　首先要遵循真诚的原则，绝不损人利己、损公肥私。其次要遵循互惠互利的原则，应在不损害社会利益的前提下使联谊双方共同受益。最后还要遵循效益的原则，争取在有限的时间和空间范围内取得最大的效益。

资料 4-8

3·15 知名企业送健康大型歌舞联谊会活动策划方案

一、活动策划背景

今年的 3·15 主题是消费与环境，其含义是："营造安全放心的消费环境，保护消费者的安全权利；倡导健康、文明的消费方式，节约资源；人与自然和谐相处，健康消费，保护环境"。所以，整个活动围绕 3·15 主题开展，以一种公益性的方式倡导"行文明消费，做文明市民，节约资源，保护环境"。进一步增强消费安全意识、节约意识、环保意识和可持续消费意识，营造良好的"消费与环境"年主题活动氛围。企业借此机会，可向消费者展示宣传产品质量、品牌形象以及售后服务。

二、活动主题

"歌咏健康消费，舞倡品质生活"暨 3·15 知名企业送健康大型歌舞联谊会

三、活动内容及形式

舞台活动：主持人介绍产品健康知识及系列品牌产品、乐队演唱、舞蹈表演、互动游戏、有奖问答、产品广告短片表演、万人签名等。

本次活动分 4 个阶段：每一个阶段都有一个小活动主题，一个阶段宣传一个企业及其产品，为时 2 小时。

四、活动目的

（1）在消费者权益日来临之际，通过本次活动，可以锻炼消费者的打假能力和加强受众消费权益维护意识，有很强的公益性。

（2）帮助受众识别真假标识，倡导公平消费，坚决抵制一切假货，能增加消费者对产品的好感。

（3）有效提高产品的曝光度和知名度，让受众更加深刻地认识产品的功能、用途，更多地购买该产品。

（4）可以借此公益性活动在各大媒体进行宣传，提高产品在消费者心目中地位及形象。

（5）通过活动现场气氛渲染能使消费者现场购买产品，能大大提高产品销量。

五、活动时间

3 月 15 日 10:00—20:10

六、活动地点

中央大街中央商场门口（暂定）

七、活动宣传计划

活动在哈尔滨生活频道媒体与新晚报上，自活动预告发布之日起至活动结束予以全程报道。

1. 宣传期限

哈尔滨生活频道 15 天每天一分钟

新晚报一天整版广告

活动现场气氛宣传一天

2. 宣传的特点

活动启动前、后，哈尔滨生活频道及新晚报，对活动进行多方位的宣传，是提高企

业及产品知名度的良好时机。本次活动宣传具有以下几个特征：

（1）宣传形式多样化　本次活动宣传媒体有电视、报纸，活动现场气氛宣传等，大大提高受众对企业及其产品的关注率，使活动的宣传报道更具丰富性、多样化。

（2）宣传范围大，受众群广　本次活动将涉及多种行业产品的宣传及现场促销，将吸引不同需求的消费者关注活动宣传，使参加本次活动的企业及产品产生更具吸引力的影响。

（3）宣传费用小，受益大　以最小的投入去赢得哈市的消费者，是企业参加此次活动的希望。如以同样的资金，通过其它方式对企业和产品进行宣传，很难能形成像本次活动这样规模性、公益性的宣传攻势。本次活动宣传的连续性和递进性会使宣传的目的精确化，意义深远化，影响最大化。

3. 媒体支持内容

（1）哈尔滨电视台生活频道

活动宣传广告播出，活动现场录制及播出，投放 15 天，1 分钟/天。

（2）新晚报

整版广告，投放一天，采用图文结合的形式。

（3）活动现场广告

活动现场广告的信息沟通是活动信息传播的另一重要途径，可以为本次促销活动专门设计活动标志，并且以醒目统一的风格运用于各活动现场广告上，如用彩虹门、空飘、条幅、海报、广告展板、气模、标语、旗帜、立牌、X 展架、宣传单等烘托活动现场气氛。

主持人现场口播串联词加大产品品牌宣传力度，增加宣传次数，使循环流动人群能够听到并感受产品的魅力。

八、活动流程

—09:00 现场准备、舞台、灯光、音响搭建调试

09:40—10:00 全场倒计时（全体演员、工作人员就绪、清台）

10:00—10:20 开场曲（主持人开场白宣布活动进行第一阶段、A 产品健康知识及现场促销活动介绍、鸣谢冠名商家*****公司）

……

19:50—20:10 燃放烟花万人合唱（全场灯光、音效配合）
活动结束主持人致词

九、游戏说明

游戏（1）：“我要***”，请 6～12 人，不同年龄的观众上台，分 2 组进行。规定每位选手只用一口气的时间不断地说“我要***（***为产品名）、我要***、我要***、我要****……”，谁一口气说的次数最多就为赢。

效果：可让不同地方口音的现场观众上台表演，富有趣味性，同时也加深了现场观众对“***”品牌的印象，能起到良好的宣传效果。

……

十、效果预估

通过本次以倡导“健康消费，保护环境”的公益性活动，可以提升企业的形象，增

加受众对企业及其产品的好感。通过现场火爆气氛，增强现场购买力度，促进产品销量及后续销量。以倡导环保的名义制造新闻点，让社会关注，以此来扩大知名度。通过万人签名，拉拢消费群体，培养自己的固定消费群。

十一、活动宣传费用（每个企业）

媒体形式	宣传天数	形　式	总计费用
哈尔滨生活频道	15天	1分钟/天	35 000元
新晚报	1天	整版	
活动现场	1天	拱门、空飘、海报、旗帜等	

学生活动 4-3

活动主题：节事活动公关策划活动。

活动目的：让学生能够综合运用公关策划方法进行节事活动公关策划活动。

活动形式：小组活动。

活动步骤：以重庆火锅节为例，讨论如何进行该节事活动公关活动。

实训项目四　节事活动品牌宣传推广改进方案

工作任务	组织学生参观当地正在开办的节事活动现场，有针对性地利用市场调查方法，对主办方、参展商、专业观众进行节事活动现场宣传推广措施的调研，并结合节事活动品牌策划的知识，分析本届节事活动的品牌定位，并对节事活动宣传推广措施的优势与不足，并提出改进意见	
实训提示	组织分工——教师将学生分成4～6人一个小组，每小组选取1人担任组长 任务研究——教学应放在正在进行的节事活动现场，避免在教室理论化讨论；结合节事活动现场的状况，并通过市场调查方法与主办方、参展商、专业观众沟通，分析与改进宣传推广策略，贴近实际 注意事项——本教学过程中主要运用以访谈法和观察法为主的市场调查技能，教师在组织学生前往节事活动现场之前，应先组织学生做好充分的前期调查准备工作，在进行现场访谈过程中，应有针对地示范并指导学生对主办方、参展商、专业观众的访谈行为	
	实训建议	
三维度	方法能力	市场调查能力、分析辨别能力、策划创意能力
	专业能力	节事活动市场调查能力、节事活动宣传推广能力、品牌定位策划能力
	社会能力	市场调查与工作计划制定能力、团队创意策划能力、策划能力
工作6要素	工作环境	正在举办的节事活动现场
	工作对象	节事活动项目实施状况；主办方、参展商、专业观众对节事活动品牌定位的看法
	工作内容	制定节事活动品牌调查方案、进行现场调查、节事活动品牌策划状况
	工作手段	创意策划、小组讨论、现场访谈、报告写作
	工作组织	节事活动品牌调查与策划工作小组
	工作结果	节事活动品牌策划与改进意见
工作6步骤	第一步：信息	节事活动策划信息，主办方、参展商、专业观众信息，市场调查信息
	第二步：决策	以小组长为团队核心，形成有效的团队工作计划步骤与决策方法
	第三步：计划	节事活动项目市场调查和品牌策划工作步骤
	第四步：实施	团队策划、方案制定、现场访谈、报告写作
	第五步：检查	在调查结束后，每小组选派1名学生进行小组工作过程与品牌策划介绍
	第六步：评估	教师根据节事活动品牌策划、宣传推广的方法，组织全体学生对各组现场工作情况及品牌策划报告提出评估与指导意见

思考与练习

一、不定项选择题

1．节事活动品牌的特征（ ）。

A．无形性 B．独特性 C．风险性 D．具体性

2．能够选做节事活动品牌定位基础的潜在竞争优势必须满足以下要求（ ）。

A．差异性 B．交流性 C．经济性 D．赢利性

3．节事活动宣传推广的特点（ ）。

A．整体性 B．阶段性 C．计划性 D．开放性

二、填空题

1．节事活动品牌是指能使一个节事活动与其他节事活动相区别的某种特定的标志，它通常是由某种名称、（ ）、（ ）、其他识别符号或设计及其组合构成的。

2．节事活动品牌定位主要策略有（ ）、（ ）、（ ）、（ ）和（ ）。

3．节事活动宣传与推广的手段有（ ）、（ ）、（ ）等三大类。

4．庆典活动实施的基本步骤（ ），（ ），（ ）以及（ ）。

5．（ ）是策划最根本的特点。

6．节事活动策划的必要性是由节事产品开发所依赖的（ ）决定的。

7．坚持（ ），这是节事活动赖以成功的关键所在。

8．（ ）是指企业通过做对公众有意义的事业，倡导精神文明新风，并阐述企业自身的文化理念，以对社会负责任的态度，争取公众的认可。

9．特色定位又称（ ）。

10．节事活动宣传推广的特点有（ ）、（ ）、（ ）和（ ）。

三、名词解释

节事活动品牌 新闻发布会 网络营销 公共宣传

公共关系

四、简答题

1．简述节事活动品牌的特征。

2．简述节事活动品牌的意义。

3．简述节事活动品牌定位的步骤。

4．简述节事活动品牌定位的策略。

5．简述节事活动宣传与推广的内容。

第五章

节事活动市场营销策划与流程

➢ 知识目标

掌握节事活动市场营销的内容和要素；掌握节事活动市场调研的方法；了解节事活动目标市场策略；掌握节事活动营销计划制订流程；了解节事活动营销计划实施和控制的方法；了解节事活动营销的评估。

➢ 技能目标

选用正确的方法进行市场调研；结合节事活动的特点进行准确市场定位；为节事活动制订合理营销计划。

案例导入：从管理营销的视角浅析青岛国际啤酒节的可持续发展

青岛国际啤酒节始于1991年，经过20多年的发展，啤酒节已经形成由开幕式、啤酒品饮、文艺晚会、艺术巡游、文体娱乐、饮酒大赛、旅游休闲、经贸展览、闭幕式晚会等活动组成亚洲最大啤酒盛会。在“青岛与世界干杯”口号下，啤酒节的规模不断扩大，影响力不断增强，国际化趋势日益明显，综合分析发现，青岛国际啤酒节的发展拥有以下优势：

1．产品形象

一直以来，青岛啤酒在年龄40岁以上、稳重成功的人士中拥有极大认知度，但在年轻人中品牌号召力略显不足，到2004年，青岛啤酒将自己的品牌内涵定为“自信、激情、开放、进取”。根据品牌定位，青岛啤酒又提出了“激情成就梦想”的品牌主张，先后做了“梦想中国”、北京奥运会赞助商，并在2006年德国世界杯期间，青岛啤酒与央视五套合作开展了“观球论英雄”竞猜活动，使青岛啤酒焕发了活力，找回了青春。

2．营销模式

2006年，青岛啤酒推出了产品销售、品牌传播、消费者体验“三位一体”的营销模式，3个组成部分相互支持、相互促进，不可分割。有了这套模式，青岛啤酒“激情成就梦想”的品牌主张更容易被消费者所接受，青岛啤酒也逐渐以激情活力的形象在消费者心目中定格。

3．活动创新

经过20多年的发展，啤酒节已经不仅仅只是一个汇集各地美食、开怀畅饮的聚会。丰富的民族特色的戏曲表演，异国风情的音乐舞蹈，精彩变幻的杂技魔术，浪漫时尚的模特走秀，已经把它打造成了一场欢乐的视听盛宴，它也因此能够长久不衰，广受好评。

4．啤酒文化带动城市文化

如今，啤酒节已超越节日本身的意义，成为传承城市文化、张扬城市形象、扩大对外开放和拉动经济发展的重要筹码，成为青岛与世界热切交流的激情平台，成为青岛不可或缺的精神坐标。

【问题】青岛国际啤酒节的成功为节事活动的市场营销提供了哪些可借鉴的经验？

第一节　节事营销的概念

节事营销，是节事活动策划和组织的一项重要工作，它要回答在现实市场营销活动中提出的各种问题，市场化是节事举办的第一原则。为了适应市场的需求和变化，使节事活动取得成功，更需要做好节事活动市场营销的工作。这就需要在节事活动策划中进行有效的市场调研，精准的目标市场选择和市场定位，制订行之有效的营销计划并坚定地执行和进行效果评估。

一、节事营销的内容

传统市场营销将营销内容概括为“5W1H”（Why，Who，When，What，Where，How），节事营销也应当从以上6个方面来解答：

1．Why（为什么）

这是指节事活动营销的原因。当然，所有的节事营销都是为了吸引更多的消费者，获取更大的利益。但在当今竞争日趋激烈的市场条件下，如何使得所策划的节事活动更具特色，更能吸引公众的注意，并让人们更加积极地参与到节事活动当中来是我们进行节事营销的重要原因。因此，为节事活动确定一个吸引关注的主题是节事营销的重要工作。

2．Who（谁来参与）

这一话题要求我们明确3个问题①根据节事活动的影响范围确定营销对象的范围。②了解受众群体对什么样的节事活动感兴趣，什么样的节事活动能吸引他们的关注。③要按照受众群体是否第一次参加此类节事活动而分别对待。如果是第一次参加，则需要对他们详细解释整个节事过程的起源以及它的大致情况。如果不是第一次参加，则需要对本次节事活动与众不同的地方强调解释。

3．When（什么时候举办）

节事活动举办时间安排得是否科学、准确，将直接影响到其参与的人数和质量。节事活动举办时间要考虑节事活动本身的性质、目标市场消费群体、地方风俗习惯等。

4．What（营销什么）

节事活动营销应根据特定的理念、目标和对象来确定内容。如果节事营销面向参展商，应注重宣传节事活动的声誉、知名度、经济收益等，让参展商相信节事活动会提升企业形象、打开销路、提高经济收益等；如果节事营销面向赞助商，应大力宣传节事活动给他们提供的各种优惠政策，让他们深信自己的赞助会超出预期的效果；如果节事营销面向消费者，应介绍节事活动所具有的娱乐性、趣味性和参与性，并突出节事活动的个性和特色，吸引消费者参加。

5. Where（在哪里举办）

节事活动举办地点都要进行全面地考虑，一般考虑地理位置、交通、旅游、文化、地方财政的支持等。

6. How（怎么营销）

在确定了节事营销的主题、目标、对象和内容后，便是选择恰当的营销策略和方法，即究竟采取什么样方式去营销。

二、节事营销 3E 原则

节事营销 3E 原则（见图 5-1）是指营销应注重娱乐性（Entertainment）、兴奋性（Excitement）和冒险性（Enterprise）。

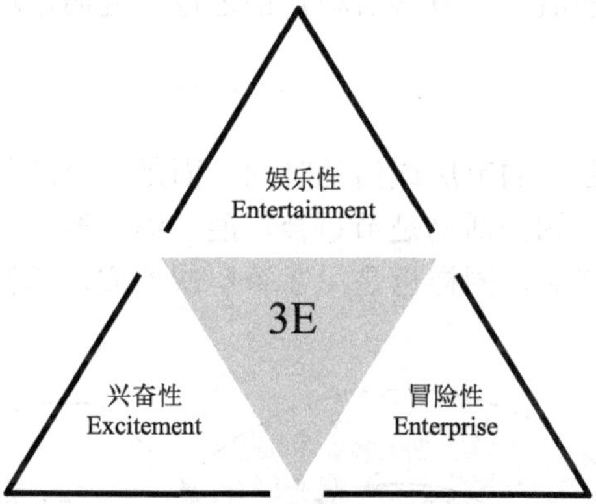

图 5-1 节事营销 3E 原则

1. 娱乐性

市场营销成功的关键在于提供某种娱乐活动，促使观众走出家门去体验在家里无法获得的感受，因为所提供的活动是与众不同并专为观众设计的。

2. 兴奋性

兴奋可以给人留下深刻印象。兴奋性是行业领导者、公司新标志推介会或协会周年庆的特征之一，在制订活动营销计划中要充分考虑。兴奋应成为承诺的一部分，并确保将这一信息传递给公众。

3. 冒险性

冒险就是做好冒风险的准备或尝试新东西、充满活力和进取心。寻求新动机、进入未知领域的意愿促使营销策划者考虑目标受众的想象力和感受。

三、节事营销 5P 要素

节事营销就是通过研究、设计和实施营销组合要素，达到把节事活动提供给目标客户，交换自己所需之物的目的。节事营销包含 5 个要素，即产品（Product）、定位（Position）、价格（Price）、地点（Place）、促销（Promotion），简称5P。节事活动营销组合要素如图5-2所示。

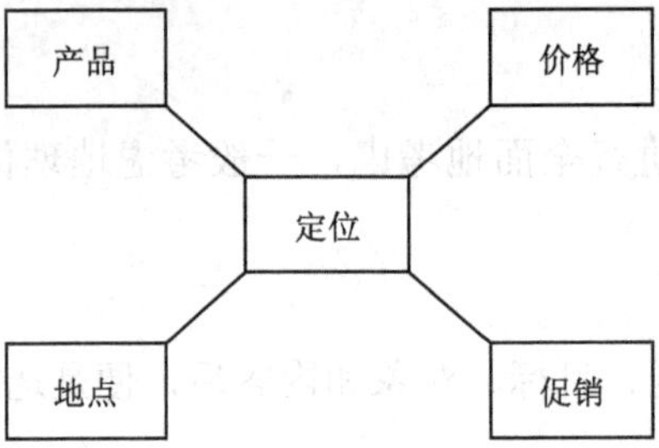

图5-2 节事活动营销组合要素

1．定位

定位是通过直觉、调查和评估来决定你的节事活动如何能比竞争对手更好地满足消费者的需求，定位不是节事活动的举办者要把自己的节事活动做成什么样子，而是思考潜在目标客户需要什么样的节事活动。节事活动营销定位要遵循市场导向、地域文化、与城市发展规划相协调等原则。

2．产品

节事活动不只是一个独立的节庆或活动时间，而是一个产品组合，由一系列的细分活动构成，其中最基本的5个细分活动是节、会、展、演、赛。

节事活动这个特殊的产品，同样也是由3个层次构成，即核心产品、形式产品和扩展产品（见图5-3）。

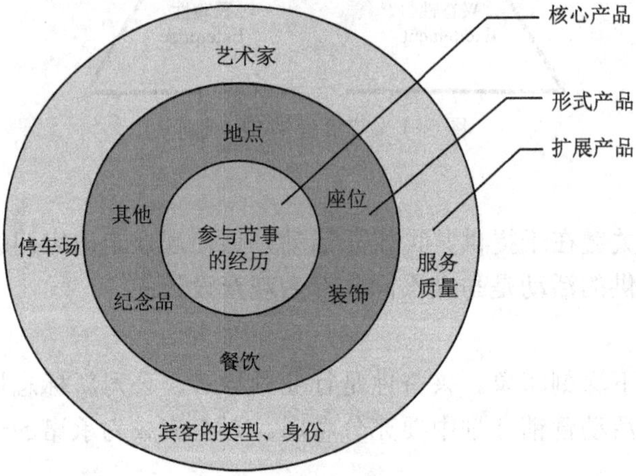

图5-3 节事产品的3个层次

第一层次：核心产品，即顾客购买的核心功能，如一场演唱会的核心产品就是亲近明星的感觉。

第二层次：形式产品，即核心功能要转化为具体的形式产品，如歌迷见面会、演唱会。

第三层次：扩展产品，即增加的功能或利益，把本产品与竞争对手的产品区别开来。

3．价格

合适的价格是使节事活动被目标客户接受的重要因素之一。给节事活动制订合适的价格，一般要考虑 3 个因素：节事的成本、定价目标和市场接受能力。

（1）节事成本　节事成本包括 3 项内容：①直接成本，即节事所有活动的举办费用；②间接成本，即节事相关的营销费用、财务费用和管理费用等；③风险成本，即节事可能发生的风险预备金，或者为转移风险支付的成本。

（2）定价目标　节事营销的目标一般有 3 种：盈亏平衡、当前最大利润和其他价值目标。追求盈亏平衡，就只需要制订和成本相当的价格；追求最大利润，则需要估算目标消费者的支付意愿和能力，然后通过定价使自己获得最大的收入和利润；追求其他的价值目标，则是想通过这些活动获得其他方面的收益，如艺术节、群众文化类活动等。

（3）市场接受能力　根据目标客户的接受程度以及竞争因素的影响制订合理的价格。所以，有的节事活动采用倒推定价法，先衡量市场认可的价格水平，反过来根据自己的财务目标，在节约成本上下工夫。

4．地点

地点既包括活动的举办地，也包括消费者可以买到票的地方。在举办地的选择上，应当考虑如下因素：地点便于潜在参加者到达并便于旅行；对于本地观众可提供泊车位；举办地的环境和创意；筹备一场特殊节事活动的物流保障；附加活动的环境吸引物或基础设施；拥有与此有关的观众与组织；符合节事活动参加者的身份特点；节事活动参加者的安全性；便利的公共交通（机场和市内交通）；参加者过多可提供补充。

另外，节事活动还需要考虑设置批发商和代理机构的办法，方便消费者购票。是否使用代理商取决于活动的类型、其他可用的购票设施、目标市场是否愿意支付购票服务费以及目标市场相对的消费承受力。

5．促销

促销是通过各种手段宣传、影响、吸引客户。常用的促销手段有 4 种：广告、人员推广、优惠推销和公共关系。因其作用的不同而互补，它们常常被组合使用。

广告被认为是直接说服客户的最有效传播工具。制订广告方案的首要因素是要明确目标客户及其需求，然后才是处理 5 项决策：任务、资金、信息、媒体和效果评价。也就是要回答 5 个问题：广告的目的是什么，预算是多少，要传递什么样的信息，选择哪些媒体，广告效果是否达到目标以及如何改进。

人员推广是指通过人员直接面对客户进行推介的方式。因为能够形成与目标客户直接互动。因此，人员推广比广告更有利于培养客户偏好、信任以及促成购买。人员推广有助于建立并深化同客户的长期关系，大多数节事活动的组织者在寻找赞助商环节都采用人员推广的方式。为了增加推广效果，节事活动的组织者要注重推广人员的选拔和培训，还要考虑给推广人员配备各种宣传单、介绍手册、甚至视频短片等工具。

优惠推销是指通过短期的优惠手段达到吸引目标客户的方法，包括提供优惠券、赠品、折让、返现等各种方法。优惠推广提供了购买刺激，也为节事推广提供了更简单、直接、有效的方法。

公共关系是指用来推广和保护节事的形象、品牌以及保证节事活动顺利进行的宣传方法，一般以面向公众为主。公共关系一般包含 5 项活动：建立与新闻界的关系，确保新闻界用正面的报道宣传节事相关信息；建立与公众的关系，了解公众对节事举行所持态度、观点，作出正确引导；建立与政府的关系，获得政府的理解和支持；及时发布必要信息；及时处理各种危机事件等。

四、节事营销的流程

节事营销流程遵循一般市场营销流程，包括节事活动市场调研、节事活动目标市场选择与定位、制订节事活动营销计划、实施节事活动和执行效果评价5个阶段（见图5-4）。后文也将逐一对每个阶段进行详细阐述。

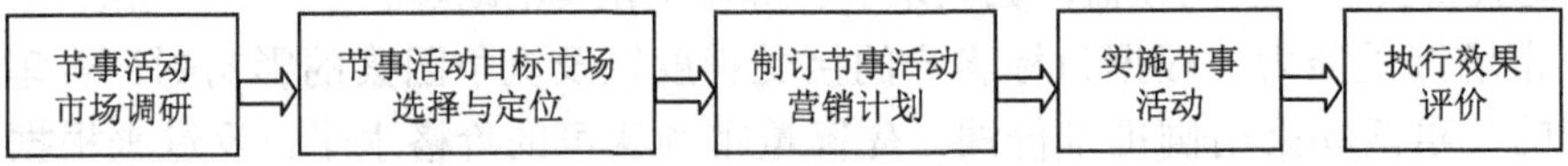

图5-4 节事营销流程

学生活动5-1

活动主题：认识节事活动市场营销。

活动目的：学生了解节事活动市场营销手段。

活动形式：通过图书馆、互联网查找相关资料，收集整理学校所在省、直辖市或自治区5个以上节事活动资料。

活动内容：按下列体例收集、整理节事活动，并制作成卡片。

节事名称：

举办时间：

主题：

主要形式：

宣传手段：

资料5-1

市场营销的主要观念

1．生产观念

生产观念产生于20世纪20年代前。企业经营哲学不是从消费者需求出发，而是从企业生产出发。其主要表现是“我生产什么，就卖什么”。生产观念认为，消费者喜欢那些可以随处买得到而且价格低廉的产品，企业应致力于提高生产效率和分销效率，扩大生产，降低成本以扩展市场。

2．产品观念

产品观念认为，消费者最喜欢高质量、多功能和具有某种特色的产品，企业应致力于生产高质产品，并不断加以改进。它产生于市场产品供不应求的“卖方市场”形势下。在市场营销管理中缺乏远见，只看到自己的产品质量好，看不到市场需求在变化，致使企业经营陷入困境。

3. 推销观念

推销观念产生于 20 世纪 20 年代末至 50 年代前，主要的表现是“我卖什么，顾客就买什么”。推销观念认为消费者通常表现出一种购买惰性或抗衡心理，如果听其自然的话，消费者一般不会足量购买某一企业的产品，因此，企业必须积极推销和大力促销，以刺激消费者大量购买本企业产品。

4. 市场营销观念

市场营销观念产生于20世纪50年代中期，这种观念是以满足顾客需求为出发点的，即“顾客需要什么，就生产什么”。市场营销观念认为，实现企业各项目标的关键，在于正确确定目标市场的需要和欲望，并且比竞争者更有效地传送目标市场所期望的物品或服务，进而比竞争者更有效地满足目标市场的需要和欲望。

5. 社会市场营销观念

社会市场营销观念是对市场营销观念的修改和补充，产生于20世纪70年代西方。社会市场营销观念认为，企业的任务是确定各个目标市场的需要、欲望和利益，并以保护或提高消费者和社会福利的方式，比竞争者更有效、更有利地向目标市场提供能够满足其需要、欲望和利益的物品或服务。社会市场营销观念要求市场营销者在制定市场营销政策时，要统筹兼顾三方面的利益，即企业利润、消费者需要的满足和社会利益。

第二节　节事活动市场调研

节事活动市场调研是由市场调查和市场预测 2 个阶段、9 个步骤所组成，节事活动市场调研程序如图 5-5 所示。

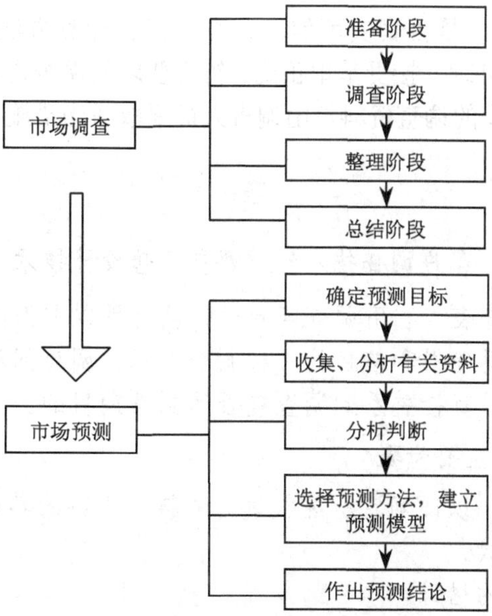

图 5-5　节事活动市场调研程序

一、节事活动的市场调查

1. 市场调查的工作程序

（1）准备阶段　该阶段主要是确定调查的任务和目的，设计调查方案，组建调查队伍。

（2）调查阶段　该阶段通过实际的调查工作，完成与市场预测有关的资料收集工作。

（3）整理阶段　该阶段主要是对市场调查所获取的资料进行鉴别和整理，并进行统计分析。

（4）总结阶段　该阶段主要是撰写调查报告，总结调查成果。

2. 节事活动的市场调查类型

（1）市场环境调查　市场环境调查包括对政治、经济、文化、自然等各方面进行的调查。

（2）市场专题调查　市场专题调查是根据调查的需要进行有选择的调查。

1）需求调查。需求调查主要是指在当前的经济文化背景前提下，某一活动的主题、形式、内容、规模是否符合社会需求，一旦该活动举办能否得到支持，能否实现该活动举办的初衷。

2）相关产品调查。相关产品调查包括对活动衍生产品的创意情况、旅游产品的质量、消费者对该产品的预期满意度和要求等进行的调查。

3）价格调查。价格调查包括对门票、价格影响因素、价格变化趋势等进行的调查。

4）市场竞争调查。市场竞争调查主要对同类活动及现有具有可替代性的活动的社会需求情况及变化趋势进行调查。

3. 调查资料整理

（1）调查资料的审核　指对已经收集到的资料进行总体检验，检查其是否齐全、是否有差错，以决定是否采用此份调查资料的过程。

（2）调查资料准确性的检验　主要是检验被调查者是否属于规定的样本范围内，调查资料是否存在明显的错误、是否真实可信，调查口径、计算方法、计量单位是否统一。

（3）调查资料的分类处理　接受基本正确、符合要求的调查资料。将问题比较多的调查资料作废；对存在问题比较少的调查资料，由调查人员采取适当措施，进行补充、完善后再用。

资料 5-2

客户调查技术——调查问卷设计技术

调查问卷，又称调查表。利用调查问卷进行调查是以书面问答的形式了解调查对象的反应和看法，由此获得资料和信息的一种调查方式。调查问卷的设计，是节事活动策划中的一项基础性工作，直接关系到调查能否达到预期目的。

1. 调查问卷设计的主要步骤

（1）确定调查主题，以便确定所要收集的资料、资料的具体内容和要提出的问题。

（2）确定提问的方式。

（3）确定每个问题的措辞。

（4）确定每个问题的顺序。

（5）从总体上设计调查问卷的结构。

（6）送审与修改。将调查问卷送交有关领导、专家或同行审阅，征求意见，全面修改。

（7）试查。印制少量问卷发放给一定范围的调查对象，然后回收，看能否获得所需信息、是否还有错误和问题，了解试查对象的态度和反应。

（8）定稿。

2. 问卷的格式

（1）问卷说明　要用精练的语言向被调查者说明调查的意图、填表须知、交表时间、地点以及酬谢方式等。问卷说明应强调调查工作的重要性和为客户带来的利益，消除被调查者的疑虑，以取得客户的信任和支持。

（2）调查的问题

（3）被调查者的情况　被调查者的情况如姓名、性别、年龄、职业、收入范围等。

（4）调查者的情况　问卷最后附上调查人员的姓名、访问日期等。

3. 提问方式

（1）封闭式提问　封闭式提问是指调查人员事先准备好所有可能的答案，请被调查者从中选择回答。提问方式包括：

1）二项选择法。调查人员就一个问题提出两个答案供选择，如“是”和“否”。此法的优点是问卷时间短，但它无法反映被调查者意见程度的差别。

2）多项选择法。对一个问题给出 3 个以上答案，被调查者可以任意选择其中一项或几项。

3）语义差别法。这是指在两个意义相反的词之间列上一些标度，由被调查者选择代表自己意愿方向和程度的某一点。

4）顺位法。调查员为一个问题准备若干个答案，让被调查者根据自己的偏好程度定出先后顺序。

（2）开放式提问

1）自由回答法。调查员提出问题，不准备答案，由被调查者根据问题用文字形式自由表达。这种方式获得资料多，但难以整理和统计，主要用于深度谈话和直接访问，在调查问卷中一般在正文结尾处提出这样的问题。

2）词句联想法。调查员列出一些不完整的语句由被调查员完成该句子，或者调查员列出一些词汇，每次一个，由被调查员说出或写下其脑海中涌现出的相关信息。

二、市场预测

市场预测是指以市场调查所获得的信息资料为基础，运用科学的方法，对未来一定时期内市场发展状况和发展趋势作出正确的估计和判断。市场预测的程序如下：

1. 确定预测目标

确定预测目标，就是要明确预测的目的、要求，这是进行市场预测首先要解决的问题。具体包括确定预测对象、预测活动项目、预测的空间范围和时间要求。预测目标应尽量具体、详尽，不能含糊、抽象。例如，某地将举行汽车展销节，开展了该地区 2010 年家用轿车的需求预测。该项预测目标明确，预测对象是家用轿车，预测活动涉及家用轿车需求量预测、影响居民家用轿车需求的各种因素（如收入水平）的预测。

2．收集、分析有关资料

市场预测所需资料有两类：一类是关于预测对象本身的历史和现实资料，如上例中某地区近5年私家车购买统计资料。另一类是影响预测对象发展过程的各种因素的历史和现实资料，如收入状况及变化、家用轿车价格变动、城市道路发展变化等资料。

3．分析判断

分析判断是指对所收集的历史和现实资料进行综合分析，对未来的发展变化趋势作出判断，为选择预测方法、建立预测模型提供依据。

4．选择预测方法，建立预测模型

（1）集合意见法　是指活动立项或举办人员，根据活动项目的主体内容，对未来市场需求趋势提出个人预测意见，再集合大家的意见作出市场预测的方法。它适合带有产品推广性质的商业活动确定活动规模时用。其步骤为：

1）活动组织者根据企业经营者的要求，向参加预测的有关人员提出预测活动项目和预测期限的要求，并尽可能提供有关背景资料。

2）有关人员根据预测要求及所掌握的背景资料，凭个人经验和分析判断能力，提出各自的预测方案。

3）组织者计算有关人员的预测方案的方案期望值。方案期望值等于各种可能状态的主观概率与状态值乘积之和。

4）将参加预测的有关人员分类，计算各类综合预测值。计算方法一般采用平均数、加权平均数统计法或中位数统计法。

5）确定最后预测值。组织者将各类人员的总和期望值通过加权平均法等计算出最后的预测值。

（2）德尔菲法　德尔菲法也叫做专家小组法，是指以背对背的通信函询问方式征询专家小组成员的预测意见，经过几轮征询，使专家组的预测意见趋于集中，最后作出符合市场未来发展趋势的预测结论。其步骤为：

1）确定预测题目，选定专家小组。被选定的专家，必须是对预测对象具有丰富知识的人，既包括理论方面的专家，也包括具有丰富实际工作经验的专家。专家人数一般为10～20人。

2）制订征询表，准备有关材料。预测组织者要将预测对象的调查活动项目，按次序排列绘制成征询表，向有关专家发送。同时还应将填写要求、说明一并设计好，使各专家能够按统一要求作出预测值。

3）采用匿名方式进行多轮征询。

4）运用数学统计分析方法对专家最后一轮预测事件加以处理，作出最后的预测结论。

（3）市场调查预测法　是指预测者以市场调查获得的直接资料为依据，经过分析、测算，对市场未来需求状况作出预测的方法。该方法在一定程度上减少了主观性和片面性，而且适用性强，尤其是在缺乏历史资料的情况下，通过直接调查也能获得比较可靠的预测结果，一般对于需要精确规模预测的节事活动较为适用，也可用于活动项目的门票、收费价格的制定等。

资料 5-3

市场调研改变迪斯尼乐园在加拿大的境遇

迪斯尼乐园在加拿大展开了市场调研，希望找到加拿大人来迪斯尼乐园游玩人数下降的原因。其中一项结果显示，一方面，父母认为迪斯尼乐园是儿童的乐土，但对于父母本身却意味着压力和高消费，所以大多数家庭表示会在某个特别的日子去，但事实上他们并没有去。而另一方面，儿童对去迪斯尼乐园游玩非常感兴趣。然而，在迪斯尼乐园现场进行调查显示，虽然家长们开始是因为孩子才来的，但身临乐园时，父母也体验到了其中的乐趣。儿童们还表示他们看到自己的父母和平时不一样，父母与他们一样享受迪斯尼乐园带来的欢乐。全家享受同一件事——“同乐”。在加拿大传播调查的基础上，迪斯尼乐园在路边、酒店、水上乐园、海滩、米老鼠等方面进行宣传的电视广告、平面广告主题都发生了变化，“我们都在里面”——展现父母和孩子们一样拥有快乐的时光，并让父母认同了乐趣、假日和共同分享的关键信息。

学生活动 5-2

活动主题：市场调研能力训练。

活动目的：学生能够对节事活动进行初步的市场调研。

活动形式：分小组以实地调查为主，配合在图书馆、互联网查找资料相结合得出相关资料，集体讨论、分析，最终以报告形式得出结果。

活动内容：某啤酒厂正在筹备啤酒节的活动，拟采用市场调查问卷的方法对当地市民进行调查，为活动规模、产品投放提供决策支持，请设计一份针对该产品的消费者市场调查问卷，并进行实地市场调查，将市场调查数据进行整理，写一份该产品消费者调查分析报告。

第三节　节事活动市场细分与目标市场选择

一、节事活动市场细分

市场细分就是活动组织者在市场调研的基础上，将一个整体的节事市场按照一定的细分标准划分为若干个子市场的过程，为后面的目标市场选择和市场定位奠定基础。因此，必须弄清楚市场细分的标准，根据传统营销理论，市场细分的标准有地理细分、人口统计细分、心理细分和行为细分 4 大类。

1．地理细分

由于地理位置的不同，其文化、气候和生态环境也不相同。节事营销者可以开发不同特征的消费区域，使消费者的特征具体化、形象化。地理细分主要考虑活动参加者的居住地点。节事活动潜在的地理分布包括该地区的居民、附近地区的观光者、省内游客、省外游客、国外游客等。

2．人口统计细分

年龄、性别、职业、收入、教育、民族、宗教、语言、居住情况等都是人口细分的重要依据。节事活动的举办首先要关注所在国家或地区的人口数量及其变化，因为人口统计变量比其他变量更容易衡量和区分。

3．心理细分

心理因素十分复杂，包括个性、性格、生活方式、购买动机等，在同一地理细分市场中的人可能显示出截然不同的心理特征。社会阶层、生活方式、个性等都可以作为对潜在市场进行细分的依据。

资料 5-4

不同社会阶层与职业细分下人们的节事活动需求见表 5-1。

表 5-1　不同社会阶层与职业细分下人们的节事活动需求

组　别	社会阶层	典型的职业	可能参加的节事活动	所占人口比例(%)
A	中上层	高级管理者或高级行政人员、律师、医生、牙医、行业主管、高级公务员、高级军官、教授	募集歌剧演出、传统音乐节等活动	3
B	中层	中级管理者和中级行政人员、大学讲师、药剂师、中层经理、记者、建筑师	购买便宜座位票的节事活动、饮食节、历史节日、艺术和工艺节、社区节日	15
C	中下层	主管、职员、基层管理者、基层行政人员、店员、销售代表、护士、教师、店铺管理者	大多数流行的演出活动、体育活动、社区节日	24
D	技术工人	有技术的蓝领工人、建筑工人、装配工、码头工人、警察、巡警、个体户	汽车节、体育活动、社区节日	28
E	工人	半技术工人和无技术工人、体力施工人员、工厂工人、清洁工、货运司机	体育节日、宗教节日	17
F	接受社会保障人群	生活水平最低、领取补助金、临时工或业余工作	几乎没有，偶尔参加免费的社区活动	13

4．行为细分

行为细分即依据参加者对一个活动的了解程度、态度、使用情况或反应，将他们划分成不同的群体。活动参加者的消费行为变量很多，包括人们参加活动的程度、参加某种活动的时机、对品牌的忠诚度等。例如，按人们进入节事市场的程度，可利用历届活动参与者情况，将参与者划分为经常参加者、初次参加者和潜在参加者等不同群体。

二、节事活动目标市场选择

节事活动目标市场选择就是指节事活动的主办者在细分好的节事市场中选定某一细分市场作为节事营销对象的过程。

1．目标市场要与活动形象相吻合

节事活动的主办者要在目标市场消费者心目中为活动创造一定的特色和个性特征，赋予活动一定的鲜明形象，以便消费者和社会公众识别。例如，高档次的节事活动不宜打入大众化客源市场；反之，中低档的节事活动对实力要求较强，规模大的参与商不构成吸引力。总之，目标市场要与节事活动的形象定位相一致，否则将不能对目标市场构成吸引力。

2．选择目标市场应尽量避免重复

如今随着节事市场的逐渐升温，会议、展览会、旅游节、公司年会等大型活动开展得如火如荼，但是很多节事活动把同一个细分市场作为自己的目标市场，从而造成某一节事活动供给大大超过市场需求的状况。例如，目前许多城市举办的节事活动未能从战略高度上考虑，跟风而上，缺乏个性，从而造成目标市场定位雷同，根本起不到宣传城市的作用。

3．目标市场需符合主办者目标

节事活动的主办者选择目标市场必须具备开发该市场所需的人力、物力、财力等资源条件，同时还必须符合节事活动的发展目标。只有选择那些有条件进入、能够充分发挥自身资源优势的市场作为目标市场，节事活动才能增加竞争力，从而获得最佳效益。

4．目标市场结构具有内在吸引力

目标市场结构是指该市场的竞争者、替代产品、议价者等情况。如果一个目标市场具备众多竞争者，则该市场对活动组织者的吸引力会下降；从替代品来看，替代品行业中技术有所发展或者竞争日趋激烈，目标市场的价格和利润就会有所下降；从议价者的角度来看，若目标客源与供应者的讨价议价能力很强或正在加强，该目标市场便没有吸引力。所以在选择目标市场时，应严格考察目标市场的结构，以选择那些具有内在吸引力的目标市场。

第四节　节事活动营销计划的制订

营销计划是节事活动正常运作的前提条件，它决定了活动发展的速度和方向。制订节事活动营销计划即节事组织者根据市场调研和分析的结果，确定和选择与节事活动参与者沟通、交流的方式，计划如何寻找最适当的方式与活动参与者沟通和交流。

一、节事活动营销计划制订流程（见图 5-6）

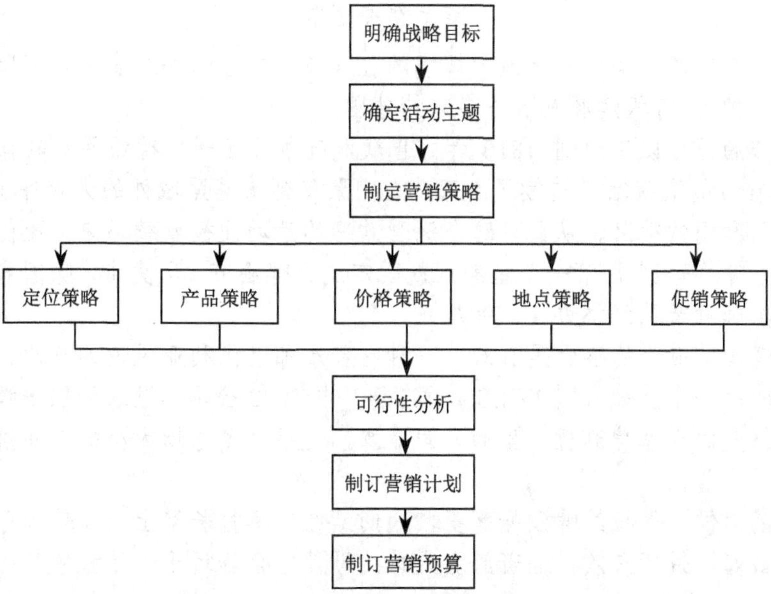

图 5-6　制定节事活动营销计划流程图

1．明确战略目标

战略目标是指未来某一时期内节事组织者力争在市场中所要占据的位置。通常是指未来的目标市场、产品范围、销售量、市场份额和利润额等方面的指标。

2．确定活动主题

任何一个节事活动都必须主题鲜明、个性独特。节事的形象要以各种渠道向公众传播，因此对这些信息进行设计是节事构思的重要步骤。节事组织者在客户需求识别的基础上，还需要重点考虑以下要素：

（1）节事的历史和发展目标　在影响节事活动主题的众多因素中，节事和节事举办地的历史和未来发展目标最为重要。一方面，节事主题的选择必须以节事本身的历史和文化背景为基础，并结合节事举办地的文化，只有保持原有主题并结合举办地的文脉特征，才能设计出大众所接受的节事主题。另一方面，节事主题的选择要与节事的发展趋势相一致，以保证主题与节事未来发展的协调性。

（2）节事的功能、项目和形象　节事主题主要表现为节事组织者的理念和思想，因而很多时候无法被公众直接感知。通常情况下，节事主题的确定还要考虑节事的性质、节事的支撑项目以及节事在公众心中的形象。节事主题的成功与否，与节事项目的相符程度有很大关系，也就是说，节事项目是节事主题的具体表现，公众主要通过节事项目来感知活动主题的。

（3）近期同类节事举办情况　如果同类节事较多，为避免雷同需要在主题和项目上进行创新。

资料 5-5

慕尼黑啤酒节

德国慕尼黑啤酒节是世界上最大规模的狂欢节，参与的600多万人可以喝掉600多万升扎啤，吃掉50万根烤肠和5万多只烤猪腿。

慕尼黑啤酒节可以追溯到1810年。巴伐利亚加冕王子路德维希和特蕾瑟公主当年10月完婚，官方的庆祝活动持续了5天。人们聚集到慕尼黑城外的大草坪上，唱歌、跳舞、观看赛马和痛饮啤酒。从此，这个深受欢迎的活动便被延续下来，流传至今，每年9月第三个星期六至10月第一个星期日就固定成为啤酒节。历史上，除因战争和霍乱中断外，慕尼黑啤酒节已经举办了178届。

慕尼黑啤酒节最大的感受是狂欢，一种有着浓郁巴伐利亚风情的狂欢。狂欢节设在慕尼黑市中心的一个当地人叫WIESN的广场，占地42公顷。顺着熙熙攘攘的人流，走进一个临时搭起的巨型啤酒棚，里面人声鼎沸，近半个足球场大小的空间挤满了人，想找个位置都是奢望。

天快黑的时候，保拉纳啤酒帐篷里，人们站在一排排长凳上，和着大厅中央乐队的演奏，载歌载舞，进行狂欢，唱着脍炙人口的歌曲，全场近千人手拉手，一起随着音乐引吭高歌。

啤酒节当然离不开啤酒，节日会场就是一个巨大的欢乐海洋，到处都是开怀畅饮的人们。慕尼黑啤酒节只出售优质的慕尼黑本地啤酒。啤酒节并非各啤酒厂商借机搭台唱戏、寻找商机的商品交易会，它就是一个纯粹的民间节日。

啤酒节组委会工作人员对记者说，慕尼黑啤酒节规定，只有那些保留慕尼黑传统酿造方法，符合1487年“慕尼黑纯度要求”和1906年“德国纯度要求”的优质慕尼黑本地啤酒，才可能在啤酒节上亮相。目前啤酒节只允许销售6家啤酒酿造厂的啤酒。

3. 制定营销策略

这部分在第一节已经介绍，此处不作详细阐述。

4. 可行性分析

可行性分析是通过对节事项目的主要内容和配套条件，如市场需求、资源供应、技术要求、盈利能力、资金筹措等方面进行调查研究和分析比较，并对节事活动可能取得的财务、经济效益及社会影响进行预测，从而提出该活动是否值得投资以及如何进行筹备和组织的咨询意见，为项目决策提供依据的一种综合性的分析方法。

（1）从市场的角度分析　一方面，主要是根据市场调查和预测的结果以及有关的产业政策等因素，论证节事项目投资建设的必要性。另一方面，通过分析参与商与公众的规模、容量、潜力来分析节事市场的可行性。

（2）从技术、设计的角度分析　分析以现有的硬件与软件基础举办该主题的节事是否可行，它包括项目规划的技术可行性分析和实施项目规划拟采用技术的可行性。其中，前者是指对节事规划所采取的各项技术是否能够完成，规划方案能否完成规划目标、任务和要求等方面进行分析；后者是指对在节事营销中投入的人力、物力和技术保障体系（场馆建设、节事项目技术运用等）以及项目规划目标实现的保障程度等方面进行分析。

（3）从财务的角度分析　分析节事组织者对该主题的节事活动进行投资在经济上是否合理。主要从投资者的角度设计合理的财务方案，从节事相关利益的各个角度进行资本预算，评价项目的财务盈利能力，从而为制定投资决策提供依据。

5. 制订营销计划

（1）成立营销计划领导小组　这个小组负责总体计划的制订、分解及控制，是营销计划和实施的最高机构。

（2）制订面向不同客户的营销计划　包括赞助商计划，参加者营销计划，政府、媒体和公众营销计划等。每一项计划中都列明详细的工作。

（3）分解营销计划　整体营销计划的分解关键是两点：分解到人，分解到进度。一方面，营销计划要层层分解到部门、小组和个人，使得每一项任务都能落实到明确的责任人。另一方面，营销计划要按照进度来分解，一般根据实际情况分解到月、周或天，进度是重要的计划控制标尺，计划的管理者根据进度的完成情况就能知道整体计划遇到的困难，以便及时解决和处理。

（4）统筹营销计划　分解完成的营销计划，要经过最后统筹，看看是否有不同计划相互冲突的情况，如时间冲突、人员冲突、场地冲突等。完成计划制订过程后，转入实施阶段。

6. 制订营销预算

节事营销通常需要很大的资金投入，对节事举办成功与否至关重要。在资金预算有限的情况下，科学的预算是必需的。节事营销预算是各个子项目执行的尺度，也是控制成本的有效手段。通过预算，可以对节事的人、财、物等各项资源进行合理配置。

二、节事营销计划书的内容

一个完整的节事营销计划书应该包括计划概要、节事营销现状分析、机会与风险分析、拟订营销目标、营销策略、行动方案、经费预算等。

1. 计划概要

计划概要是对主要营销目标和措施的简短摘要，主要内容包括活动的宏观背景、意义、主要营销目标、实施战略、活动大致流程、核心活动项目、费用以及措施等，目的是使高层主管迅速了解计划的主要内容，抓住计划的要点。

2. 节事营销现状分析

节事营销现状主要包括分析宏观环境、微观环境的状况，以及分析与市场、产品、竞争、分销有关的背景资料。例如，微观环境状况主要就参与商、赞助商、观众、媒体、公众、节事活动举办地以及节事活动的组织者内部情况等方面进行分析，旨在通过对微观环境状况的分析，明确节事活动在市场上所处的地位以及自身的优劣势。市场状况分析是指要研究目标市场的规模及其成长性的有关数据、顾客的需求状况等。

3. 机会与风险分析

先对节事活动所面临的主要机会和风险进行分析，再对本节事活动所具有的优劣势进行系统分析，在此基础上确定节事活动的营销目标。

4. 拟订营销目标

营销计划应建立财务目标和营销目标，目标要用数量化指标表达出来，要注意目标的实际性、合理性，并应有一定的开拓性。

5. 营销策略

节事活动营销策略包括目标市场策略和营销组合策略。目标市场策略阐明节事活动准备进入的细分市场，包括现有与新发现的细分市场，这是整个营销计划中最重要的内容。

6. 行动方案

对各种营销策略的实施制订详细的行动方案，即阐述以下问题：将做什么，何时开始，何时完成，谁来做，成本是多少。整个行动计划可以列表加以说明，表中具体说明每一个时期应执行和完成的活动时间安排、任务完成要求和费用开支等。

7. 经费预算

经费预算包括 3 方面的内容：①人力资源预算，即完成整个节事营销需要哪些人才以及各类人才的需求数量，这些专业人员从何而来，如何合理配置这些人员以形成团队；②物力资源预算，即完成该活动需要什么样的专业设施，什么样的配套服务设施和何种高新技术等；③资金成本估算，即对由人力资源成本和物力资源成本构成的直接成本进行资金估算。

学生活动 5-3

活动主题：节事活动营销计划的制订。
活动目的：学生能够为节事活动制订合理的营销计划书。
活动形式：小组作业。
活动内容：某地为了宣传环保意识将要举办一个环保雕塑与创意周活动，紧扣环保主题，展开环保创意设计大赛、环保创意设计互动展等活动。请为这一节事活动制订合理的营销计划。

第五节　节事活动计划的执行和效果评估

一、实施节事营销计划

实施节事营销计划是指将计划转化为具体的行动和任务的过程，并保证这些行动的有效实施和任务的完成，以实现既定营销目标。具体对策有以下 3 点：

1．分解目标，制订详细的行动方案

目标分解是明确目标责任的前提，是总体目标得以实现的基础，通过目标分解的形式来制订详细的行动方案有助于计划的实施。将目标按照时间关系和空间关系同时展开，形成有机的、立体的目标系统，不仅使各级管理人员和每个人对目标的整体一目了然，也能明确部门或个人的目标在目标系统中所处的地位，从而有利于调动人们的积极性、主动性和创造性。

2．建立合理的组织结构

有效的营销执行要求建立一个执行能力强的组织。组织使得工作人员拥有基本的工作场所，并凭借一定的工作手段进行正常、有效的节事营销；组织将合适的人力资源有针对性地安排在子项目中，并制订出相关营销政策和完善的监控体系。在计划执行过程中，对内要特别注意内部传播开展的方式，对外要动员供应商、广告代理商给予有力的配合和支持，使得计划执行过程中的任何问题都能快速解决，任何偏离行为都能及时得到纠正和改善。

3．决策和奖励体系

在节事营销执行中，一个科学、高效、公平、激励的决策奖励体系至关重要。组织内部应当有一套完整、高效的决策体系，以应对计划执行过程中的各种常规和突发状况，保证计划正常执行。同时计划的实施最重要的是通过人员的推动来实现。因此，营销过程中要注意对人的培养和激励，发挥人的主观能动性。

二、节事营销计划的控制

在实施计划过程中，应及时对计划执行情况进行监督和控制，以保证计划按照既定方

向发展。因此，营销部门领导就需要定期检查各部门的工作情况，看是否按计划完成预期目标，未完成的部门则要帮助其找到原因，并提出改进措施。营销计划控制的工作主要包括两方面：

1．营销成本控制

节事活动是否成功，其盈利水平是一项重要的衡量依据。而节事活动是否盈利则与营销成本的控制情况有直接关系。节事营销的目的不仅要增加关注度，提高销售收入，更应该严格控制成本，不断拓展利润空间。通过量化利润指标、建立成本管理体系以及明确责任人的方式合理、有效地控制成本。

2．营销策略监控

为了保证计划执行的正确方向，节事营销还需要对各部门的任务完成情况及时地进行跟踪访问，如可以灵活运用业务抽查回访制、“神秘客户”监督制、客户意见闭环管理监督体系等方法。目的就是及时发现营销计划执行过程中的问题，并作出及时反应。因此任务监控的主要内容包括当前计划完成情况、已完成工作任务的复杂程度和所占比例、已完成工作任务的质量、团队成员之间的协作水平等。

三、调整节事营销计划

在节事营销控制阶段中，一旦发现计划执行有所偏离既定方向或未能达到既定目标，则需要根据市场的变化和监控的情况进行主动调整。

1．目标调整

随着营销人员进一步深入市场和营销计划的不断推进，节事活动的组织者与参与者会对节事活动的了解越来越深入，并可能会发现初期并没有意识到的问题，进而产生新的需求。这时节事活动的组织者就应当及时根据营销人员反馈的信息，进行科学的论证，在此基础上不断调整和优化目标体系，尽可能多地满足相应的需求。

2．策略调整

节事营销计划的调整是一项动态的系统工程，项目中任何一个要素的变化都可能影响到其他要素的变化。有时候需要通过多次尝试和假设才可能得到每一个利益相关者都满意的结果。节事营销策略的调整应当从营销观念、营销制度、营销文化、目标市场、推广方式以及营销组合等方面入手。

3．预算调整

如果节事期间并没有达到预期的规模和范围，那么在实施过程中就会出现预算偏差，这种偏差会导致资源利用的偏差，即对人力、物力、财力的利用不合理。因此，节事营销预算的调整应该根据环境和目标的变化，从以上3个方面，进行相关的预算调整。

4．人员调整

随着计划的进行，对营销组织人员进行适当调整是正常现象。营销范围的突然扩大或减少、老员工的离职、员工岗位的不适应等情况都涉及人员的调整。人员是节事营销成功的保证，所以对人员的调整要认真考虑。

四、节事营销效果评估

节事活动营销效果的评估既是对活动的总结，也是对活动中存在问题、取得经验的提炼，为以后的节事营销提供帮助。营销效果主要包括以下几方面的评估：

1．节事效果总结

节事活动中所获得的成功经验和失败教训都是工作中宝贵的资源，它对于反映营销活动的实际情况，指导未来营销工作的发展都具有重要意义。因此，对于节事效果的评估应当包含以下内容：

（1）活动营销目标概述。

（2）与活动营销目标相比的任何变更及其原因说明。

（3）组织结果的有效性分析：专业人员是否足够，是否具备相应的技术。

（4）活动营销总体计划中的关键活动与实际情况的对比。

（5）出现的不正常情况和由此引起的问题及解决方法。

（6）对如何根据确定的要求有效地实施营销的总体看法，包括营销成本、进度和计划、技术能力和质量等。

2．活动效益评估

活动效益评估一般从经济效益和社会效益入手。其中，经济效益包括销售收入、赞助经费等各方面收入以及扣除成本之后的盈利水平等；社会效益包括品牌价值、公众满意度、节事影响力等。

3．信息反馈

信息反馈，即节事结束后与客户的信息反馈，包括观众信息、服务项目信息等，活动组织者需要请专业人士对这些信息进行综合处理，对节事的客源市场规模、市场构成、消费结构进行分析。

学生活动 5-4

活动主题：节事活动评估。

活动目的：学生能够正确地对一项节事活动作出正确评估。

活动形式：小组作业。

活动内容：收集一项节事活动的资料，分析它的社会效益。（注意从正反两个方面进行评价）

实训项目五　节事活动现场营销实训

工作任务	在某节事活动现场，协助参展商进行商品营销实训
实训提示	组织分工——教师将学生每 3～5 人分为一组，共同进行节事活动现场营销前的礼仪、营销用语培训 任务研究——实训目的主要在于训练学生进行基层营销技巧和能力的培训；培养学生营销时的标准用语和行为礼仪；锻炼学生接触客户的心理素质，提高营销沟通交流的能力 注意事项——教师应提前联系相关节事活动主办方，为节事活动提供志愿者服务形式，让教学项目能在节事活动现场中得以实施；营销前培训注重学生行为礼仪、沟通表达能力和心理素质的训练；教师在现场进行走动式监督指导

（续）

	实训建议	
三维度	方法能力	消费者心理掌握能力、沟通说服能力、营销渠道建立能力、销售行为礼仪能力
	专业能力	销售沟通表达能力、说服能力、节事活动营销策划能力、营销职业心理素质
	社会能力	营销策划能力、宣传推广能力、沟通表达能力、消费分析能力、心理承受能力
工作6要素	工作环境	节事活动现场
	工作对象	参展企业商品
	工作内容	节事活动现场商品销售
	工作手段	小组讨论、标准营销程序设计、现场营销
	工作组织	节事活动营销小组或志愿者服务小组
	工作结果	现场商品营销状况
工作6步骤	第一步：信息	节事活动商品信息、客户群信息、节事活动现场营销信息
	第二步：决策	制定节事活动现场营销标准程序、用语，沟通交流策略，心理准备
	第三步：计划	节事活动现场营销实施标准程序
	第四步：实施	团队策划、标准营销程序制订、模拟训练、现场营销
	第五步：检查	在经过参展营销人员培训后，按节事活动主办方和参展商要求，以小组为单位分配至各参展企业展位，教师在现场进行走动式检查指导
	第六步：评估	各小组根据本小组在节事活动期间的营销业绩和工作状况，进行工作总结和经验分享，教师根据现场实际情况进行评价与指导

实训项目六　节事营销计划书写作

工作任务	根据节事营销的写作格式和要求，为当地政府主办的葡萄节策划一份节事营销书	
实训提示	组织分工——教师将学生分成3～5人一个小组，每小组选取1人担任组长 任务研究——对葡萄节面临的主要机会和风险进行分析，拟订营销的目标，各小组可拓展思维选择营销策略 注意事项——教师主要是审核学生节事活动营销计划书结构的完整	
	实训建议	
三维度	方法能力	创意策划能力、分析预测市场能力
	专业能力	节事活动项目营销能力、计划书写作能力
	社会能力	团队创意策划能力、市场预测与工作计划制定能力
工作6要素	工作环境	实训室或多媒体教室
	工作对象	节事活动项目营销、节事活动项目营销计划书
	工作内容	制定节事活动营销计划书
	工作手段	桌面调研、创意策划、小组讨论、方案写作
	工作组织	节事活动营销项目工作小组
	工作结果	节事活动营销计划方案
工作6步骤	第一步：信息	葡萄节市场信息、营销信息、举办地信息
	第二步：决策	以小组长为团队核心，形成有效的团队工作计划、步骤与决策方法
	第三步：计划	节事活动营销工作方案与步骤
	第四步：实施	团队协商、文案写作
	第五步：检查	在调查结束后，每小组选派1名学生进行小组工作过程与计划书介绍
	第六步：评估	教师根据节事营销的策略，组织全体学生对各组节事营销计划书进行可行性评估与指导

思考与练习

一、填空题

1．节事营销3E原则分别是指（　　）、（　　）和（　　）。

2．构成整体节事产品的三层次是：核心产品、（　　）、（　　）。

3．节事成本包括（　　）、（　　）和（　　）。

4．节事促销常用的促销手段有（　　）、（　　）、（　　）和（　　）。

5．市场调查的工作程序为（　　）、（　　）、（　　）和（　　）。

6．市场环境调查包括对政治、（　　）、（　　）、（　　）等各方面的调查。

7．市场预测是指以（　　）所获得的信息资料为基础，运用科学的方法，对未来一定时期内市场发展状况和发展趋势作出正确的（　　）和（　　）。

8．选择预测的方法有（　　）和（　　）。

9．市场细分的标准有（　　）、（　　）、（　　）和（　　）。

10．行为细分要素中，可以根据节事活动参与者的消费情况将他们分为（　　）、（　　）和（　　）等不同群体。

11．SWOT分析法中，S代表的是（　　），W代表（　　），O代表（　　），T代表（　　）。

12．整体营销的关键点有（　　），（　　）。

13．战略目标是指未来某一时期内节事组织者力争在市场中所要占据的位置。通常是指（　　）、产品范围、（　　）、市场份额和利润额等方面的指标。

14．节事营销策略包括（　　）和（　　）。

15．节事营销计划的控制内容包括（　　）和（　　）。

16．调整节事营销计划通常是指（　　）、策略调整、（　　）、人员调整。

17．节事活动效益评估包括（　　）和（　　）。

二、简答题

1．节事活动定位的方法有哪些？

2．节事活动营销的一般流程是什么样的？

3．市场预测的程序是怎样的？

4．市场专题调查包括哪几方面的内容？

5．节事活动目标市场选择的要求是什么？

6．利用SWOT分析法以后，企业面对各种情况应当如何选择适当的营销战略？

7．节事营销计划书的内容有哪些？

8．请说明制订营销计划的步骤。

9．如何实施节事营销计划？

10．节事评估的内容有哪些？

三、论述题

1．试以节事营销的5P要素论述节事营销的主要内容。

2. 谈谈节事活动评估中，经济效益评估和社会效益评估的关系。

四、案例分析题

1. 2010 上海旅游节面向赞助商的营销策略和计划有哪些？从这些策略和计划中，你得到什么启示？

2. 某啤酒厂为了推广一款啤酒，准备举办一个“啤酒节”，为了预测该种酒的投放规模，要求经理和业务科、计划科、财务科及销售科作出预测。各位经理、科室负责人和销售员分别提出各自的预测方案，见表 5-2、表 5-3、表 5-4。

表 5-2　经理的预测方案　（单位：万元）

经理	销售估计值						期望值	权数
	好	概率	一般	概率	差	概率		
甲	500	0.3	420	0.5	380	0.2	436	0.6
乙	550	0.4	480	0.4	360	0.2	484	0.4

表 5-3　科室人员的预测方案　（单位：万元）

科室人员	销售估计值						期望值	权数
	好	概率	一般	概率	差	概率		
业务	600	0.5	400	0.2	360	0.3	488	0.3
计划	540	0.4	480	0.3	340	0.3	462	0.3
财务	580	0.3	440	0.3	320	0.4	434	0.4

表 5-4　售货员的预测方案　（单位：万元）

售货员	销售估计值						期望值	权数
	好	概率	一般	概率	差	概率		
甲	480	0.3	400	0.5	300	0.2	404	0.4
乙	520	0.3	440	0.4	360	0.3	442	0.3
丙	540	0.2	420	0.5	380	0.3	432	0.3

【问题】

（1）请根据上面的数据确定合适的预测方法。

（2）分析此种预测法的优点和不足。

（3）根据材料确定最后的预测值。

第六章

节事活动组织与团队管理

➢ 知识目标

掌握节事活动组织和组织结构的概念及其特点；了解节事活动组织结构设计的原则和类型；掌握节事活动组织结构的设计内容；掌握节事活动人力资源管理的概念及其主要内容；了解节事活动项目团队管理的主要内容。

➢ 技能目标

能灵活应用节事活动组织结构的类型；具有节事活动组织职务设计的能力；能灵活运用节事活动组织结构建设的措施；具有招聘和培训节事活动人员的能力。

案例导入：奥运会志愿者成为赛事服务主力军

志愿者是奥运会的重要支撑，应对其进行有效组织、充分激励。由于志愿者的特征和奥运会的特殊性，奥运会志愿者管理与激励具有很大的挑战性。志愿者管理人员应该正确认识自己的角色，帮助志愿者和他人正确认识志愿者的价值。

志愿者是一群热爱社会、关爱他人、无私奉献的人，是社会的优秀分子和重要人力资源；而他们的高尚品德更是人类重要的精神财富。例如，美国的志愿者一年内的行动相当于900万个全职工作，创造价值达2 250亿美元；加拿大的志愿者一年内无偿贡献11.1亿小时的劳动，创造价值约110亿美元；至于这些志愿者活动的社会价值则更无法衡量。因此，我们不仅要理解、认可和尊重志愿者，支持、关心志愿者，更要管理、激励好志愿者，充分激发其从事志愿服务的热情，充分发挥其对社会的重要贡献。

志愿者是奥运会的重要支撑。据统计，2008年北京奥运会赛场志愿者约10万人，城市志愿者约50万人。赛事主办方通过有效地组织这些数以万计的志愿者，充分激发他们的热情，确保北京奥运会成为一届高水平的、有特色的奥运会。

奥运会的组织和服务借助志愿者始于1912年斯德哥尔摩奥运会，当时有6名志愿者，到1936年的柏林奥运会，青年志愿者已达350人，此后，志愿者成为奥运会的一个优良传统。2000年悉尼奥运会的志愿者创下了历届之最，达到了4.7万人，加上残疾人奥运会，志愿者总数达到了6.2万人，占奥运会全部工作人员的近半数，成为了悉尼奥运会的点睛之笔。奥组委主席说："如果没有这支志愿者大军，悉尼奥运会将无法举行，而奥运会的成功在很大程度上要归功于他们的努力。"

澳大利亚早就形成了志愿者的传统，他们活动在家庭、社区和社会的各个领域，非常有利于悉尼奥运会的志愿者招募。早在 1996 年，悉尼奥运会的组织者就制订了有关志愿者的计划，那时决定 5 万名志愿者服务于奥运会。每个报名参加志愿者工作的人都要填写自己的专长和选择，经过核选决定，从事专门业务的志愿者如医生、翻译、司机等都要出示有效证件，然后要经过测试和面试，再经过警察局的审查，证实没有犯罪记录后才够资格。

1/4 的志愿者在 18～25 岁之间，1/4 的志愿者在 55 岁以上。3/4 的志愿者来自新南威尔士州，其余的来自外地甚至国外。志愿者中的大学生很多，也有公司职员、家庭妇女、教师等。其中，一半人从未做过志愿者的工作。志愿者要经过从十几小时到几十周时间不等的训练，志愿者的培训工作由政府出资 3 600 万澳元，通过招标，由新南威尔士州成人职业学院承担，在全州 129 个教学点，提供总计 100 万个小时的培训。其培训的内容主要分为 3 个部分：一是奥运会知识培训，要求志愿者熟悉奥运历史、理念和精神，悉尼奥运会的特点，会标、吉祥物的含义等；二是场馆知识，熟悉场馆的位置、竞赛项目、时间与地点，自己的位置与职责，报告与责任系统等；三是专业技能培训，如赛事口译、安检程序、救护知识等。

志愿者不仅为奥运会提供了大量的人力资源、降低举办奥运会的成本，如悉尼奥运会志愿者工作的总时数为 545 万小时，如果将其折合成货币，高达 1.1 亿澳元。更为重要的是，志愿者热心公益、无私奉献的行为对主办城市乃至主办国的民众有强烈的示范作用，从而启发社会良知、鼓励人们多为他人考虑，为社会着想。这就会导致社会风气的改善，加强社会的亲和力和凝聚力。志愿者是国家的代表，展示着一个国家人民的道德水平。

【问题】

（1）志愿者在节事活动项目中的作用是什么？

（2）在节事活动项目的人力资源管理中，应该按照什么标准选择正式员工和临时人员，并如何进行管理？

第一节　节事活动组织管理

相互协作是人类生存、发展的基本准则，为了能够有效的协作，人们必须了解各自的任务目标、责任和权限，由此形成一个具有确定关系、共同目标和任务的组织机构。

一、组织管理概述

1. 组织的含义

从广义上说，组织是指由诸多要素按照一定方式相互联系起来的系统。从狭义上说，组织就是由两个或两个以上的人组成的有特定目标和一定资源并保持某种权责结构的群体。组织与一般团体是有区别的：①组织有一个共同的目标，组织成员是为了这个目标而聚集在一起的。②组织内部成员之间的关系是正式的、具有强制性。例如，节事活动项目总经理与部门经理、部门经理与具体工作人员的关系是上下级关系，而非随意的，或者可有可无的。

组织又是管理的一项基本职能，即为了有限实现共同目标，合理地进行组织结构设计与职务设计，并配备人员，确定各自的职责与职权，以及组织内部成员之间的相互关系的过程。建立一个组织，其根本是为了能有效实现组织的目标，提高工作效率。著名管理学家孔茨认为："建立组织结构的目的就是要建立起一种能使人们为实现组织目标而在一起最佳地工作，履行职责的正式体制。"现代管理理论的奠基人巴纳德认为，组织是有意识调整两人或多人的行为或各种力量的系统。组织的本质含义就是按照一定目的和程序所组成的一种权责角色结构。行为科学的奠基人梅奥认为，在正式组织的框架下，企业中的人是社会人，正式组织中存在着非正式组织，人的行为和人际关系影响组织效能和组织目标。

2. 组织结构的基本特点

组织结构就是一个组织的框架体系。它有以下 4 个基本特点：

（1）明确的目标　没有目标就不是组织而仅是一个人群。目标是组织的愿望和外部环境结合的产物，所以组织的目的性不是无限的，而是受环境影响和制约的，这个环境包括物质环境及社会文化环境，有了目标后组织才能确定方向。

（2）复杂化　是指组织内部结构的分化程度。随着劳动分工的扩大，组织纵向的等级数增多，组织单位的地理分布更广泛，人员与活动的协调、控制就困难，这就称为组织结构复杂化。节事活动组织因节事活动的构成结构不同，往往等级也不相同。

（3）正规化　是指一个组织在多大程度上依靠规章制度来指导员工行为。组织有正式组织和非正式组织之分。正式组织是指为了实现一定的目标，有意形成的职务结构，具有一定的稳定性。非正式组织是指在正式组织的运转过程中，由于组织成员中相互欣赏、相互喜爱而逐步加深了解，形成的独立于组织之外的小团体。这些成员往往由于经历、兴趣、爱好、观点一致而趋同。

（4）集权化　是指组织的决策权在上层管理人员的集中程度。有的组织是高度集权的，决策权集中在最高层，在节事活动的组织过程中发现问题之后，由下至上请示，并由最高层管理者下达命令，由上而下服从；而有的组织将决策权下放，称之为分权。

3. 组织管理的内容

（1）组织工作内容　从组织工作的含义看，设计、建立并保持一种组织结构，是一个组织不可缺少的工作内容，也是主管人员的组织工作职能的内容。具体内容包括：根据组织目标设计和建立一套组织机构和职位系统；确定职权关系，从而把组织上下左右联系起来；与管理的其他职能相结合，以保证所设计和建立的组织结构有效运转；根据组织内外部要素的变化，适时地调整组织结构。

（2）组织管理活动　管理主要包括 5 项活动，分别是计划、组织、人事、领导和控制。

1）计划。计划是从现在所处的位置到达将来预期的目标之间架起的一座桥梁。编制计划包括选择任务、目标和完成计划的行动。编制计划需要作出决策，也就是说要在各种方案里，选择将来的行动路线。在作出决策之前，所做的仅是一种计划研究、一种分析或一种建议，而不是真正的计划。

2）组织。人们在集体里为了实现某种目标而在一起工作是必须担任角色的。角色是指人们做一项工作应有明确的目标或目的。组织工作是管理工作的一部分，这部分工作旨在建设一个经过策划的角色结构，分配给机构中的每一个成员。

3）人事。人事工作就是给组织结构设置、编制、配备和保持人员。人事工作应该包括：明确工作人员必须具备的条件，编造在职人员的花名册，招聘和遴选人员，安置工作岗位，提升人员，编制选拔计划、工资报酬，培训或用其他方式提高在职人员或备用人员的素质，使他们能够高效益和高效率地完成任务。

4）领导。领导工作指对工作人员施加影响，使他们对组织和集体的目标作出贡献。这主要涉及管理工作的群众关系方面。领导工作包含鼓励、领导作风和方法，以及思想交流。

5）控制。控制工作是衡量和纠正下属人员的各种活动，从而保证事态的发展符合计划要求。控制工作按照目标和计划表评定工作人员的业绩，找出偏差所在之处，采取措施加以改正，从而确保计划完成。虽然编制计划在前，控制工作在后，但计划不会自己实现的。计划指导主管人员使用各种资源，完成具体目标。然后检查活动，以确定是否与计划吻合。

二、节事活动组织的管理

节事活动组织指为节事活动目标的顺利实现而组建起来的，专门从事节事活动运作和管理的正式群体，并形成一定的机构。也就是说，在节事活动过程中形成整体力量，以完成单独个人力量的简单总和所不能完成的各项项目，实现不同于个人目标的组织总体目标。

1．节事活动组织与节事活动管理的关系

节事活动管理就是在特定的环境下，对节事活动组织所拥有的资源进行有效地计划、组织、领导和控制，以便达到既定的组织目标的过程。这个定义包含以下4层含义：

（1）节事活动管理活动是在特定的内外环境的约束下进行的。

（2）节事活动管理是为了实现组织目标服务的。

（3）节事活动管理工作要通过有效利用组织的各种资源来实现组织目标。

（4）管理最终要落实到计划、组织、领导和控制等一系列管理职能上。

2．节事活动项目组织的特点

（1）专业化　由于节事活动的运作和管理是一个复杂的过程，这就要求有一个专业的项目团队来完成。节事活动运作组织的各部门负责人和工作人员都应该具备相应的教育背景和从业经验。当然，并不是要求组织中每一个成员都是“万能手”，至少在其负责的项目方面具有其他人不可替代的作用。节事活动专业化团队不仅可以提高节事活动运作的效率，最重要的是，可以实现活动效益的最大化。

（2）一次性　基于当前我国节事活动的发展阶段，很多节事活动组织是根据节事活动举办的需要建立的一个临时性结构。一般来说，一项节事活动项目完成以后，项目组织就解散了。

（3）灵活性　节事活动要具有适应环境变化的灵活组织形式和用人机制。由于节事活动组织具有较强的目的性和时间性，节事活动举办者在进行组织结构设计时，一切部门的设计和人员的安排都是按照“物尽其用”和“人尽其才”的原则进行的。特别是节事活动的许多工作人员并不是正式人员，在工作安排上，务必加强节事活动组织的灵活性。

（4）统一协调性　由于节事活动组织具有临时性特点，为了提高节事活动运作的效率，举办者在组建节事活动组织时必须按照统一协调性的原则进行，使组织形式简单、高效并且运转灵活。否则，不同工作人员和部门的矛盾会严重影响组织目标的顺利实现。

3．节事活动组织设计的基本原则

（1）因事设职与因人设职相结合　组织设计的根本目的是为了保证组织目标的实现，是使目标活动的每项内容都落实到具体的岗位和部门，即“事事有人做”，而非“人人有事做”。因此，在节事活动组织设计中，自然而然地要求从工作特点和需要出发，因事设职，因职用人。

（2）权责对等　组织中每个部门和职务都必须完成规定的工作，而为了完成一定的工作，需要利用一定的人、财、物等资源。因此，为了保证“事事有人做”“事事都能正确地做好”，在组织设计中，不仅要明确各部门的任务和责任，还要明确规定这些部门利用人、财、物以及信息等的权力。权责对等原则就是进行组织结构的设计时，既要明确规定每个管理层次和各个部门的职责范围，又要赋予完成其职责所必需的管理权限，职责与职权必须协调一致。只有职责，没有职权或权限太小，则职责承担者的积极性、主动性必然会受到束缚，实际上也不可能承担起应有的责任；相反，只有职权而无任何责任，或责任程度小于职权，将会导致滥用权力，产生官僚主义等。在实际组织设计中应尽量避免这两种倾向。科学的组织结构设计应该是将职务、职责和职权形成规范，订出章程，使无论什么人，只要担任该项工作就得必须遵从。

（3）目标统一　组织结构的设计和组织形式的选择必须有利于组织目标的实现。任何一个组织都与既定的组织目标有密切关系，否则它就没有存在的意义。为此，组织目标层层分解，机构层层建立下去，直到每一个人都了解自己在总目标实现中应完成的任务，这样建立起来的组织机构才是一个有机整体，才能为保证组织目标的实现奠定基础。此外，节事活动组织设计的原则还有分工协调、层幅适当、稳定性与适应性相结合以及均衡性等原则。

4. 节事活动项目组织结构的设计内容

（1）工作部门的设置　工作部门的设置是根据组织目标和组织任务合理设置。确定工作部门的同时需要确定这个部门的职权和职责，做到所拥有的权力应当与其所承担的责任相一致。

（2）工作部门的等级　在一个组织中，分权和集权是相对的，采取何种形式应根据组织的目标、工作的复杂性、领导的能力和精力、下属的工作能力等综合考虑。

（3）管理层次和管理幅度　管理幅度是指组织中上级主管能够直接管辖的下属的数量。管理层次亦称组织层次，指从最高层的直接主管到最低的基层具体工作人员之间形成的一定层次。管理层次和管理幅度取决于特定系统环境下的诸多因素：

1）工作能力：主管人员及下属的能力。

2）工作内容和性质：主管所处的管理层次；计划的完善程度；非管理性事务的多少。

3）工作条件：助手的配备情况；下级人员工作地点的远近；信息手段的配备情况。

5. 节事活动项目组织结构类型

组织结构类型是一个组织结构特点的明显标志，也决定着一个组织在管理上的特点，对提高组织的工作效率具有十分重要意义。节事活动项目组织管理过程中，常用的组织结构类型有（见表 6-1）：

表 6-1　三类组织结构类型的特点

特征 \ 组织形式	职能组织型	矩阵组织型			项目组织型
		弱	中	强	
项目经理权限	很少或没有	有限	小到中等	中到大等	很高甚至全权
全职人员比例	几乎没有	0～25%	15%～60%	50%～95%	85%～100%
项目经理任务	兼职	兼职	全职	全职	全职
项目经理常用头衔	项目协调员	项目协调员	项目经理	项目经理	项目经理
项目经理行政人员	兼职	兼职	全职/兼职	全职	全职
项目组织的独立性	完全没有	没有	有限	独立	完全独立

（1）职能组织型　该结构呈金字塔形，采用职能组织型，将节事活动项目放在节庆公司或政府机构某个职能部门中运行，这个部门是对项目的实施最有帮助或最有可能使项目成功的部门，必要时，其他职能部门提供协助。这种组织形式适合于规模较小、单一专业领域的项目。

（2）矩阵组织型　这是现代大型项目中应用最广泛的新型组织形式，它是职能组织型和项目组织型的结合，将职能组织型的纵向优势和项目组织性的横向优势有效结合起来。采用矩阵组织型，各职能部门中与项目有关的人员被临时抽调出来在项目经理的领导下从事项目工作，这时的成员有两个领导。这种组织形式加强了各职能部门同各项目之间的协作关系。

（3）项目组织型　项目组织型是一种独立于其他职能部门之外的、自成体系的项目机构。这种组织形式适合于大型会展项目，如奥运会。在这种组织形式中，几乎所有的项目成员都是全职的，各职能部门不直接参与项目工作。

三、节事活动企业与项目组织结构设计

1. 节事活动企业常用组织结构

（1）策划部　策划部是节事活动项目组织的主要基础部门，它的主要工作是策划，包括对整个节事活动的策划、组织的包装等。

（2）业务部　业务部是节事活动项目组织的重要部门之一，举办单位赢利与否直接取决于业务部的招商业绩。业务部主要是招徕和联系参展商，有些组织又称业务部为招商部。其主要工作职责是招展宣传、选择参展商等，另外还负责节事活动展品运输、展台设计和施工等工作。

（3）市场部　市场部主要负责新闻宣传、广告策划实施，协调与各社会团体或政府的关系等。宣传工作是节事活动项目成功与否的基础保证，其手段主要是广告与联络。具体工作内容包括：根据市场变化对价格政策的制订和修正提出建议并报请领导批准后执行；执行合同收款；负责有关节事活动项目的报批手续等。

（4）信息部　信息部负责节事活动的通信、网络数据的租赁业务，以及节事活动举办单位信息系统的规划、建设与维护，应用软件及办公电脑、耗材的采购与管理，同时还负责组织内部通信系统及网络的建设与保障工作等。

（5）人力资源部　人力资源部负责节事活动项目所需人员的招聘、培训、考核、奖罚等工作，保证项目所需的人力资源。

（6）工程部　工程部负责节事活动项目组织的各项基建工作，节事活动期间建筑物装饰装修建设和设备设施的维修与养护。

（7）财务部　财务部主要工作是编制节事活动项目预算，控制项目费用，筹集和运用好资金，使举办单位获得最佳收益。

（8）保安部　保安部的主要职责是维护节事活动现场的良好秩序，确保节事活动环境安全。节事活动策划公司的组织结构因其规模、定位、发展状况等情况的不同而有所不同，图 6-1～图 6-3 给出了 3 种规模不同的节事活动策划公司的组织结构范本。

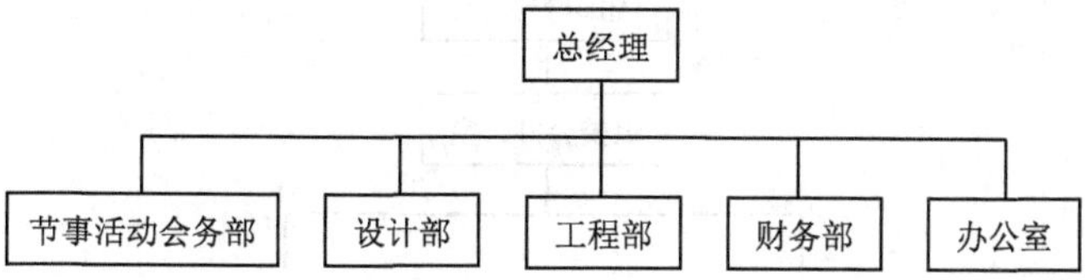

图 6-1 小型节事活动公司组织结构范本

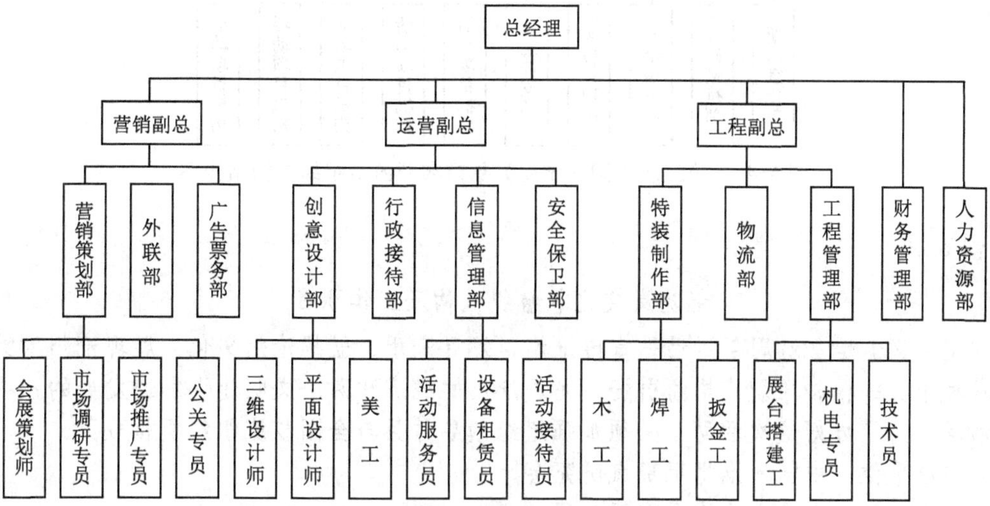

图 6-2 中型节事活动公司组织结构范本

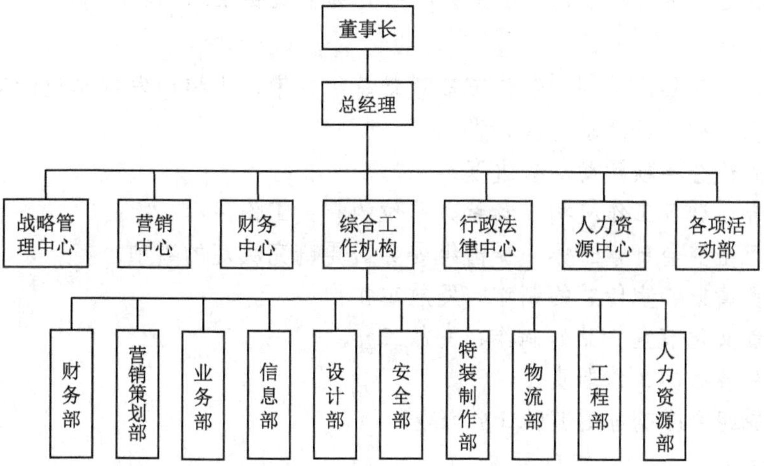

图 6-3 大型节事活动公司组织结构范本

2. 大型节事活动项目组织结构设计

大型的节事活动由于涉及的机构过多，人员过多，因此往往采用直线职能型组织结构。组委会一般从专业和服务两个方面入手，建立职能型组织机构。图 6-4 为第三届中国（宁海）徐霞客开游节组织机构。

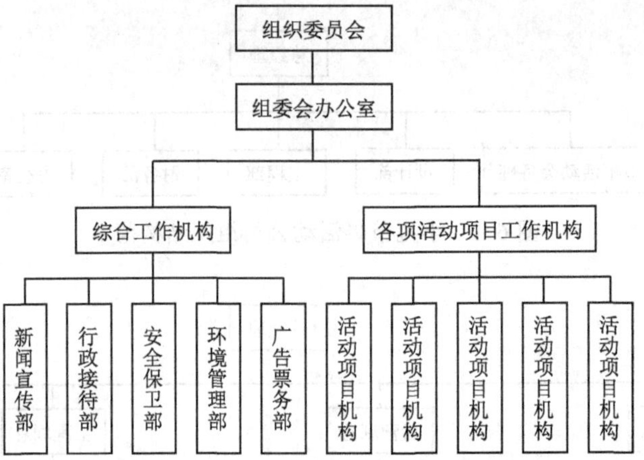

图 6-4　第三届中国（宁海）徐霞客开游节组织机构结构图

资料 6-1

纪晓岚文化节组织机构及工作职责

纪晓岚逝世200周年活动是宣传沧州、发展沧州、弘扬沧州文化、展现沧州的文化艺术和市民的精神风貌，招商引资、促进沧州的经济和两个文明建设加速发展的一项重要活动。为了办好这次活动，必须加强组织领导并且与全国权威组织机构联办。

主办单位：中国·沧州纪晓岚研究会。

协办单位：中鼎文化传播有限公司。

承办策划：中鼎文化传播有限公司。

为了办好这次活动，拟成立组委会，组委会下设各组织职能：

一、办公室

（1）负责活动整体策划，制订节日活动总体方案，审核印发各单位活动方案。

（2）组织实施节日活动总体方案。

（3）督促检查各项活动准备进度。

（4）综合协调各工作机构、各承办单位的有关工作。

（5）承担组委会日常工作，提出组委会需要研究决定的事项。

（6）负责请柬、宣传袋的制作、发放工作。

（7）负责文化节宣传品的制作、发放工作。

（8）研究各组的工作职责。

（9）完成组委会交办的其他工作任务。

二、保障组

1. 秘书组

（1）按时完成文化节主要活动文件、材料的起草、审核工作。

（2）负责做好市委、市政府邀请领导和重要来宾的联系、接待工作。

（3）汇总整个文化节期间邀请的外商、专家及有关方面领导的名单，罗列开幕式等重要活动与会人员、主席台人员名单等。

（4）完成组委会交办的其他工作任务。

2. 后勤保障组

（1）负责落实市政府招待酒会的有关工作。

（2）负责协调市政府邀请的外商、专家、新闻单位、演出团体等来宾在文化节期间的食宿事项。

（3）负责有关活动的经费保障。

（4）负责活动期间来宾和市领导的交通用车。

（5）做好组委会交办的其他工作任务。

3. 环境整治组

（1）负责做好文化节期间市区灯光工程的整治完善工作。

（2）负责抓好市区的道路、河道小区的环境卫生，做好主要道路、主要景点、宾馆、商场及会场周围的花木盆景布置工作。

（3）检查督促各主要接待宾馆以及市区饮食行业做好食品卫生工作任务。

三、保卫组

（1）牵头负责和综合协调文化节各项活动的安全保卫工作。

（2）检查督促各项活动的承办单位做好安全保卫工作。

（3）做好主要活动场所以及重要来宾、重要客商下塌场所的现场保卫工作。

（4）做好组委会交办的其他工作。

四、宣传组

1. 对外宣传组

（1）负责做好形象策划、文化节电视广告宣传和外宣品设计制作等工作。

（2）负责做好邀请境内外新闻单位来访的联系、接待工作，并做好采访活动的配合工作。

（3）及时做好本市新闻报道和专题报道工作。

2. 环境宣传组

（1）负责协调落实文化节大型广告宣传牌的安装、展示等工作。

（2）负责做好文化节环境宣传工作，包括充气拱门、氢气球等。

（3）认真做好组委会交办的其他工作。

五、活动组

1. 经贸论坛组

（1）综合协调邀请外商、专家的联系、接待工作。

（2）协调落实经贸洽谈、经济论坛等评选工作。

（3）负责做好招商资料、宣传资料的制作、发放工作。

2. 旅游接洽组

（1）邀请外地旅游公司、组织游客在文化节期间来旅游。

（2）协助做好星级宾馆的住宿安排等工作。

3. 文艺活动组

（1）负责落实文化节文艺活动的策划、筹备和演出，保证演出成功，做好外请演出团体的联系、接待工作。

（2）配合做好文化节活动的其他有关工作。

六、财务处

（1）负责统收统支活动的全部财务。

（2）负责广告招商和经费筹集的审定、监督和资金收缴工作。

（3）负责活动经费预算的审定、报批和会计工作。

（4）作好组委会交代的其他工作。

学生活动 6-1

活动主题：节事活动的组织结构。

活动目的：让学生能够掌握节事活动组织结构的特点、原则、类型等。

活动形式：小组活动。

活动步骤：任选一项中小型节事活动，讨论该节事活动组织结构的特点、原则、类型等。

第二节　节事活动项目团队管理

一、节事活动项目团队管理概述

1．节事活动项目团队含义

团队是由员工和管理层组成的一个共同体，它合理利用每一个成员的知识和技能协同工作，解决问题，达到共同的目标。节事活动项目团队是为了实现节事活动项目的目标而协同工作的一组个体的集合，是一个迅速形成的、由具备协作精神的成员所构成的临时性组织。节事活动项目团队的概念包含以下要素：

（1）共同的目标　每一组织都有自己的目标，项目团队也不例外，正是在这一目标的感召下，项目队员凝集在一起并为之共同奋斗。对于一个节事活动项目，为使项目团队工作有成效，就必须在项目开始前明确目的和目标。

（2）合理分工与协作　在目标明确之后，每个成员都应该明确自己的角色、权利、任务和职责，明确各个成员之间的相互关系，在节事活动项目的实施过程中，每个人的行动都会影响到其他人的工作，因此团队成员都需要了解为实现项目目标而必须做的工作及其相互间的关系。

（3）高度的凝聚力　凝聚力指成员在项目内的团结与吸引力、向心力。凝聚力越强，团队对成员的吸引力越强，队员坚守规范的可能性越大。一个有成效的项目团队，必定是有高度凝聚力的团队，它能使团队成员积极热情地为项目成功付出必要的时间和努力。

（4）团队成员相互信任　团队的另一个重要特征就是信任，即成员之间相互关心，相互信任，承认彼此存在的差异，但能够自由表达，通过交流，达到最终的理解与支持。

（5）有效地沟通　团队还应具有高效沟通的能力，项目团队应具备硬件装备，具有全方位的信息沟通渠道，保证沟通直接、高效；另外，团队成员还应具备一定的沟通能力，能交流、倾听、接纳其他队员的意见，并能经常得到有效的信息反馈。

2. 节事活动项目团队的目的和特征

节事活动项目团队建设目的在于创造团队活力，提高团队的工作效率，完成节事活动项目目标。

节事活动项目团队成员来源广泛，通常情况下是一些从未在一起工作过的人员组成，与传统的团队相比，具有以下特征：

（1）成员来源的广泛性　节事活动项目团队成员来源比较广泛，特别是大型节事活动项目需要多个部门和成员的参与。

（2）成员工作的双重性　节事活动项目团队成员多为兼职者，除兼职节事活动项目的工作外，还有自己本身的工作。例如，大型体育赛事活动有非常多的志愿者参与，包括医生、科技人员、大学生等。

（3）成员工作的变动性　节事活动项目团队成员在节事活动项目周期所处的各个不同阶段变动较大。

（4）经理权力的有限性　节事活动项目经理对团队成员没有足够的正式行政权力，有些项目团队成员的级别比项目经理高。

（5）团队的临时性　节事活动项目团队是临时性的，多数随着节事活动项目的完成而解散。

3. 节事活动项目团队建设的重要性

（1）如果没有有效的团队建设，不可能使来源多样性的团队成员短时间内融合并形成一个整体。

（2）对多样性的团队成员和行政级别高于自身的成员管理难度增加。

（3）临时性项目团队中成员变动大、兼职人员多和项目结束时面临团队成员解散的问题，都会对团队成员的士气有所影响。

二、节事活动项目团队组织管理

1. 节事活动项目团队的发展阶段与领导方式

项目团队从组建到解散，是一个不断成长和变化的过程，一般可分为5个阶段（见表6-2）。在项目团队的各阶段，其团队特征也各不相同，项目经理要根据不同阶段的特点对项目成员进行管理。

表6-2　项目管理各阶段特征

组建阶段	磨合阶段	规范阶段	成效阶段	解散阶段
团队成员试图确定自己在团队内部的角色	成员之间关系紧张 出现内部斗争 谋取权利控制 向领导者挑战	项目团队接受了工作环境 项目规程得以改进和规范化 凝聚力开始形成	相互理解 高效沟通 充分授权 密切配合 高团队绩效	项目目标基本完成 团队成员准备离开

（1）组建阶段　在这一阶段，项目组成员刚刚开始在一起工作，总体上有积极的愿望，急于开始工作，但对自己的职责及其他成员的角色都不是很了解，他们会有很多的疑问，并不断摸索以确定何种行为能够被接受。

在这一阶段，项目经理需要进行团队的指导和构建工作：应向项目组成员宣传项目目标，并为他们描绘未来的美好前景及项目成功所能带来的效益，公布项目的工作范围、质量标准、预算和进度计划的标准和限制，使每个成员对项目目标有全面深入的了解，建立起共同的愿景；明确每个项目团队成员的角色、主要任务和要求，帮助他们更好地理解所承担的任务；与项目团队成员共同讨论项目团队的组成、工作方式、管理方式、一些方针政策，以便取得一致意见，保证今后工作的顺利开展。

（2）震荡阶段　这是团队内激烈冲突的阶段。随着工作的开展，各方面问题会逐渐暴露。成员们可能会发现，现实与理想不一致，任务繁重而且困难重重，成本或进度限制太过紧张，工作中可能与某个成员合作不愉快。这些都会导致冲突产生、士气低落。

在这一阶段，项目经理需要利用这一时机，创造一个理解和支持的环境：

1）允许成员表达不满或他们所关注的问题，接受及容忍成员的任何不满。

2）做好导向工作，努力解决问题、矛盾。

3）依靠团队成员共同解决问题，共同决策。

（3）规范阶段　在这一阶段，团队将逐渐趋于规范。团队成员经过震荡阶段逐渐冷静下来，开始表现出相互之间的理解、关心和友爱，亲密的团队关系开始形成，团队开始表现出凝聚力。另外，团队成员通过一段时间的工作，开始熟悉工作程序和标准操作方法，对新制度也开始逐步熟悉和适应，新的行为规范得到确立并为团队成员所遵守。

在这一阶段，项目经理应：

1）尽量减少指导性工作，给予团队成员更多的支持和帮助。

2）在确立团队规范的同时，要鼓励成员的个性发挥。

3）培育团队文化，注重培养成员对团队的认同感、归属感，努力营造出相互协作、互相帮助、互相关爱、努力奉献的精神氛围。

（4）成效阶段　在这一阶段，团队的结构完全功能化并得到认可，内部致力于从相互了解和理解到共同完成当前工作上。团队成员一方面积极工作，为实现项目目标而努力；另一方面成员之间能够开放、坦诚地进行沟通，互相帮助，共同解决工作中遇到的困难和问题，创造出很高的工作效率和满意度。在这种一阶段，项目经理工作的重点应是：

1）授予团队成员更大的权力，尽量发挥成员的潜力。

2）帮助团队执行项目计划，集中精力了解掌握有关成本、进度、工作范围的具体完成情况，以保证项目目标得以实现。

3）做好对团队成员的培训工作，帮助他们获得职业上的成长和发展。

4）对团队成员的工作绩效作出客观地评价，并采取适当的方式给予激励。

（5）解散阶段　随着节事活动项目的临近结束，多数项目团队面临解散，这时团队成员出现不稳定因素，大家都在考虑自己的未来。这时必须改变工作方式才能完成最后各种具体任务，项目负责人要告诉各成员还有哪些工作需要做完。

在解散阶段，项目负责人最好采用措施收拢人心，稳住队伍，同时也要考虑成员以后如何安排的问题，甚至给成员推荐新的工作。

在实际工作中，由于节事活动项目的特点，通常并没有很长时间经历团队的“形成”和“震荡”，需要团队一成立就高效、规范地开展工作，这就要两方面来保证：一是在项目负责人和成员的选拔上，要考虑各自的从业背景、工作经验、教育背景、年龄、性格等，对有项目管理教育背景和工作经验的人优先考虑。二是通过灵活、高效的项目团队启动会议，尽快使项目团队进入规范化阶段。

2. 节事活动项目团队工作环境与氛围建设

节事活动项目团队的工作环境和氛围对于是否能高效地完成项目非常重要。为形成良好的氛围，要增强团队的凝聚力、提高团队成员的士气和解决好工作中的冲突。

（1）形成团队凝聚力　团队凝聚力是指团队对成员的吸引力，成员对团队的向心力，以及团队成员之间的相互吸引。团队凝聚力不仅是维持团队存在的必要条件，而且对团队潜能的发挥有很重要的作用。一个团队如果失去了凝聚力，就不可能完成组织赋予的任务，本身也就失去了存在的条件。团队凝聚力的产生有内外两方面的因素：内在因素来自成员与团队本身（领导方式、团队目标、奖励方式等），外在因素来自环境的压力。

（2）提升团队士气　团队士气，就是团队精神，团队精神能够使团队成员齐心协力，拧成一股绳，朝着一个目标努力。对团队的个人来说，团队要达到的目标即是自己必须努力的方向，从而使团队的整体目标分解成各个小目标，在每个队员身上都得到落实。

（3）化解团队冲突　节事活动项目团队在发展过程中，由于社会环境复杂，工作压力大，成员性格、经历等因素，团队工作中的冲突在所难免。冲突有利于暴露项目中存在的问题，经过激烈讨论，能有效地寻求解决的方案，但如果不能及时处理冲突，就会破坏团结、团队士气不足、项目经理威信下降，甚至项目工作无法开展。

三、节事活动项目管理策略

1. 团队管理

（1）角色界定　团队角色是一套深受团队建设者喜爱的一种方法。贝尔宾（Belbin）1981 年提出了一组 8 个重要角色（见表 6-3），后来他把“主席”换成了“协调者”，把“公司工人”换成了“实施者”，但是这些角色本身的意义没有改变。贝尔宾是通过一系列模拟练习得出角色定位的。贝尔宾证明说，成功的团队是通过不同性格的人结合在一起的方式组成的，另外，成功的团队中必须包括担任不同角色的人。

表 6-3　团队角色分工详情表

角　色	行　动	特　征
主席	阐明目标和目的，帮助分配责任和义务，为群众做总结	稳重，智力水平中等，信任别人，公正，自律，积极思考，自信
左右大局者	寻求群体讨论的模式，促成群体达成一致，并作出决策	有较高的成就感，极易激动，敏感，不耐心，好交际，喜欢辩论，具有煽动性，精力旺盛
内线人	提出建议和新观点，为行动过程提出新视角	个人主义，慎重，知识渊博，非正统，聪明
监测\评估者	分析问题和复杂事件，评估其他人的成就	冷静，聪明，言行谨慎，公平客观，理智
公司工人	把谈话和观念变成实际行动	吃苦耐劳，实际，宽容
团队工人	为别人提供支持和帮助	喜欢社交，敏感，以团队为导向，不具有决定作用
资源调查者	介绍外部信息，与外部人谈判	有求知欲，多才多艺，喜欢交际，直言不讳，具有创新精神
实施者	强调完成即定程序和目标的必要性，并且完成任务	力求完美，坚持不懈，勤劳，注重细节，充满希望

（2）构建统一的价值观　团队建设的核心是在团队成员之间就共同价值观和某些原则达成共识，因此，建设团队的主要任务是建立团队共识。魏斯特提出了达成团队共识的 5 个方面（表 6-4），并以此作为指导团队建设的原则。

表 6-4　达成团队共识的 5 个方面

明确	必须明确建立团队的目标、价值观及指导方针，而且经过多次讨论
鼓动性价值观	这些观点必须是团队成员相信并且愿意努力工作去实现的
力所能及	团队共识必须是团队确实能够实现的——确定不现实或无法达到的目标是没有用的，因为这只会使人更想放弃
共识	所有团队成员都支持这一观点是至关重要的，否则他们可能发现各自的目标彼此相反或无法调和根本冲突
未来潜力	团队共识必须具有在未来进一步发展的潜力；拥有固定的、无法改变的团队共识是没有意义的，因为人员在变、组织在变，工作的性质也在变，需要经常重新审视团队共识，以确保它们仍然能够适应新的情况和新的环境

（3）任务导向法　以任务为导向的方法，强调团队要完成的任务。按照这一途径，团队必须清楚地认识到某项任务的挑战，然后在已有的团队基础上研究完成此项任务所需要的技能，并发展成具体的目标和工作程序，以保证任务的完成。

卡特森伯奇（Katzenbach）及史密斯（Smith）强调，在表现出色的团队中，这一途径尤显重要。为此他们在现实组织环境中找出了建设高效团队的 8 条基本原则（见表 6-5）。

表 6-5　建设高效团队的 8 条基本原则

1．确定事情的轻重缓急，并确定指导方针
2．按照技能和技能潜力，而不是个人性格选拔团队成员
3．对第一次集会和行动予以特别关注
4．确立一些明确的行为准则
5．确定并且把握几次紧急的、以任务为导向的目标
6．定期用一些新的事实和信息对团队成员加以考验
7．尽可能多地共度时光
8．利用积极的反馈、承认和奖励所带来的力量

（4）人际关系法　该方法是通过在成员间形成较高程度的理解与尊重，来推动团队的工作。

2．团队激励

激励是指驱使一个人做某件事的内在动力。节事活动项目团队成员做出的成绩的多少，既取决于他们的能力，也取决于他们对工作的投入程度，而对工作的投入需要通过有效的激励。激励理论两个代表性的观点如下：

（1）马斯洛的需求层次理论　马斯洛将人的需求分为 5 个层次，从低到高分别是生理需求、安全需求、社交需求、尊重需求、自我实现需求，只有较低层次的需求满足后，才会产生更高一层的需求。

（2）赫茨伯格的双因素理论　双因素理论把工作因素分为两大类：

1）保健因素：是让人灰心的因素，如工作环境、工资、安全等。这些因素对激励来说是中性的，但若得不到满足，就变成负激励。

2）激励因素：是激发团队成员工作满足的积极因素，如成就感、被认可、使命感等。根据这一理论，在节事活动项目团队建设中，要充分利用激励因素，如给员工创造较好发展空间的机会，以此激励员工的积极性。

3．团队绩效考核

节事活动项目的成功，是靠团体整体的工作来保证的，是每个团队成员创造的，但若不对个体进行考核，会造成团队成员心理的不平衡，影响大家的积极性，严重的会导致团队的瘫痪。

（1）建立团队绩效评估体系　团队绩效评估体系包括团队成员个人工作表现考评、对团体工作的考评、团队在整个组织中的贡献考评。

（2）绩效考核的方法　绩效考核的方法主要包括：①业绩考核表，它是根据所限定的因素来对成员进行考核；②目标管理，它是一种潜在有效地考评员工业绩的方法；③360 度评价法，即在团队中实施全方位、全过程的评价，调动团队所有成员以及各个方面积极参与。

资料 6-2

好何构建高效项目团队

1．加强项目团队领导

组建一支基础广泛的团队是建立高效项目团队的前提，在组建项目团队时，除考虑每个人的教育背景、工作经验外，还需考虑其兴趣爱好、个性特征以及年龄、性别的搭配，确保团队队员优势互补、人尽其才。

项目经理要为个人和团队设定明确而有感召力的目标，阐明实现项目目标的衡量标准，让每个成员明确理解他的工作职责、角色、应完成的工作及其质量标准。设立实施项目的行为规范及共同遵守的价值观，引导团队行为，鼓励与支持参与，接受不同的见解，珍视和理解差异，进行开放性的沟通并积极地倾听，充分授权，民主决策。营造以信任为基础的工作环境，尊重与关怀团队成员，视个人为团队的财富，强化个人服从组织、少数服从多数的团队精神。根据队员的不同发展阶段实施情境领导，正确地运用指导、教练、支持与授权 4 种领导形态，鼓励队员积极主动地分担项目经理的责任，创造性地完成任务以争取项目的成功。

2．鼓舞项目团队士气

项目团队的士气依赖队员对项目工作的热情及意愿，为此，项目经理必须采取有效措施激发成员的工作热情与进一步发展的愿望，创造出信任、和谐而健康的工作氛围，让每个成员都知道，如果项目成功了，每个人都是赢家，个人的价值也得到了实现，否则便是双输，而且，任何人都没有比团队等聪明、更有战斗力。鼓励成员相互协调、彼此帮助，开诚布公地表达自己的思想，设身处地地提供反馈来帮助自己和队员与项目一道成长。提倡与支持不断学习的气氛，使团队成员有成长和学习新技术的机会，能够获得职业和人生上的进步。庆祝团队达到的里程碑，肯定与赏识个人与团队的成功。

灵活多样而丰富多采的团队建设活动，如组织项目队员周末聚会、室外拓展、团队旅游等，是培养和发展个人友谊、鼓舞团队士气的有效方式。另外，通过定期召开项目团队会议，也能充分讨论关于建设高效团队的有益话题。例如：作为一个项目团队，我们应该怎样工作？哪些因素妨碍团队工作？如何克服？怎样改进才能使团队工作更有效？

3. 提高项目团队效率

建设高效项目团队的最终目的是提高团队的工作效率，项目团队的工作效率依赖于团队的士气和合作共事的关系，依赖于成员的专业知识和掌握的技术，依赖于团队的业务目标和交付成果，依赖于依靠团队解决问题和制定决策的程度。高效项目团队必定能在领导、创新、质量、成本、服务、生产等方面取得竞争优势，必定能以最佳的资源组合和最低的投入取得最大的产出。加强团队领导，鼓舞团队士气，支持队员学习专业知识与技术，鼓励队员依照共同的价值观去达成目标，依靠团队的聪明才智和力量去制定项目计划、指导项目决策、平衡项目冲突、解决项目问题，是取得高效项目成果的必由之路。

第三节 节事活动项目人力资源管理

节事活动项目人力资源管理，是根据项目目标，采用科学的方法，对项目组织成员进行合理地选拔、培训、考核、激励，使其融合到组织中，保持并激励他们对本组织的忠诚与积极性，提高他们的工作绩效并作相应的调整，充分开发他们的潜能，从而保证高效实现项目的目标。

节事活动项目人力资源管理的主要工作包括人力资源计划、人员选聘、人员培训。

一、节事活动项目人力资源计划

1. 节事活动项目人力资源计划的概念

节事活动项目人力资源计划是指节事活动项目组织为实现其发展目标，通过科学的分析，对所需人力资源进行供求预测，并制定必要的政策和措施以满足项目在需要的时间和需要的岗位上获得必要的成员。

2. 节事活动项目人力资源计划编制的原则

(1)双赢原则　人力资源计划不仅是面向节事活动项目的计划，也是面向员工的计划。项目的发展和员工的发展是互相依托、互相促进的关系。优秀的人力资源计划，一定是能够使项目和员工达到共同发展的计划。

（2）整体性原则　以节事活动项目目标为中心，其他一切工作必须服从总体目标。各部门之间的计划安排也要相互配合。

（3）灵活性原则　面向未来，充分考虑项目组织内外部因素的影响。

3. 节事活动项目人力资源计划的主要内容

（1）组织规划　包括选择何种组织结构类型，并确定各单位的分工协作及报告关系，进行相应的权力分配。

（2）制订人员配备计划　根据项目范围计划、项目进度计划和组织规划，预测出项目在整个实施过程中各阶段所需要的各类人员数量。

（3）制订团队队员成员的开发计划　根据项目目标制订针对项目团队成员的培训计划、绩效考评计划、激励计划等。

（4）计划执行的控制　项目组织将节事活动项目人力资源计划付诸实践，并根据实施结果进行评估与修正。

二、节事活动项目人员配备计划

节事活动项目人员配备计划是一项极其重要的工作，特别对于大型节事活动项目，人员配备计划安排得是否妥当，不仅对项目人工成本有影响，而且也影响项目组织工作的效率。

1．人员配备计划的内容

根据人力资源总体规划的要求，制定出项目在整个实施过程中人力资源配备的规划和安排：

人员配备计划需要多少岗位？

每个岗位的职责和具体任务是什么？

每个岗位对人员有哪些资格要求？

配备的人员从哪里来？

有什么具体的安排和打算？

2．人员配备原则

根据节事活动项目所规定的职务的数量和要求，对所需人员进行恰当而有效配备，必须坚持以下几个重要的人员配备原则：

（1）用人所长　是指在用人时不能够求全责备，管理者应注重发挥人的长处。

（2）因事择人　是指应以所设职位和工作的实际要求为标准，来选拔符合标准的各类人员。

（3）因材起用　是指根据人的能力和素质的不同，去安排不同要求的工作。从组织中人的角度来考虑，只有根据人的特点来安排工作，才能使人的潜能得到最充分的发挥，使人的工作热情得到最大限度的激发。如果学非所用、大材小用或小材大用，不仅会严重影响组织效率，也会造成人力资源计划的失效。

（4）动态平衡　就是要使那些能力发展充分的人去从事组织中更为重要的工作，同时也要使能力平平、不符合职位需要的人得到识别及合理的调整，最终实现人与职位、工作的动态平衡。

三、节事活动项目人员招聘与培训

1．人员招聘

人员招聘是运用各种各样的方法和手段使节事活动项目组织获得足够的、高质量的人力资源的过程。这项工作的好坏直接关系到项目的成功与否，因为项目所有的工作都是由人来完成的。人员招聘的目标就是要获得项目所需的人力资源。

（1）人员招聘的方式

1）内部招聘：是从项目组织或团体的内部人员中招聘所需人力资源。优点：调动公司内部员工的积极性；对人员了解全面，准确性高；不需要培训，成本较低。缺点：人员来源有局限。

2）外部招聘：是从项目组织所在公司或团体以外招聘项目组织所需的人力资源。优点：人员来源广泛，选择面宽，能带来新的思想和方法，尤其可以招聘到公司原来没有的特殊人才。缺点：项目组织者对招聘来的人员不了解，存有一定的风险，而且外来人员进入角色相对较慢。

（2）人员招聘的方法　内部招聘一般采用发布公告、管理层指定和查阅档案；外部招聘的一般方法是发布广告、就业中介介绍、网络招聘、上门招聘和推荐。

（3）人员选拔的方法　应聘者提出申请后，由招聘者进行筛选。可通过申请表、笔试、面试、全面评估、人员甑选、工作模拟、心理测试等进行选拔。节事活动项目在选拔人员时要考虑其特殊性，如选择招聘途径时可内外结合，对临时性专业人员需要量大的项目可外部招聘，主要形式有人员推荐、职业介绍机构与人才交流市场、求职者登记、选拔应届毕业生、公开招募等。

2．人员培训

项目组织的员工发展（或开发）工作的首要任务是员工培训。这种培训多数是短期的和针对性很强的专业培训。

培训计划是培训工作的指南，它应根据人力资源配备计划、项目进度计划、工作说明书及工作规范等文件的要求，做出项目目标实现过程中对项目组织各类人员的培训安排。培训计划的主要步骤包括评估培训需求、确定培训目标、选择适当方法、安排时间和安排评价培训效果的方式和实践。项目员工培训的主要形式有两种：一是岗前培训；二是在岗培训。

（1）项目员工培训的主要内容

1）活动目标、背景、日程。

2）场地情况，特别是关键设备设施的位置，如厕所、会议室、餐厅、急救中心。

3）角色和职责。

4）工作纪律。

5）换班、休息时间和区域。

6）向谁报告、向谁询问。

7）工作程序。

8）设备使用。

9）如何辨认证件和标志。

（2）项目员工培训的方法　根据项目的实际状况和培训项目、培训对象的具体情况，选择灵活的培训方式，是保证培训取得预期成效的重要条件。节事活动项目是一个非常强调应用性和实践性的行业。为了提高培训质量，达到培训目的，往往需要各种方法配合起来灵活使用，尤其要重视使用讲授法、角色扮演法、案例分析法、讨论法4种常用方法，在培训时根据培训方式、培训内容、培训目的而选择一种或多种方法配合使用。

1）讲授法：讲授法是传统教育方法之一，也是目前最常用的培训方法，即由讲授者通过语言表达，系统地向受训者传授知识，期望这些受训者能记住其中的重要观念与特定知识。

2）角色扮演法：角色扮演法是一种在培训中给一组人提出一个情景，要求学员担任不同角色并出场演出，其余人在下面观看的培训方法。该方法的精髓在于“以动作和行为作为联系的内容来开发设想。”它给受训者提供了一个机会，在一个逼真而没有实际风险的环境中去体验、练习各种技能，而且能够得到及时的反馈。角色扮演法最适合于对员工进行人际关系协调的培训。

3）案例分析法：案例分析法就是把在实际生活中已经发生过并记录下来的案例提供给员

工进行剖析、研究，在讨论的基础上提出自己的见解，并要求有鲜明的论点和较为充分的论据。案例分析法的突出特点是注重启发和挖掘员工的分析、判断和决策能力，促使其运用新知识、新方法思考问题，达到借鉴经验教训、分析前因后果、提高处理问题能力的目的。案例分析法是在静态中通过案例分析，员工进入模拟的角色。其适用对象多为中层以上的管理者。

4）讨论法：讨论法是由培训者提出讨论题，设一定的限制条件，组织和引导员工开展讨论并给予指导，最终得出正确结论的培训方法。

资料 6-3

北京奥运会志愿者项目将成为一个新标杆

悉尼奥运会志愿者部主任大卫·布莱特惊奇地发现，志愿者项目已经在北京奥运会上成长为一棵茁壮的大树。

这位担任北京奥运会顾问之一的澳大利亚人，1996 年至 2000 年期间制定并实施了悉尼奥运会场馆工作人员和志愿者的招募、培训、管理等一系列政策。现在，他受北京奥组委志愿者部的邀请，在未来 1 个月里为奥运会志愿者服务提供建议。

布莱特与奥运会的情缘由来已久。1972 年，他去慕尼黑观看奥运会时就萌生了亲自参与奥运会的想法。在这之后，他连续去了 8 届奥运会。“奥运会一直是我心中的憧憬。”

机会终于在 1996 年降临了。悉尼奥组委想找一个人负责志愿者项目，布莱特入选了。这对于他来说是一个巨大的挑战，因为当时他还在一家保险公司做市场销售。

经过 4 年的努力，布莱特负责的奥运会志愿者项目取得了成功。全国有 6.2 万多人参与了志愿服务，其中一半在 45 岁以上，年龄最大的 82 岁，最小的 16 岁。布莱特尤为骄傲的是，全程坚持下来的志愿者比例很高。“只有大约 5%的志愿者中途流失了，这跟亚特兰大奥运会 20%的流失率形成了鲜明对比。”

招募、培训、管理和激励等机制对于悉尼奥运会志愿者项目的成功都发挥了重要作用。“你要让正确的人掌握正确的技巧，反之亦然。”

当时国际奥委会主席萨马兰奇对悉尼奥运会的志愿者们给予了很高的评价。他在闭幕式上称赞他们是“最优秀、最敬业的奥运志愿者”。

8 年后，布莱特看到北京的志愿者项目又向前大大跨越了一步。“北京奥组委考虑周全、组织有力、培训充分。”

他说：“我认为，北京奥运会的志愿者项目将会成为一个新的标杆，因为北京制定的方案比任何其他城市都要出色，特别是大规模的城市志愿者项目。如果成功，北京将会改写奥运会的志愿者服务的历史。”

在北京奥运会期间，74 615 名赛会志愿者将在各个场馆、奥运会和媒体中心开展服务。此外，100 万名社会志愿者和 40 万名城市志愿者也将在北京的各个地方为境内外的人们提供帮助。

在悉尼奥运会举办之时，布莱特还考虑了志愿服务的长久性。自悉尼奥运会举办以来，澳大利亚的志愿者人数已经增加了 25%，全国现有 400 多万志愿者。他说，由于悉尼奥运会的影响，人们开始意识到志愿者的重要性。

他说，与之类似的是，北京奥运会上起用的大批学生志愿者也会得到锻炼，在今后继续发扬志愿者精神，长期开展志愿工作。

在北京的赛后规划中，志愿服务的可持续性也得到了重视。根据一个为期 3 年的“通过 2008 年北京奥运会促进中国志愿服务发展合作项目”，北京将继续开展许多小型社区志愿服务。他说：“北京显然充分考虑了奥运会志愿者遗产的转化。”

联合国志愿人员组织的新闻官刘辉说，联合国志愿组织将在下半年协助北京奥组委志愿者部完善网络平台，让需要志愿者的部门和能够提供服务的人很快配对，“让信息系统循环起来”。

布莱特希望北京奥运会取得“极大的成功”。“我喜欢‘同一个世界，同一个梦想’这句口号：在一个融为一体的世界里，人们努力实现自己的梦想，并且为未来树立榜样。”

学生活动 6-2

活动主题：认识节事活动的人力资源。

活动目的：让学生掌握节事活动人力资源的管理方法。

活动形式：小组讨论

活动内容：以当地一项节事活动为例，分小组讨论如何招募、培训人力资源。讨论之后，每一小组指派一名代表阐述见解。

实训项目七　节事活动项目员工模拟招聘实训

工作任务	模拟节事活动项目招聘现场，学生在现场模拟应聘，并回答相关招聘提问	
实训提示	组织分工——教师将学生每 5～7 人分为一组，组成招聘面试小组，招聘节事活动项目部门经理、营销人员、客服人员和策划人员，每名学生根据职务选择进行面试应聘 任务研究——教学关键在于让学生深入掌握节事活动项目职位职责要求，面试程序和步骤，适应面试现场所提出的问题和回答的技巧，同时理解节事活动项目所需要的人才规格，加强自身锻炼 注意事项——学生在应聘的过程中，应由教师事前准备好企业面试时提问较多的问题，同时归纳节事活动项目对人才能力的要求	
	实训建议	
三维度	方法能力	沟通能力、职业解析能力
	专业能力	面试沟通能力、职务解析能力
	社会能力	面试应聘能力、沟通交流能力
工作 6 要素	工作环境	实训室
	工作对象	职位面试应聘
	工作内容	制定应聘计划和应聘简历
	工作手段	小组讨论、面试应聘
	工作组织	节事活动项目招聘工作小组
	工作结果	能招聘到满意的节事活动项目成员
工作 6 步骤	第一步：信息	节事活动项目职位职责信息、应聘技巧信息、企业招聘技巧信息
	第二步：决策	个人能力与职位职责权衡
	第三步：计划	团队协商、个人能力协调、应聘沟通技巧
	第四步：实施	团队策划、职位职责设计、面试沟通
	第五步：检查	教师对学生的职位职责设计进行指导，并指导面试的沟通技巧
	第六步：评估	针对每名学生的面试情况进行评价和指导

思考与练习

一、不定项选择题

1．组织结构的基本特点（　　　）

A．明确的目标　B．复杂化　C．正规化　D．集权化

2．节事活动项目组织的特点（　　　）

A．专业化　B．一次性　C．灵活性　D．统一协调性

3．节事活动组织设计的基本原则（　　　）

A．因事设职与因人设职相结合　B．权责对等

C．目标统一　D．统一安排

4．节事活动项目团队的概念包含以下要素（　　　）

A．共同的目标　B．合理分工与协作

C．高度的凝聚力　D．团队成员相互信任

E．有效地沟通

5．节事活动项目团队的特征（　　　）

A．成员来源的广泛性　B．成员工作的双重性

C．成员工作的变动性　D．经理权力的有限性

E．团队的临时性

6．节事活动项目管理策略（　　　）

A．团队管理　B．团队的激励　C．团队绩效考核

7．节事活动项目人员配备原则（　　　）

A．用人所长原则　B．因事择人原则

C．因材起用原则　D．动态平衡原则

二、填空题

1．组织管理活动主要包括5项活动，分别是（　　）、（　　）、（　　）、（　　）和（　　）。

2．节事活动项目组织结构类型主要有（　　）、（　　）和（　　）。

3．节事活动企业常用组织结构有策划部、业务部、（　　）、（　　）、（　　）、（　　）和（　　）。

4．节事活动项目团队是为了实现（　　）而协同工作的一组个体的集合。

5．项目团队从组建到解散，一般可分为5个阶段：（　　）、（　　）、（　　）、（　　）和（　　）。

6．节事活动项目人力资源管理的主要工作包括（　　）、（　　）和（　　）。

7．节事活动项目人力资源计划编制的原则是（　　）、（　　）和（　　）。

8．项目人员招聘的方式，主要包括（　　）和（　　）两种。

9．项目员工培训的主要形式有两种：（　　）和（　　）。

10．节事活动项目培训主要使用（　　）、（　　）、（　　）和（　　）4种常用方法。

三、名词解释

节事活动组织　　节事活动组织结构　　节事活动人力资源管理

四、解答题

1．简述节事活动组织设计的基本原则。

2．简述节事活动企业常用组织结构。

3．简述节事活动组织结构设计的原则。

4．简述节事活动人力资源管理主要工作的内容。

5．简述节事活动项目团队的特征。

五、论述题

论述节事活动项目人员的招聘和培训。

第七章

节事活动进度管理

➢ 知识目标

掌握节事活动项目进度管理的概念和方法；了解节事活动进度计划编制的特点；掌握节事活动进度计划的主要内容；掌握节事活动项目计划制订的知识；了解项目进度控制的概念、原理及因素。

➢ 技能目标

具备节事活动项目管理全过程的管理能力；具备节事活动项目计划制订的能力；具备灵活应用节事活动项目进度管理方法的能力；具备对节事活动项目进度计划变更调整的能力。

案例导入：激情炫动四海——第十五届宁波国际服装节成功举办

第十五届宁波国际服装节于2011年10月19～23日在宁波市举行。本届服装节的工作进度安排如下：

（1）4月底前　调研起草本届服装节总体方案及服博会工作方案；确定服装节经费预算；拟订各项活动初步工作方案。

（2）5～7月　筹备工作全面启动；有关文化、经贸活动方案进一步细化；服博会招商、招展、宣传工作全面展开；编印“服装节简报”；确定环境宣传总体方案；各部门于6月底之前上报活动方案。

（3）8月　拟订重要活动实施方案；印发服装节工作大纲；启动重点嘉宾邀请工作。

（4）9月1～18日　印发“重要活动实施方案”；重要来宾邀请函全部发出；逐步加大宣传力度；对各部门工作落实情况和存在问题进行一次全面检查，对一些重大问题进行协调解决；召开服装节组委会全体会议。

（5）9月19日～10月18日　筹备工作进入倒计时。进一步加大新闻和环境宣传力度，组织本市及国内外有关新闻媒体开辟服装节专栏和专题，配合做好有关宣传活动；重要嘉宾和客商名单落实；确定服装节重要活动操作手册和现场指挥方案；9月底之前和丰创意广场膜结构等主体建筑竣工；确定领导活动安排，完成重要活动讲话稿；对服装节活动场馆和各项活动进行全面检查。

（6）10月19日　国内外嘉宾抵甬，下午举行新闻发布会，晚上举行服装节大型主题文艺演出。

（7）10月20～23日　按工作大纲和实施方案及操作手册全面展开和实施本届服装节各项活动。

（8）11～12 月 汇总整理本届服装节的文件、资料，编制经费决算，完成总结、评比和表彰工作；完成财务审计与绩效考评工作。

【思考与讨论】根据案例资料中的工作进度，绘制各项工作甘特图。

进度管理，即时间管理或工期管理，是指在节事活动实施过程中，对各阶段的进展程度和活动项目最终完成的期限所进行的管理，是为了保证节事活动准时进行、如期举办而必须完成的一系列管理活动与工作。在活动项目的进行过程中，进度问题是发生最为普遍，同时也是最为突出的问题。

第一节 项目进度管理概述

一、项目进度管理概念

项目进度管理是指在项目实施过程中，对各阶段的进展程度和项目最终完成的期限所进行的管理，是为了保证节事活动在规定时间内得以完成的一系列管理活动与工作。项目进度管理主要工作包括项目活动分解和定义、活动排序、每项活动及整个项目的合理工期估算、项目进度计划制订、资源共享分配以及项目进度监控。在活动项目的进行过程中，进度问题是发生最为普遍，同时也是最为突出的问题。

二、项目进度管理方法

节事活动项目管理过程中，尤其是前期筹备过程中有大量细致的工作，而且每项工作都相互交叉的，因此必须对每项工作开始的时间、需要的时间以及完成的时间作出详细的规定和安排。节事活动项目的举办时间有严格的规定且不能随意更改，所以，节事活动计划都要以举办时间为基点，以推导的方法制定进度计划，以控制各项工作的进度。

1．节事活动项目描述

在制订活动进度计划时，首先要确认和描述节事活动的特定范围和内容，把其组成要素加以细分，以便更好地管理和控制。根据立项规划书的活动目的、宗旨，策划方案的主题、范围及可行性，根据方案中的调研信息、活动项目的假设及约束条件等来描述活动项目团队成员和利益相关者为完成项目成果而必须完成的各项具体安排。

节事活动项目描述可以通过表格的方式列出，主要内容见表 7-1。活动项目描述是制订活动项目计划和描述工作分解图的依据。

表 7-1 节事活动项目描述表

活动名称	
活动目标	
活动交付成果	
活动完成标准	
工作内容	

（续）

工作规范	
重大里程碑	
所需资源估计	
估计持续时间	
项目负责人	

2. 节事活动项目分解

（1）节事活动项目工作分解结构　节事活动项目目标确定以后，要编制出完善的进度计划，就要对项目进行分解，就是把整个节事活动项目分成便于执行的各个具体任务。项目分解是编制进度计划、实施进度控制的基础。

项目分解所采用的工具就是工作分解结构图。工作分解结构（Work Break-down Structure，WBS）就是将整个节事活动项目分解成为便于管理的具体活动。通过这种方法可以把一个项目分解为由任务、子任务、工作包等构成的等级式结构，就好像直接来源于项目行动计划的一种树状图一样，是一个随项目工作由粗到细的分解过程。工作分解结构图将项目的各项工作及其内容确定下来，最后以图表的形式列出，即编制一个项目工作列表或图，它也是工作分解和工作定义的最终结果，某活动的 4 级工作分解结构模型如图 7-1 所示。

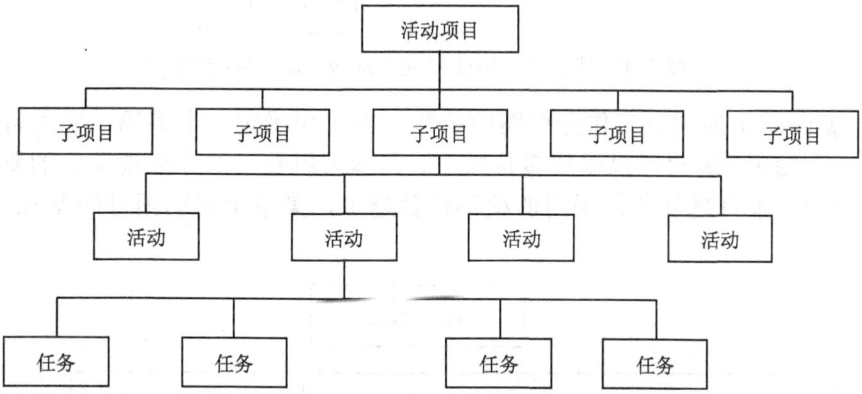

图 7-1　某活动的 4 级工作分解结构模型

（2）制定 WBS 的过程

- 根据项目目标召开与此节事活动项目有关的人员的会议，集体讨论主要工作事项。
- 分解节事活动项目的各项工作。WBS 的一般步骤是：总项目、子项目或主体工作任务、主要工作任务、次要工作任务、小组任务或者工作元素。
- 画出相应的树状图，也就是 WBS。
- 对每个子项目进行描述，并确定每个子项目的生命周期。
- 将主要的子项目分解成更细、更便于管理的任务。
- 进行反复地讨论和严格论证，以验证项目工作分解是否正确、恰当，并及时调整。
- 在验证分解完全正确后，建立一套标号系统。
- 随着其他计划编制活动的进行，对 WBS 作进一步的修改。

遵循上述步骤所形成的工作分解结构图就定义了整个节事活动项目中所有的项目范围。包含在 WBS 中每一项工作都必须被很好地完成。因此，节事活动项目分解过程十分重要，是决定项目成败的关键。节事活动项目经理和各个职能经理以及项目小组的每个成员都应该积极参与到项目分解工作中，以使其更符合节事活动项目管理的需要。

在节事活动项目中，一般在第一层次上按节事活动项目的工作流程分解，而第二层次和更低层次则按工作的内容划分。下面是某公司“2011 年元旦庆祝活动”的 WBS 举例，如图 7-2 所示。

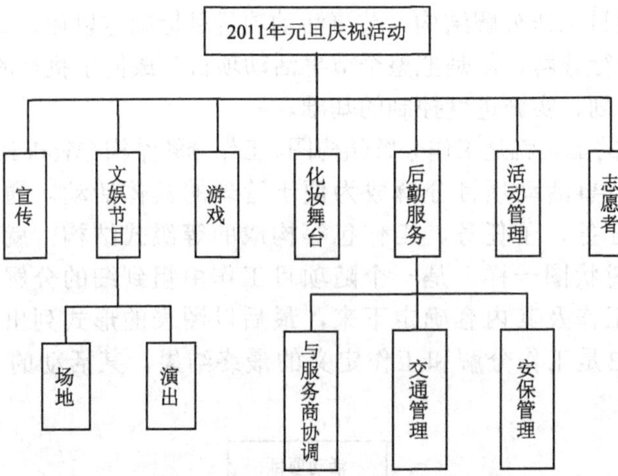

图 7-2　某公司“2011 年元旦庆祝活动”WBS 图

WBS 编码就是为项目工作分解图中的每一项工作确定一个编码，要求每项工作只有唯一的一个编码。编码可以采用多位数字，具体采用数字的位数视项目的复杂程度而定。一般来说，项目越复杂，采用的编码位数越多，某节事活动项目的 WBS 的工作编码如图 7-3 所示。

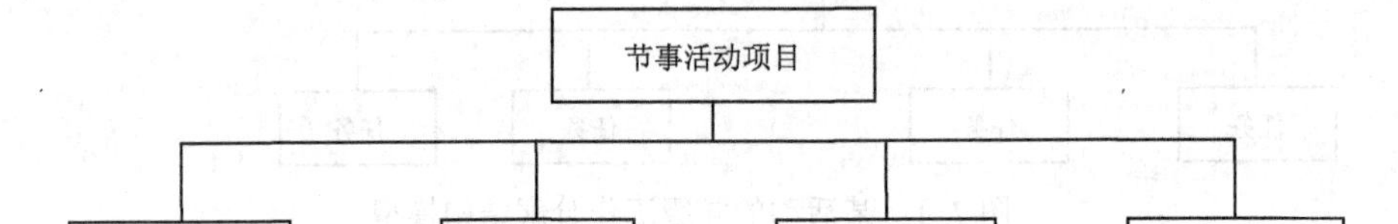

图 7-3　某节事活动项目的 WBS 的工作编码

工作分解结构除了用图的形式来表示以外，还可以用列表的形式表示（见表 7-2）。

表 7-2　某公司“2011 年元旦庆祝活动”WBS 工作编码

工作序号			工作名称
			2011 年元旦庆祝活动
1			宣传
	1.1		报刊广告
	1.2		街头海报
	1.3		电视广播
	1.4		家庭宣传
2			文娱节目
	2.1		场地
		2.1.1	舞台
		2.1.2	音响灯光
		2.1.3	观众席
		2.1.4	节目策划与调查
		2.1.5	调查或实地欣赏
	2.2 ⋮		
3			游戏
	3.1		游戏项目的设计
	3.2		游戏项目的实施
⋮	⋮		

3. 工作描述

在对节事活动项目进行分解的基础上，为了更明确描述项目包含的各项工作的具体内容和要求，需要对工作进行描述。工作描述的依据是项目工作分解图，其结果是工作（任务）描述表及项目工作列表。

（1）工作（任务）描述表（见表 7-3）

表 7-3　工作（任务）描述表

任务名	制定节事活动营销计划
任务交付物	节事活动营销计划
任务描述	市场调研、确定目标市场、营销方式组合
考核标准	报名参展目标、层次和数量达到预期的目标
假设条件	制定节事活动目标
约束	节事活动营销预算
负责人	节事活动营销组负责人

（2）项目工作列表　如果对每项工作（任务）描述表进行汇总，就可以用列表的形式表示出所有工作的基本流程，见表 7-4。

表 7-4　项目工作列表

工作编码	工作名称	输入	输出	内容	负责单位	协作单位	相关工作

项目工作列表中每一项的具体含义如下：

1）工作编码：每项工作编码是唯一的代码。

2）工作名称：各项任务的名称。

3）输入：完成本项任务的前提条件。

4）输出：完成该任务之后会有什么可交付的成果。

5）内容：本项任务需要做的工作及具体的流程。

6）负责单位：负责本项任务的单位或部门。

7）协作单位：完成本工作的协作单位和部门。

8）相关工作：与本工作相关的下一层次工作。

工作（任务）描述表和工作列表应该能够清楚表明每项任务的最终输出结果，表明此项工作为下一步骤的工作创造了什么条件，以及此项任务开始之前必须具备哪些条件。这样就可以使项目小组人员清楚项目工作分解结构图中每项任务之间的前后联系和先后顺序，从而为进度安排做准备。

4．工作责任分配表的制定

工作责任分配表就是将所分解的工作落实到有关部门和个人，并且明确表示出有关部门（或者个人）对各项工作的责任和地位。工作责任分配表可以明确每个部门和每个项目成员在项目中的职责、职位，还可以表明项目组织内部各部门之间、人与人之间的项目关系。

责任分配表可以有多种表现形式。责任人在项目中地位的不同可以用图例符号来表示。但不管用何种形式来表示，基本的格式都是表格或者矩阵：列项用 WBS 编码标明分解后的各项任务，横项则列出项目组的各部门或各负责人员，在横项与列项相交的空格内则用图例符号表示任务和各部门或各成员之间的关系。

5．确定工作先后顺序

根据任务描述的表格或者工作列表可以看出，在节事活动项目中有很多工作的执行必须有一定的前提条件，依赖于一定工作的完成。确定工作先后顺序是制定进度计划的前提，项目管理人员必须知道每项工作的先后顺序，再结合完成每项工作所需要的时间，确定节事活动项目各项工作先后顺序的依据：

（1）任务描述中或者节事活动项目工作列表中的各项　如任务描述、考核标准、假设条件、约束、输入、输出等。

（2）各项活动之间的必然联系　活动之间的必然联系是指各项任务和工作之间按照客观规律的需要所必然出现的先后顺序。例如，策划组在进行节事活动策划之前必须进行可行性研究，有了策划方案，节事活动才能实际操作。

（3）节事活动项目之间人为的依据关系　节事活动项目中有很多并没有严格的先后顺序，有些活动可以交叉进行。对于这些活动，不同的项目管理者根据不同的具体的节事活动项目，也可以有不同的顺序安排。因为这种活动安排带有明显的人为性和主观性，因此也被称为“软逻辑关系”。

（4）节事活动项目活动的约束条件　节事活动项目的顺序可以使用图形表示，也可以用文字表示。不管以什么方式来表示，在决定以何种顺序可以安排节事活动项目活动时，都需要针对每一项活动回答 3 个问题：一是该活动可以开始之前，有哪些项目活动已经完成？二是哪些活动可以与该项活动同时开始？三是哪些活动只有在该活动完成之后开始？在明确了这三个问题之后，就可以合理地安排项目活动顺序并绘制项目顺序图，从而可以全面描述节事活动项目中各活动之间的相互顺序和关系。

6．进度安排

把项目分为各个子任务，并确定各项工作和活动先后顺序和每一项工作的时间后，就可以安排项目的时间进度。项目进度安排是项目控制的重要依据，它是以项目工作分解结构、先后顺序、时间为依据，详细安排工作的起始、终止时间的一种有效的项目管理方法。

项目进度安排的结果是项目进度，其主要内容是设想工作的计划开始时间和终止时间。编制项目计划的主要目的是对节事活动项目进度实施控制。编制项目进度计划的方法有以下几种：

（1）甘特图　甘特图是美国学者甘特于 20 世纪发明的一种最早的预算计划方式，这种方法使用棒图或者条形，表示项目活动顺序并安排和计划项目的工期。甘特图把项目活动按照纵项排列展开，而横项则表示项目或是时间和工期，并把每项活动的持续时间的长短用棒图的长短来表示。甘特图简单、明了、直接、易于制作，至今还在项目管理的进度计划中被普遍使用。表 7-5 是用甘特图表示的某节事活动项目的进度安排。

表 7-5　节事活动项目进度安排的甘特图

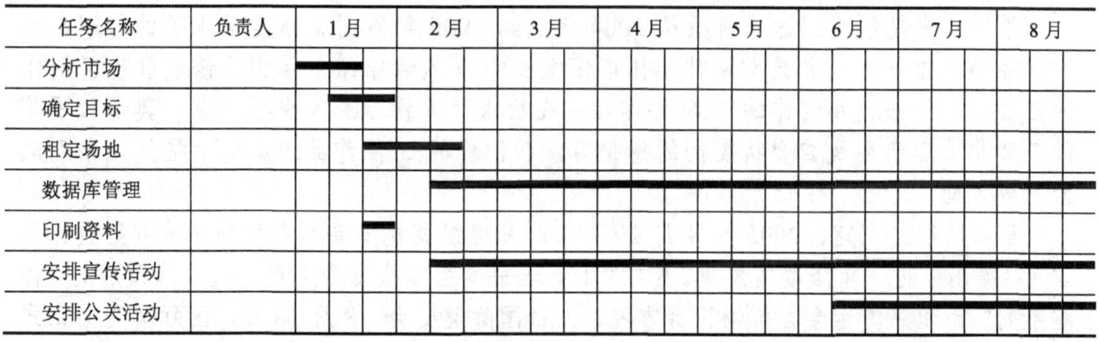

（2）里程碑计划　项目中的里程碑事件是对整个项目有着重大影响，决定项目成功与否，并对其他工作有着重要参考价值的重大事件。里程碑计划是以项目中某些重要事件的完成或者开始时间作为基准形成的计划，是一个战略计划或者项目框架。通过里程碑计划可以对项目进度有宏观上的把握，是编制更细进度计划的基础。节事活动管理中会有很多里程碑事件，如节事活动目标的制订、营销计划的制订、参展商和观众的宣传等。表 7-6 是以某个表演活动项目中里程碑事件的起始时间为基准制订的里程碑计划。

表 7-6　某个表演活动的里程碑计划

时　间	目 标 描 述
2009 年 5 月	完成节事活动项目的总体策划
2009 年 6 月	完成节事活动项目报批工作

（续）

时　间	目 标 描 述
2009 年 7 月	完成主要演员、场地、宾馆的签约预订工作
2009 年 9 月	完成首轮征集表演项目，找到 4 家以上赞助商
2009 年 10 月	首轮广告宣传行动结束，再次征集 4 家以上赞助商
2009 年 11 月	第二轮征集表演节目，完成广告权拍卖活动
2009 年 12 月	最终确定和报批表演节目，完成彩排活动
2010 年 2 月	完成第二轮广告宣传活动并举办活动
2010 年 3 月	完成结项报告，处置所有剩余财产

资料 7-1

北京奥运会吉祥物诞生的 6 个阶段

第一个阶段是 2004 年 8 月 5 日～12 月 1 日，这是吉祥物的征集阶段。北京奥组委收到有效作品 662 件，还收到了大量群众来信和来电，这些来信和来电提出了许多方案和建议。

第二阶段是评选。在这期间先是聘请国内外专家 24 人组成艺术评审委员会，对作品进行了初评。之后又聘请了 7 名艺术大家组成推荐委员会，评出了 6 件作品作为修改方案，因为此时征集到的所有作品都不能作为成品。

第三阶段是修改。这一阶段从 2004 年底到 2005 年 6 月。这是最艰苦的时期，由推荐委员会推荐的著名艺术家韩美林担任组长的 9 人专家组，承担了修改和重新创作的任务。他们修改和创作的 108 件作品，在征求了大量专家、少年儿童、奥运冠军等代表和北京奥组委执委会执委们的意见后，新创作的 5 件作品组成的“福娃”系列成为主攻方向。

第四阶段是审定。2005 年 4 月 29 日，北京奥组委执委会对吉祥物修改方案进行了审定，提出了进一步修改的意见。6 月 9 日，北京奥组委执委会审定通过了修改后的“福娃系列”为北京奥运会吉祥物设计方案，并报国际奥委会。8 月 18 日，国际奥委会正式同意。

第五阶段是全球注册保护。作为一届奥运会的核心形象之一，吉祥物有着巨大的商业价值，是宣传奥运会、进行奥运会市场开发的重要载体，必须进行知识产权保护，以避免出现法律纠纷。2005 年 10 月底，北京奥运会吉祥物的国内、国际法律注册保护工作完成。

第六阶段是公布。北京奥组委执委会决定于 2005 年 11 月 11 日北京奥运会开幕倒计时 1 000 天的日子面向全球正式发布吉祥物。

（3）日程表　日程表是指根据日期安排活动顺序及内容的表格。多数节事活动项目的管理者都离不开日程表。在计划的初期，日程表的内容比较明了，时间的分配只局限于活动项目的具体构成因素，随着活动日期的临近，日程表变得更为详尽，如某个工作人员的变动等。活动开始之际，日程表上已清楚确定每个人员的任务和责任。

资料 7-2

"中韩青少年艺术大赛"韩国总决赛日程安排

日　期	航　程	交　通	日 程 安 排	用　餐	住　宿
7月5日	威海/平泽	船	下午 13:30 威胜东门集合出发，乘车赴龙眼港办理手续过关，晚 19:30 乘"新金桥六"号国际油轮赴韩国平泽港	晚餐：船上自助	船上
7月6日	平泽/首尔	大巴	早 8:30 抵达平泽港，办理手续入境韩国，前往朝鲜时代的故官——景福官，官内参观勤政殿、庆会楼、国立民俗博物馆，参观韩国总统官邸——青瓦台，下午熟悉比赛场地，晚上观看乱打秀等表演或贞洞剧场	早餐：船上自助 中餐：韩式火锅 晚餐：石锅拌饭	韩国 四花酒店
7月7日	首尔	大巴	早餐后赴会场进行中韩青少年文艺大赛，下午游览三星汽车博物馆，世界第七大主题公园——三星爱宝乐园（含通票），晚餐后入住酒店休息	早餐：自助餐 中餐：韩国烤肉 晚餐：高丽参汤	韩国 四花酒店
7月8日	首尔/平泽/威海	大巴船	早餐后游览梦幻般的大型娱乐场 Tiger Word 乐园，世界第十二大的室内斜坡滑雪场，来到韩国最大的市内水上乐园体验其中的惊险刺激，有各国风情的矿泉浴及露天温泉为您去除疲劳，参观泡菜体验馆，穿传统韩服制作泡菜，前往平泽港办理手续上船返西霞口	早餐：自助餐 中餐：中华料理 晚餐：船上自助	船上
7月9日	威海	船	早 10:00 抵达威海，办理手续入境，结束愉快旅程	早餐：船上自助	

三、节事活动进度管理特点

1．影响进度管理的因素

节事活动项目是开放的项目，各方面都受到外界的强烈影响。影响活动项目进度的因素有很多，归纳起来主要有以下几个方面：

（1）政治经济、社会等因素　政治和社会因素既可能促进节事活动项目的举办，也可能影响甚至叫停一项节事活动的举办。例如，2002 年"非典"导致很多节事活动未能如期举办。有时经济形势也对节事活动产生消极影响，如失业率的不断增加。

（2）人的因素　节事活动是人与人之间的互动甚至狂欢，主要表演者的迟到或者缺席会极大地影响到活动的演出效果，参与者的行为也会影响到活动的进度安排。比如，一项活动观众迟迟不能退场或不肯退场，都会影响到后续活动的进行。

（3）天气因素　跨时间长的室外节事活动，恶劣的天气可能会推迟这些活动的举办，或者效果难尽人意。

（4）供应商因素　节事活动举办过程中需要的食物、酒水、饮料和必要的设施设备等，如果不能按期运抵活动现场或者运抵后发现其质量不符合有关标准的要求，都会对进度产生影响。

（5）承办单位自身管理水平因素　现场的情况千变万化，承包单位的施工方案不当、计划不周、管理不善、解决问题不及时等，都会影响活动项目的进度。

2. 进度安排的含义

项目进度管理包括3个方面的内容，理解这一点对节事活动尤其具有重要意义。

（1）时机 节事活动项目牵涉面广，举办意义重大，特别是往往还具有某种政治和社会意义，因此必须选择一个好的时机来举办。例如，选择一个最好的时机来举办可以锦上添花，选择一个最差的时间来举办也可以雪中送炭、重振信心或重振当地经济。在确定举办时间时最好考虑以下因素：

1）谁是目标观众。这决定了他们在不同的季节和时间可能会有不同的期待和打算。例如，在中国，4 月初是祭祖的时间，人们都很肃穆、庄重，此时不宜举办欢乐性特别强的节事活动。

2）活动都包括哪些内容。如果有太多的室外活动项目，那最好还是选择在相应的季节举办比较好。

3）场地是否能拿到。这对节事活动是非常关键的，因为它往往需要宽大的场地，而在某一地区这类场地的数量可能十分有限。当你策划好一切，准备去租用场地时，你可能会发现，场地在数月之前，甚至数年之前都已经出租出去了。

4）组织者偏好如何。这个主要是源于一种惯例，可能在当初举办时组织者出于对气候、宗教等各个方面的考虑而喜欢选在某个时候办。例如，夏季奥林匹克运动会和世界杯足球赛一般都选在夏季，即使主办地有时酷暑难耐。

5）是否有竞争性活动。当地如果同时或差不多前后时间还有规模比较大的活动甚至是类似活动，如大型音乐会，这时主办者要考虑到自己的竞争能力以及观众的承受能力，否则或许会自讨苦吃。但即使不是在当地举办的活动，甚至是远隔万里的活动，也可能对你的活动造成致命的影响。例如，世界杯足球赛的举办对所有其他活动的参与者都可能具有破坏性的影响。

（2）时点 如果举办时机还是一个比较偏大的时间概念，举办时点就非常具体了，它是指节事活动以及节事活动的各个子活动的具体开始时间。例如，大家都可以设想，2008年奥运会会在什么时间开幕，最重要的比赛会在什么时候登场等。这种设想可以是小组讨论和创意的结果，有时也可能是人们的普遍共识。例如，很多具有倒计时性质的活动都会选择在一个特定的时刻开始，你要是不幸错过了，是不是有些太愚蠢了？那这个时刻会有多具体？对节事活动而言，这个时刻要细化到小时，甚至分钟、秒，这对活动成功至关重要，并需要仔细考虑和巧妙的创意。

（3）时段 它是指一项节事活动和其各个子活动持续时间的长短。时段的含义对活动组织者和观众是不一样的。对于观众，仅仅意味着一项活动要持续多长时间，而对于组织者，除了考虑或安排活动时间外，还要兼顾准备时间和撤场时间，以及如何在较长的一段时间内维持观众的兴奋点和新奇感，不能为了凑时间而安排活动。

第二节 节事活动的进度计划编制

一、节事活动的进度计划编制特点

项目进度计划编制就是根据项目活动定义、项目活动排序、项目活动工期和所需要资源的估计，对项目进行分析，编制项目时间计划的工作。其目的是明确和控制项目活动时间，保证项目能够在满足时间约束条件的前提下实现其总体目标。

节事活动项目的特点决定了节事活动的进度计划编制与一般的项目计划不一样，这体现在：

1. 进度计划应有多个版本

节事活动因为时间跨度长，所以进度计划会有多个版本，主要包括：

（1）总体进度计划　这是一个总的活动大纲，相当于“进度宪法”，所以活动进度安排都必须依据这个“宪法”来制定。而这个进度计划中可能规定最明确的就是活动的开幕时间和闭幕时间，这是一分一秒都不能出差错的。而其他时间则有的严格，有的可能比较宽松。

（2）过程进度计划　节事活动不但举办时间长，申办、筹备甚至收尾时间都可能很长，因此可以根据不同的阶段制定各自的进度计划。

（3）分项进度计划　这是指在总体进度计划的框架下对活动的各个子活动或各项准备工作制订的进度计划。

（4）滚动计划　是在总体进度计划的框架下，按照“近细远粗”的原则制定一定时期内的计划，对近期活动计划做得精确一些，而对远期计划可以定得粗略一些，以便随着活动的进行而不断调整。

（5）多个利益主体的计划　节事活动的进度计划受各方面影响大，因此也就必须让各个方面都有自己的时间表，并符合总体进度计划的要求。这些版本必须严丝合缝，不能出现冲突和矛盾。这些版本包括给所有利益相关者的、对外公布的和内部使用的等多种形式。

2. 进度计划要满足特殊利益相关者的需要

节事活动项目既然有众多的利益主体参与其中，而各个利益主体又可能对节事活动有不同的影响力和诉求，因此在编制进度计划时不能单纯地从技术、执行的角度出发，要对主要利益相关者有所照顾。这方面实际的例子有很多，简要介绍如下：

（1）满足政府的要求　节事活动的举办一般还要得到政府的批准，而政府可能希望借助节事活动达到政治目的或者社会经济发展的目的。例如，如果某个领导人决定要出场，节事活动的举办时间或许就要根据其活动日程作出调整。

（2）满足媒体的要求　现在的节事活动越来越离不开媒体了，一是因为媒体，特别是电视媒体，往往是节事活动的主要赞助商，是活动收入的主要来源；二是媒体的宣传也是节事活动吸引各方关注的主要渠道，所以节事活动的进度安排有时要屈从于媒体的压力，特别是实况转播的需要。

（3）满足特殊观众的需要　电视广告商向电视转播商施加压力，而电视转播商向活动组织者施加压力。主要原因是因为电视广告商所考虑的就是他们最重要的客户群体观看的比赛时段是在白天，还是在晚上或是凌晨。大家可以想象，足球比赛最重要的观众群体在欧洲，所以事关他们的比赛就要考虑到时差的因素。

再如，如果你的活动希望有大量的青少年参加，最好的时机就是放寒暑假的时候。

3．明确项目所有活动时间表

节事活动项目进度计划能够清楚地显示关键活动、关键路径以及里程碑事件的时间要求，有利于项目团队把握时间控制的关键点。时间表是各方力量均衡的产物。各职能部门在审核时间表时，会从各部门的角度考虑其可行性，如财务部门会核算其成本，法律部门会判断其合法性，稽核部门会考虑其合规性，人力资源部门会考虑人员配置等，从而系统地保证了项目的顺利实施。时间表在最终得到决策层的批准后，将成为项目组和职能部门之间的沟通桥梁和控制工具。

4．明确资源调配时间

一份清晰的进度计划同时也是调配资源的时间表，因为它从一开始就可以告知在节事活动项目实施的过程中哪些资源可以共享使用，哪些资源需要筹备，哪些资源必须保证供应等基本信息。

5．时间进度计划要与应急计划联系起来

节事活动由于涉及大量的人群参加，观众可能要等候很长时间才能得到参与的机会，一旦不能按时举行，就应该立刻启动应急计划，以免引发观众情绪上的波动。

二、节事活动进度计划的主要内容

合理的项目进度管理计划是项目经理成功开展项目进度管理的前提和保证，因此项目进度管理计划的编制对项目工期管理的成败至关重要，关系到整个项目是否能够按计划正常、有序地进行以及是否能够取得预期的成效。

1．项目进度计划细节

项目进度计划是项目进度管理最根本的依据，是项目进度管理计划制订的前提。项目进度计划通常包括以下内容：

1）每项活动的历时。

2）每项活动的计划开始时间和结束时间。

3）每项活动必须开始和完成的最早时间。

4）每项活动必须开始和完成的最迟时间。

5）每项活动的松弛时间。

6）关键路径和关键活动。

7）里程碑事件等。

项目进度计划的明确并不仅仅是项目经理对进度计划的明确，更重要的是要通过沟通召开项目会议等途径使团队的成员、客户、其他利益相关者都了解项目进度计划。一份公开、明确、获得认可的进度计划将成为有关各方共享的文件，同时也对有关各方遵守计划施加了无形的压力。

2．如何衡量项目实际进度

项目经理要明确采用哪种项目追踪形式（是亲自去做还是授权下属）确定项目进度计划的实施情况，评估项目实际进度，撰写项目状态报告。

对于项目追踪过程，要大体作出如下计划和说明：

（1）明确各个团队成员在项目追踪过程中的任务和职责　必要的授权是可以的，因为这可以使项目经理从日常事务中解脱出来，专心处理项目的重大问题，集中精力去做最有意义和最关键的工作。同时，授权有助于培养团队成员的才干，使其有机会独立处理问题，调动其工作热情。

（2）明确如何具体开展项目追踪　项目团队成员应严格按照自己的任务和职责进行项目追踪，定期向上级汇报项目的进展情况，再由项目经理将收集到的项目进展情况进行汇总。通过对比，项目经理可以确定项目关键活动的完成时间，并与项目进度计划中的时间进行比较，确定项目的完成情况。

（3）明确如何编写项目状态报告　项目经理应指定专门人员撰写项目状态报告。项目状态报告的撰写一定要规范，无论是格式还是内容都要前后一致、连贯、清晰明了。项目状态报告的撰写频度可以根据项目周期的长短来确定，也可以和客户协商后决定。项目状态报告不仅要写明项目的实际进度情况，同时还要附有相应进度的项目工期计划，使客户可以清楚地了解项目进度的偏差。

项目追踪报告可能存在疏漏和不足，如项目团队成员的汇报可能并不完全真实。所以，项目追踪的开展一定要建立在真实记录、诚实汇报的基础上，只有这样，才能确保项目状态报告的可行性和可比性，为项目进度管理提供一个可靠的信息来源。

3．如何评鉴项目进度计划的实际完成情况并采取措施

项目进度管理的一个重要课题就是确认项目实际进度与基准进度之间的差距，并度量这种差距是否达到需要采取纠偏行动的程度。一般来说，项目进度的偏差有两种情况：项目实际进度快于基准进度，或者项目实际进度落后于基准进度。比较多的情况是项目实际进度落后于基准进度，在这种情况下，项目进度的任务就比较艰巨了，项目经理必须仔细分析项目实际进度落后于基准进度的原因。一般来说，造成这种差距的原因有可能来自以下几个方面：

（1）项目团队成员没有严格按照项目进度计划来执行项目，导致有些活动甚至全部活动都超出了项目进度计划规定的时间，造成整个项目的实际进度过慢。

（2）项目的资源供应或资源计划并不能完全满足项目按进度计划顺利执行的要求，即使团队成员本身能够按时完成项目，但资源无法按时供应也会导致项目的实际进度落后于基准进度。

（3）项目进度计划本身制订不合理。在有些情况下，团队成员本身在执行计划上并不存在问题，只是由于项目进度计划对团队成员的工作能力要求过高，使团队成员根本无法按时完成项目。

但不论出现哪种情况，由于活动进度都是对外公开的，而且任何一项活动基本都会涉及服务提供者和观众，所以出现偏差时必须明确应采取哪些措施予以解决。

学生活动 7-1

活动主题：节事活动的进度计划编制。

活动目的：学生能够学会节事活动的进度计划编制。

活动形式：小组讨论。

活动内容：以当地一项节事活动为例，让学生根据节事活动的策划方案编写进度计划，并用甘特图表示出来。

第三节 节事活动的进度控制

一、项目进度控制的概念

节事活动项目进度控制与投资控制、质量控制一样，都是项目管理中的重点控制内容之一。它是保证节事活动项目按期完成、合理安排资源供应、节约成本的重要措施。

节事活动项目进度控制是指在既定的时间内，编制出最优的进度计划，在执行该计划的过程中，经常检查既定情况，并将其与计划进度相比较，若出现偏差，便分析产生的原因和对时间的影响程度，找出必要的调整措施，修改原计划，不断地循环，直至竣工验收。节事活动项目进度控制的总目标是确保节事活动项目既定目标的实现，或者在保证质量和不因此而增加实际成本的条件下，适当缩短时间。

二、节事活动项目进度控制原理

1. 动态控制原理

节事活动进度控制是一个不断变化的动态过程。在项目的开始阶段，实际进度按照计划进度的规划进行，但由于外界因素的影响，实际进度的执行往往会与计划进度出现偏差，产生超前或滞后的现象。这时，通过分析偏差产生的原因，采取相应的改进措施，调整原来的计划，使二者在新的起点上重合，并通过组织管理作用的发挥，使实际进度继续按照计划进行施工。同样，在一段时间后，实际进度和计划进度会出现新的偏差。如此反复。

2. 系统原理

节事活动进度控制是一个系统性很强的工作。进度控制中计划进度的编制受许多因素的影响，不能只考虑某一个因素或某几个因素。进度控制组织和进度实施组织也具有系统性。因此，节事活动进度控制应该综合考虑各种因素的影响。

3. 信息反馈原理

信息反馈是节事活动进度控制的重要环节，实际进度通过信息反馈给基层进度控制工作人员，在分工的职责范围内，信息经过加工逐级反馈给上级主管部门，最后到达主控制室，主控制室整理统计各方面的信息，经过比较分析作出决策，调整进度计划。进度控制的不断调整的过程实际上就是信息不断反馈的过程。

4. 弹性原理

影响节事活动进度计划工期的影响因素很多，因此进度计划的编制应留出余地，使计划进度具有弹性。进行进度控制的时候就应该利用这些弹性，缩短有关工作的时间，或改变工作之间的搭接关系，使计划进度和实际进度吻合。

三、影响节事活动项目进度的因素

为了对节事活动项目进度进行有效控制，必须在进度计划实施之前对影响项目进度的因素进行分析，进而提出保证项目进度计划成功的措施，以实现对项目进度的主动控制。

影响节事活动项目进度的因素有很多，归纳起来，主要有以下几个方面：

1．关单位的影响

影响节事活动项目进度的单位不只是承办单位。事实上，只要是与项目有关的单位（如政府有关部门、设计单位、物资供应单位、资金贷款单位，以及运输、通信、供电等部门），其工作进度的拖后必将对施工进度产生影响。因此，控制施工进度仅仅考虑承办单位是不够的，必须充分发挥监理的作用，协调各相关单位之间的进度关系。而对于那些无法进行协调控制的进度关系，在进度计划的安排中应留有足够的机动时间。

2．条件的影响

在项目过程中，一旦遇到高温、暴雨、洪水等方面的不利因素，必然会影响到项目进度。此时，承办单位应利用自身的技术组织能力予以克服。主办单位应积极疏通关系，协助承办单位解决那些自身不能解决的问题。

3．各种风险因素的影响

风险因素包括政治、经济、技术及自然等方面的各种预见的因素。政治方面的有战争、内乱、罢工、拒付债务、制裁等：经济方面的有延迟付款、汇率浮动、换汇控制、通货膨胀等；技术方面的有项目事故、标准变化等；自然方面的有地震、洪水等。

4．管理水平的影响

节事活动现场的情况千变万化，如果承办单位的实施方案不当，计划不周，管理不善，解决问题不及时等，都会影响工程项目的施工进度。

正是由于上述各种因素的影响，项目进度计划的执行过程难免会产生偏差，一旦发现进度偏差，就应及时分析产生的原因，采取必要纠偏措施或调整原进度计划，这种调整过程是一种动态控制的过程。

四、节事活动项目进度计划变更步骤

由于节事活动具有独特性和较强的创新性，利益相关者的需求随着时间的推移和环境的变化往往会发生各种变化，项目所需的各种资源价格、种类也可能发生各种变化，因此项目的实施将面对各种风险。项目在启动以后将面临很强的不确定性，各个相关方常常由于各种原因要求对项目进度控制计划进行修改，甚至重新规划。这一类修改或变化统称为变更。项目变更发生在项目的范围、进度、质量、费用、风险、人力、资源、沟通、合同等众多方面，且相互影响。节事活动项目计划变更分为以下几步：

1．提出变更要求

项目管理计划中包括了管理与控制项目进度计划，其中的绩效报告提供了有关进度绩效的实际信息，如哪些按时完成了、哪些还没有完成，以及变更请求，即基于项目当前的进度状态，如何提出变更要求。对于节事活动而言，任何一方不能单独提出变更并予以执行，主要利益相关者必须重新协商和确定新的时间表。

2．审查变更要求

在节事活动项目设立之初，除了要有完善的项目进度控制计划、团结协作的项目团队之外，还要有一个相对独立的协调和监督小组来协调和监督项目的进度。当提出项目变更要求的时候，监督小组要对变更要求进行审查，以确保变更的权威性和公正性。

首先，要审查的是引起项目进度变更的因素是否如变更要求所描述的那样，对变化因素的评价是否公允，以便确定是否有必要变更计划。其次，明确是否有必要对原计划进行修改，还是可以做些进度补救。在计划的执行过程中对进度计划进行变更不但会打乱原有进度安排，还会造成对项目管理其他方面的影响，因此当遇到变更请求时，首先应考虑启动应急计划或采取应急措施，看是否可以消除变化所带来的不利影响，然后再去考虑调整进度计划。

3．确定将要进行的变更，改变原项目进度计划

如果项目的实际执行情况和原先的项目进度计划不符，同时也没有相应的应急计划和应急措施可以采用，那么原先的项目进度计划就不再适用了，需要对其进行变更。同时还应该指出的是：计划的变更和采用应急计划及计划的备选方案还是有所不同的。一项周密的计划在制订过程中，必然会考虑有可能出现的意外状况，并且针对出现率可能较高的意外情况制订应急计划，以便在出现意外时启动应急计划或者备选方案。这里所指的意外是“意外的意外”，即并无相应的备选方案可用，此时就需要对原有的计划进行修改，甚至重新制订。

4．制订新的计划

在以上决策的基础上，审视原有的项目进度计划，明确原有计划需要变更的地方，尽快制订出变更后的项目进度计划，让大家有章可循。

计划的制订和修改都需要遵循一定的原则，采取特定的科学方法。为了节约时间和费用，此时制订的计划无需像制订初始计划那样按部就班，而是根据计划的不足之处，着重针对需要变更的部分进行变更。

五、节事活动项目进度控制方法和措施

1．节事活动项目进度控制方法

节事活动项目进度控制方法主要是规划、控制和协调。规划是指确定节事活动项目总进度控制目标和分进度控制目标，并编制其进度计划。控制是指在节事活动项目实施的全过程中，进行项目实际进度与项目计划进度的比较，出现偏差及时采取措施调整。协调是指协调与施工进度有关的单位、部门和工作组之间的进度关系。对项目进展情况进行控制的方法主要采用跟踪检查。对进度计划的执行情况进行跟踪检查是计划执行信息的主要来源，是进度分析和调整的依据。跟踪检查的主要工作是定期收集反映项目实际进度的有关数据，收集的数据应当全面、真实、可靠，不完整或不正确的进度数据将导致判断不准确或决策失误。为了全面、准确地掌握进度计划的执行情况，应认真做好以下3方面的工作：

（1）定期收集进度报表资料　进度报表是反映项目实际进度的主要方式之一。进度计划执行单位应按照进度管理制度规定的时间和报表内容，定期填写进度报表。管理者通过收集进度报表资料掌握项目实际进展情况。

（2）现场实地检查项目进展情况　管理者应深入现场，随时检查进度计划的实际执行情况，这样可以加强进度监测工作，掌握项目实际进度的第一手资料，使获取的数据更加及时、准确。

（3）定期召开现场会议　定期召开现场会议，通过与进度计划执行单位的有关人员面

对面交谈，既可以了解项目实际进度状况，同时也可以协调有关方面的进度关系。

2. 节事活动项目进度控制的措施

节事活动项目进度控制采取的主要措施有组织措施、技术措施、合同措施、经济措施和信息管理措施等。

组织措施主要是指落实各层次的进度控制人员、具体任务和工作责任；建立进度控制的组织系统；按照节事活动项目的结构、进展阶段或合同结构等进行项目分解，确定其进度目标，建立控制目标体系；确定进度控制工作制度，如检查时间、方法、协调会议时间、参加人员等；对影响进度的因素进行分析和预测。技术措施主要是采取加快进度的技术方法。合同措施是指对分包单位签订合同的合同时间与有关进度计划目标相协调。经济措施是指实施进度计划的资金保证措施。信息管理措施是指不断地收集实际进度的有关资料，并对其进行整理统计，与进化进度比较，定期向组织单位提供比较报告。

资料 7-3

北京奥运会筹备工作的三个阶段

1. 前期准备阶段

从2001年12月到2003年6月。在这个阶段的任务是：组建奥运会组织领导机构；制定并实施《奥运行动规划》；制定完成北京奥运会总体工作计划，与国际奥委会协调委员会正式建立工作联系，并就场馆建设、市场开发和竞赛项目等问题进行磋商；全面落实奥运场馆、设施的前期工作和施工准备；环保设施、城市基础设施及一批文化、旅游设施开始建设；市场开发工作启动运行。

2. 全面建设阶段

从2003年7月到2006年6月。在这期间，奥运会场馆建设、市场开发、宣传和文化、志愿者招募和培训、运动会服务、竞赛组织和技术保障等所有与举办奥运会有关的工作都将全面展开；市场开发和场馆建设两方面的工作将进入高潮，并完成90%以上的建设和开发任务。届时，奥林匹克公园和五棵松体育文化中心及大部分场馆将以崭新的面貌展现在人们面前。

3. 测试完善和正式运行阶段

从2006年7月到2008年。在这个阶段，奥运会所有场馆和设施将达到奥运会的要求。组委会将对所有建设项目和各项准备工作进行检查、调整、测试和试运行，确保正常使用。这两年将组织一些比赛，使场馆和各类设施的运转进入最佳状态，使管理和服务人员多积累些经验，使整个城市的生态和文化环境符合举办奥运会的要求。

学生活动 7-2

活动主题：节事活动项目进度的变更步骤。

活动目的：学生能够掌握影响节事活动项目进度的因素及其变更的程序。

活动形式：小组讨论

活动内容：以“第十五届宁波国际服装节总体活动方案”为例，假设出现意外情况，应该如何变更节事活动项目的步骤。

实训项目八　节事活动项目工作进度计划表的制定

工作任务	广州某公司拟策划主办华南地区食品博览会，根据节事活动项目启动阶段的工作任务，利用工作进度计划制定的方法，在一个月的时间内安排出项目启动小组的工作进度计划表，要求明确具体工作描述与责任人	
实训提示	组织分工——教师将学生分成5~8人一个小组，每小组选取1人担任项目经理，1~2人担任经理助理 任务研究——详细分析节事活动项目启动工作中的细分任务，并形成准确描述 注意事项——学生们可能才接触节事活动启动工作，对很多具体工作并不了解，本次实训的重点在于训练学生对项目管理各要素的把握，教师应从学生掌握项目管理要素的方法和项目操作程序的应用能力进行引导，而不是求全责备的方案	
	实训建议	
三维度	方法能力	正确的运用项目管理要素的能力，应在计划中充分体现项目管理要素的合理应用与工作程序的正确
	专业能力	掌握节事活动项目工作的实施要点，能完整运用项目管理要素，能利用正确团队工作方法和工作程序进行节事活动项目启动运作
	社会能力	学生应适应团队工作，实现团队成员间沟通表达、互助合作，最终达成团队共识
工作6要素	工作环境	实训室或户外草坪
	工作对象	节事活动项目启动工作计划
	工作内容	制定工作计划表
	工作手段	桌面调研、小组讨论、方案写作
	工作组织	节事活动项目启动工作小组
	工作结果	形成节事活动项目启动工作计划表
工作6步骤	第一步：信息	节事活动项目启动工作的内容、食品市场信息、项目管理方法等信息
	第二步：决策	以项目经理为团队核心，形成有效的团队工作计划步骤与决策方法
	第三步：计划	人员分工与时间控制
	第四步：实施	人员分工实施过程与团队决策结果
	第五步：检查	由小组选派1~2名学生进行小组工作过程与工作结果介绍
	第六步：评估	教师根据项目工作的方法，组织全体学生对各组计划方案所体现的项目要素完整性和团队工作配合度进行评价

思考与练习

一、不定项选择题

1．编制项目进度计划的方法有（　　）

A．甘特图　　B．里程碑计划　　C．日程表　　D．图标

2．项目进度管理包括3个方面的内容：（　　）。

A．时机　　B．时点　　C．时段　　D．其他

3．进度计划要满足特殊利益相关者的需要：（　　）。

A．满足政府的要求　　B．满足媒体的要求

C．满足特殊观众的需要　　D．满足一般观众的需要

二、填空题

1．编制项目进度计划的方法有（　　）、（　　）、（　　）。

2．节事活动项目进度控制原理有（　　）（　　）、（　　）和（　　）。

3．对项目进展进行跟踪的方法有（　　）、（　　）和（　　）。

4．节事活动项目进度控制采取的主要措施有（　　）、（　　）、（　　）、（　　）和（　　）。

5．进度计划有多个版本，主要包括（　　）、（　　）、（　　）、（　　）和（　　）。

三、名词解释

项目进度管理　项目进度控制

四、简答题

1．简述节事活动进度管理特点。

2．简述影响节事活动进度管理的因素。

3．简述节事活动的进度计划编制特点。

4．简述节事活动的进度计划主要内容。

5．简述节事活动项目进度计划变更步骤。

第八章

节事活动赞助

➢ **知识目标**

掌握赞助及节事赞助的基本概念；了解节事赞助的特点及原则；了解国内外节事赞助的发展概况；了解赞助方案的因素和原则；掌握节事赞助方案应包含的内容；掌握节事赞助的步骤；掌握节事赞助的建议书和方案的异同。

➢ **技能目标**

具备对节事赞助优点的分析能力；具备在节事赞助活动中对原则的把握能力；能制订节事赞助方案；具有不同节事活动中赞助方案的灵活应用能力；能够根据节事活动的特点及赞助商的情况，编制赞助策划书；具有对节事赞助实施进行有效操作的能力；能针对节事活动中出现的具体问题，及时提出解决方案。

案例导入：体育赞助的智慧——格威特亚运赞助

亚运赞助一石三鸟

1998年，刚刚成功地赞助了第44届世乒赛的格威特，又不惜以创纪录的900万元巨资赞助中国亚运代表团，掀起一场声势浩大、旷日持久的综合性沟通热潮。

在亚运会上，当我国体育健儿一次次地身着印有格威特标志的特制领奖服登台，由于所有这种场面不但是电视的必播节目，而且还必然会给以长时间的特写镜头，因而能够同时出现5个特别：一是格威特标志出现的次数特别多；二是格威特标志累计出现的时间特别长；三是格威特标志特别清晰、显眼；四是累计电视观众即格威特所能接触到的目标受众特别多；五是每当此时，国人的心情也特别激动，沟通效果也特别明显而深入人心。因而格威特的此举一石三鸟，既体现了其爱国主义精神和支持公益事业的博大情怀，又显示了其超人的胆识和实力，更为重要的是还获得了一次极为可贵的和海内外广大目标受众进行长时间有效沟通的机会。这无论对塑造企业形象，还是对扩大企业知名度和美誉度来讲都必将产生深远而重大的影响。

格威特的难能可贵之处在于不仅仅满足于短暂的常规赞助效益，而是紧紧抓住这一大好商机，在从新闻发布会开始到比赛结束长达8个多月的时间里，大力开拓赞助活动的深度和广度，一个以赞助为核心，结合广告、公关和促销等其他沟通手段同时出击的、声势浩大的、极为壮观的格威特沟通热潮一幕幕地展现在国人面前，从而取得了许多令人羡慕不已的沟通效益。不但创造了赞助中国体育代表团的最高金额纪录，而且创造了一个国内罕见的、堪与国际先进水平媲美的、可喜可贺的、可圈可点的体育赞助成功案例。

百人团——为老百姓圆梦

格威特采取的第一个重大辅助措施就是耗资300万元，组织百人“‘格威特’98亚运中国后援团”（以下简称“百人团”）去泰国旅游并参观亚运会，为亚运健儿助威。其具体办法为：凡于当年4月18日～9月18日购买格威特产品满80元者，均可参加“‘格威特’98亚运行”活动。在权威公证官员的监督下，每位参加者都有两次中奖机会。第一次为即开好运奖，奖品为格威特产品10元抵用券，此阶段的中奖率达10%；第二次为幸运奖，中奖号码于9月底举行的“‘格威特’98亚运行晚会”上现场抽出。100名幸运奖的中奖者将加入“‘格威特’98亚运中国后援团”于98年底去泰国旅游并参观亚运会。这本来是一件常用的促销和公关措施，但是此时此刻用在这里，却是锦上添花，别有一番新意。

首先，赞助亚运代表团虽然意义重大，但毕竟主要是格威特和代表团之间的事情，和普通老百姓没有什么直接利害关系。老百姓一般只会以旁观者的身份注视其发展，不可能以当事人的身份参与其事。而这恰好拉近了格威特和老百姓之间的距离，使他们从旁观者一跃成了当事人，进一步扩大了格威特和目标受众之间的联系。

其次，有力地促进了格威特产品的销售。只要花80元钱，不但可以买到你所喜爱的格威特最新时尚产品，而且还有两次中奖的机会。这是一次吸引力非常大的促销活动，响应者络绎不绝。

再次，活动宣布和开始的时机选择得非常好。格威特赞助亚运代表团的消息，是在1998年4月15日的新闻发布会上宣布的。而格威特提前10多天于4月2日抢先宣布“百人团”这一爆炸性的消息。这是格威特赞助亚运代表团这一重大举措的精彩前奏和有力铺垫。因此，格威特赞助亚运代表团的新闻一经发布，人们很快而且很容易地联想到“百人团”的事情。加上格威特在宣布“百人团”消息的同时，还借助媒体较大范围地推出“昼夜对话”“无拘无束”和“捷足先登”3大新款系列产品。因而，出现了“百人团”——产品新系列——赞助亚运代表团这一浪高过一浪的格威特沟通浪潮，使得人们的心情也跟着追逐浪高。这种时间上的有机安排和节奏，真是匠心独运。

“亚运连着我和你”是结束前的高潮

为了使赞助亚运会代表团的大型活动善始善终，格威特除了在开始前就抢先发消息、作铺垫，并在人民大会堂举办隆重盛大的新闻发布会发布这一消息外，还在亚运会结束后和这一活动结束之前为亚运健儿举办了一次“亚运连着我和你”的盛大庆功会和宴会。为了感谢广大消费者的参与和关爱，同时也为了借机再掀起一个促销和公关高潮，格威特还规定在当年12月6日至下一年1月6日之间，凡在指定专卖店中购买中国体育代表团领奖服装一套，或一次性累计消费300元以上者，均可在大型领奖装备广告画上签名，并赠送精美手表一只，尤为诱人的是还可参加“亚运连着我和你”活动，届时可获得金牌得主的签名并和他们合影留念。凡一次性购买领奖服30套以上的个人和团体，均可参加庆功宴。

【问题】假设你是这场大型赛事的组织者，为了使这个体育赞助方案成功运作，你认为这项体育赞助方案的运作步骤应如何进行？

在我国，赞助已经成为节事活动营销的一种普遍方式，其双赢的结局吸引着无数的赞助商和节事活动组织者。从赞助方角度看，它是整个企业宣传营销战略的重要组成部分，从被赞助的节事活动组织者角度看，它是主要的资金来源和物质基础。赞助方为大型活动提供资金、场地、设备、基础设施、物资、服务、技术等诸多方面的支持，提高了节事活动的规模、档次，保证了节事活动的顺利举行。反之，节事活动凭借其影响力和吸引力提高了赞助方的企业形象、品牌认知、并增加了赞助方产品销售的潜在机会。

第一节　节事赞助概述

赞助存在于我们生活的方方面面，如体育活动、演出、电影首映、音乐会、艺术展、电视、特别节庆、城市庆祝、烟火、博物馆等相关的募捐活动。这都在提醒我们这样一个不容忽略的事实——赞助活动日益深入体育、演出、节事活动等社会、经济和文化领域，正在成为现代社会无处不在的一种商业形式，成为这些领域市场化、产业化的重要环节。

一、节事赞助的定义

赞助是指赞助方（企业或个人）拿出自己的资金、实物、智力、劳务等，对其他单位或个人（受赞助者，以下简称“受赞方”）进行帮助和支持。确切地说，它是指赞助方为了实现自己的目标而向受赞方（包括体育、艺术、娱乐、公益活动、博览会和节日庆典活动）提供资金支持，而受赞方则给予赞助者冠名、名称、广告、专利和促销等权利作为回报的一种商业行为。通过这种等价交换，各得其所，实现共赢。它是一种继广告、促销和公关等传统沟通手段之后行之有效的新型营销沟通手段。

节事赞助是赞助行为在各种节事活动中的应用。对于节事活动的组织者来说，赞助是一种新兴的营销沟通工具。赞助可以获得巨额资金，是节事活动得以顺利进行的重要保障之一。对于赞助企业来说，企业利用节事活动这个平台为企业宣传促销，在最大范围内为提高品牌知名度和美誉度创造条件。

二、节事赞助的特点

1. 隐含性

赞助，属于广告的范畴，但是一种软性的、间接的广告行为。它的诉求点隐含在赞助之中，不像硬广告那样具有明显的商业性，所以在人们看起来就显得比较隐蔽、含蓄，但广告的效果丝毫不比硬广告差，甚至超过硬广告许多。例如，大家看奥运会时，当运动员满场跑的时候，电视镜头也紧随运动员在不断地进行跟踪，运动员跑到哪里，镜头就跟到哪里，在运动员奔跑、电视进行跟踪的同时，场地上的广告也自然而然地进入镜头，而且有时是重复地进入镜头，它是强制性地进入你的视野，使你不知不觉地反复地看到这些企业的广告和标志，无形之中就记住了这些广告的内容，起到了广告宣传的作用。这种广告宣传的作用，不像硬广告那样招人反感，而是非常自然地、潜移默化地、反复地被观众所接受，正是因为这种隐含性和非商业性，所以在当今信息爆炸的时代，才显示赞助这种独特的传播魅力。

2. 丰富性

赞助的回报形式名目繁多，因项目的不同而丰富多彩，如主办、协办、冠名、指定产品、赞助商、供应商、装备商等，再通过报刊、电视、广播、场地广告、招贴、会刊等各种媒体，以广告的形式回报给赞助商，同时配以形形色色的促销、公关等沟通手段，大肆炒作，如果再加上精美的情节化、故事化和参与化的创意处理，就会使所赞助的活动锦上添花，富有感染力和影响力。

3. 直观性

赞助还有一个最大的特点，就是直观性非常强。除了在现场和电视、广播、报刊可以看到、听到外，口碑的传播速度也是非常快、非常广的。例如，当人们兴致勃勃、滔滔不绝地谈论某个活动或者赛事的时候，自然而然地就会触及企业的名称或者产品。

4. 依附性

广告、促销和公关等沟通手段都是企业单方面的意愿和行为，效果好坏完全取决于企业的能力和操作艺术。而赞助则不同，不仅取决于企业自身的意愿和行为，而且它是企业和被赞助方、中介机构和媒体的共同行为，是一个“连体儿”，任何一方的行为都会影响到另外一方。因此，企业赞助效果的好坏，取决于四方的密切配合、协同作战的程度。任何一方，如果不配合或者配合不到位，赞助的效果就要大打折扣，所以，赞助要取得好的效果，就必须依附于其他三方，必须要做好协调工作，工作必须要扎实到位。

5. 整合性

要使赞助取得最佳效果，必须打整体战、配合战。大家都知道：无论是冠名赞助还是其他形式的赞助，能够直接展现在公众面前的赞助诉求，往往只有企业品牌、商品名称和企业标志等信息。这些信息虽然重要，但是仅凭这些信息，要让人们全面了解企业的情况，是不可能的，还必须配合其他沟通手段，以达到企业的目标。

6. 领先性

在赞助、广告、促销、公关等沟通手段中，赞助是排在第一位的，是起统帅主导作用的，广告、促销、公关是起补充、配合作用的，在诸要素当中，赞助是“龙头”，其他的沟通手段是“龙身”和“龙尾”，“龙头”摆动，才能带动“龙身”和“龙尾”，起着牵一发而动全身的作用。比如，大型的节事活动和赛事，首先要取得赞助权，有了赞助权，才有相关的广告、促销和公关等权利。商家有了赞助这个由头和平台，广告、促销和公关才能在台上演戏，才能造声势和影响，才能形成高潮，产生轰动，取得良好的效果。

7. 风险性

赞助是一项系统工程，里面有许多子系统，从策划到完成，持续的时间比较长，涉及的单位、人员比较多，导致的不定因素也比较多。任何一个环节出了问题，都会给赞助带来负面影响，因而有一定的风险性。比如，参与赞助的四方当中，只要有一方不积极配合；或者由于气候等天灾人祸，原计划和措施不能全部兑现；或者电视曝光力度和频度由于某种原因减弱甚至泡汤等，这些都会给赞助带来风险。总之，赞助的不定因素比广告、促销、公关等沟通手段要多得多。这就要求我们，事先一定要认真调查研究，周密考虑，充分准备，并采取预防措施，防患于未然。

三、节事赞助的原则

1. 活动合法原则

公司计划赞助的对象或活动，本身必须是正当的、合法的，是对社会公众有益的，这项原则是最基本的原则。

2. 目标明确化原则

目标明确化原则是指尽可能地通过指标来实现目标，并使之具体化和定量化。例如，可以用一些心理指标来表述，如知名度、信誉度、媒体曝光度、媒体的收视（听、看）率、广告的覆盖率等。

3. 排他性原则

排他性原则是指在同一节事活动中，通常只容许同一行业的一家企业参与，以增强特定企业、产品的唯一性和形象的行业垄断性，有效地保护赞助商的权益。而就赛事组织部门而言，这种赞助排他性原则的施行，不仅提高了赛事赞助的总体水平，也使赞助关系更长期、更稳定，从而形成赞助的“双赢”局面。奥运会产品的专营权对于商家来说，意味着自己的产品可以将竞争对手排挤在奥林匹克市场之外，形成独家的垄断局面，这对商家有着巨大的吸引力。奥运会开发部门通过加强对排他性的法律保护，来保障赞助商的这一权益。虽然这一措施大大削减了可吸入的合作伙伴数量，却极大地提高了商家的参与热情，从而极大地抬高了赞助的底价和总体金额。

4. 多元化原则

应设计多元化的赞助“菜单”供不同企业选择。赞助权益的大小可根据赞助金额的多少来确定，要让企业了解提供什么样的赞助可以享受什么样的权益，满足不同层次企业需求，增加赞助企业的数量。

5. 双赢原则

“赞助活动”是一种产品，也要讲究设计与包装，要站在对方的角度，给对方实实在在的回报。这样才能够吸引对方参与，既要考虑“核心产品”（如活动本身），还要重视附加产品，如策划制作活动专题节目、安排明星参加赞助活动、企业新产品发布会等。

6. 媒体参与原则

赞助活动能够成功，最关键的因素是能够获得媒体的关注和宣传，必须高度重视、积极运作。比如，要联合报纸、杂志、电台、网络公司等媒体，共同举办一系列声势浩大的推广活动，增加活动的曝光率，提高“产品”的精彩度和市场销售能力。

7. 广泛化原则

广大的赞助商是节事活动资金充足的前提，也是活动内容和形式可以扩展的保证。为此，应该努力吸引不同行业的赞助商参与节事赞助活动，为双方都获得收益，既可以为节事活动提供有力的资金或物质保障，又可以为企业进行有效直接的宣传，发挥节事活动广泛的影响力。

8. 操作规范性原则

节事活动虽然是一种动态的吸引物，但又必须在动态中寻求某种确定性和规范性，从招募到实施的整个过程都要达到规范化标准，这也是节事活动获得巨大效益的先决条件。

9．市场化原则

节事活动进入市场化运作必须遵循市场规律，注入“成本与利润”“投入与产出”的理念。众所周知，源源不断的资金来源是节事活动的根本和保证，也是节事营销得以传承的基础。但资金来源不能仅依赖政府的财政投入，应该确立“投资—回报”机制，同时，逐步提高知名度和影响力，吸引大企业、大财团以及媒体的参与，形成“以节事养节事”的良性循环发展模式。

10．产业化原则

要围绕节事活动，从项目策划、集资、广告、会务、展览、场地布置、彩车制作、观礼台搭建、纪念品制作等，都以招标投标、合同契约的有序竞争方式进行，并逐步形成新兴的“节事经济”和“节事产业”。而节事产业化反过来更能促进营销的深入和发展。

四、节事赞助的表现形式

1．现金

现金赞助是指赞助单位以现金或支票等资金形式向受赞助者提供赞助的形式。它可使受赞助者根据自己的客观需要，对其进行受一定限制的支配。

2．实物

实物赞助是指赞助商以实物形式向节事活动主办方提供赞助的方式。实物可以是节事活动用品，如胸卡、胸牌带、资料袋、礼品等，也可以是节事活动所需要的办公用品等。它不仅可以及时满足受赞助者的需要，而且不易被对方挪作他用。

3．义卖

义卖赞助是指单位或个人将自己所拥有的某件物品进行拍卖，或是划定某段时间将本单位或个人的商品向社会出售，然后将全部所得以现金的形式再捐赠给受赞助者。此种赞助的赞助额事先难以确定，但其影响较大，并且易于赢得社会各界的支持。

4．义工

义工赞助是指赞助商或个人派出一定数量的员工，前往受赞助者所在单位或其他场所提供某种服务，这些服务包括节事活动期间的礼仪服务、邮政服务等。

资料 8-1

圣丹斯电影节

在 2004 年事件之前，圣丹斯电影节的代表不仅仅要经常带着像电话本那么大的目录，还要不停地在那么多页中寻找展览、电影放映、电影制作人的数据和地图信息。

2004 年事件中，惠普（HP）联合了 Symbol Technologies 和 Flux Network Inc.，通过无线方式提供所有信息及更多的东西。HP 提供了 500 个 Jornada 便携式电脑分配给主要代表、制片人和记者。Flux Network Inc.提供的软件也价值 10 万美元。一个热点的网络被建成以更新每天的下载信息，包括有用的每天时间表。这个事件让与会者能够使用电子传播并且通过这个让他们的经验更加有效。这个热点位于电影院、事件总部和电子中心。HP 和它的合伙人从这个展示了他们最新技术的机会中从中获得受益。特别是，这个机会让媒体尝试和检验新技术并且进行了广告宣传和网站推广。

媒体与会者印象深刻，与合伙人关系得到进一步发展，更多的参加者能受益于以后的事件。他们还设想这个服务可以发展到在线看电影，这样观众不论身处何地都能进行讨论。

案例研究表明，通过功能性事件服务进行的权利开发，赞助商更有可能达成赞助目标。用这种方法接近权利的赞助商更有可能重续他们的协议，因此事件在发展赞助项目的工作上更加轻松。这个案例同样表明，通过赞助商引领的传播所体现出的展示优势，同样有助于拓宽事件的推广。

五、国内外节事赞助发展概况

全球赞助活动日趋复杂化、专业化，赞助行为正在加速融入各类企业市场营销的主流，逐渐成为品牌营销的重要内容，并且在创造和发展品牌资产方面起着越来越重要的作用。1896 年的首届现代奥林匹克运动会，以发行纪念邮票的形式完成了比赛资金的筹集，这可以说是体育赞助的最早形式。美国洛杉矶奥运会建立起来的商业赞助方法沿用至今，目前奥运会的 TOP 赞助计划可以说是全世界最高级别的赞助计划。此外，其他赞助形式如文娱演出赞助、大型论坛节事活动赞助、节庆活动赞助、社区文娱活动赞助等形式也在不断兴起。在国外，很多大型活动资金来源主要依靠广告收入、赞助收入和政府投入。其中，企业赞助也是重要支持。例如，EDS 公司致力于提升企业形象，对英国 Arundel 艺术节进行赞助；南澳大利亚的美酒嘉年华通过电视台的赞助广告进行促销。企业赞助已经成为大型活动重要的资金筹措方式，大型企业每天几乎都要收到大量寻求赞助的信函，而大型企业通常都有赞助方面的资金预算和筛选标准，也通常会与特定活动的举办机构保持长期的战略合作关系。此外，政府部门以及其他机构也可以参加赞助活动，地方政府可通过批准、投资基础设施建设来支持某些节事活动，旨在追求更广泛的社会效益。

在国内，“旅游节事活动”特指那些在 20 世纪 80 年代以来，以发展旅游为名义，在传统基础之上结合现代城市精神而创办的一系列节事活动。这些节事活动在发展初期多由地方政府和旅游部门联合推动，随着这些活动的知名度不断提升和政府资金难以为继，目前正面临由政府单一筹资渠道向多元筹资渠道的转变。目前有一些节事活动也已经开始了比较成功的市场化筹资尝试。例如，青岛国际啤酒节、广西南宁民歌节、大连国际服装节、昆明旅游节等。这些节事活动目前在收入来源上主要依靠企业赞助、广告费用、摊位出租、门票收入、政府资金等多元渠道。就我国目前大型活动赞助现状来说，主要集中在体育赛事、文化演出等方面，针对旅游节事活动的赞助比较少。这一方面与我国企业对赞助的认识有关，也与我国旅游节事活动的影响力有关。

资料 8-2

企业青睐高质量演出　赞助商演越来越精明

2005 年 1 月 29 日、30 日将在杭州剧院上演的俄罗斯经典芭蕾舞剧《巴黎圣母院》，消息尚未公布，距离演出也还有近 3 个月之久，前些天已经有多家企业与主办方浙江省演出公司建立联系，希望能够赞助本次演出。

一般来说，凡是真正一流的高质量演出，在杭州市场上是有号召力的，也是能够引起企业的兴趣的，这一点早在以前也有例子能够证明，如法国国家交响乐团新年音乐会、李云迪钢琴音乐会、舞剧《云南映像》、爱尔兰“舞之魂”踢踏舞等。此次带来《巴黎圣母院》的剧团并非等闲之辈：斯坦尼斯拉夫斯基—丹钦科·涅米罗维奇音乐剧院芭蕾舞团，位列世界五大芭蕾舞团和俄罗斯三大芭蕾舞团之列。这样一个由舞台剧巨匠斯坦尼斯拉夫斯基所创办的知名艺术团体的首次来杭演出，对本地企业显示出巨大吸引力也并不奇怪。支持本次《巴黎圣母院》演出的企业，主要提出了3种赞助方案。

（1）包场，演出时逢春节，经典芭蕾舞剧的门票是一种馈赠客户的极好的礼物，他们想出钱以相当优惠的价格把其中一场的全部或者大部分门票买下来，多数送给客户，少数作为职工福利，将其变成一场专场演出。

（2）冠名，赞助费的全部或大部分用来购买冠名权，在该演出项目长达一个月的推广周期中，获得良好的宣传效应。此外小部分费用用来买票。

对于企业而言，这两种赞助方式简单易行、风险较小，是以往操作演出中常用的方法。

（3）企业参与主办、投资　这种模式是在杭州兴起的，就是企业参与主办投资，以合股方式成为演出投资方。这种方法企业参与程度更深，除了获得前两种模式所指向的社会效益以外，还能获得经济效益，当然与所有股份制合作一样，企业要与演出商一同承担风险。据介绍，以往杭州企业对演出这一行业缺乏了解，因而不敢贸然涉足。而随着这两年演出市场的繁荣，企业开始伸出自己的触角，有意识地寻找有经验的演出商进行合作，有的甚至提出全额投资的建议。赞助演出活动的，一般是本地有实力的、与人们生活密切相关的企业，以银行、房地产以及通信行业为主。

可见现在的企业对演出越来越了解，而且越来越现实了。以前，企业赞助一场演出只求露个脸扬个名，不多过问具体的操作过程。而现在，企业在这方面习惯于精打细算，在作出赞助的决定前相当慎重，而且很注重实际利益，一般他们会提出明确的目标，如是否对推广近段时间新的业务和品牌的营销有帮助等。这样，企业会对演出项目作精心的调研和筛选，倾向于那些观众人群与自己目标客户群重合的演出。

第二节　节事赞助的方案

一、赞助方案的因素

确定赞助方案需要考虑的主要因素可以使用英文字母缩写“CEDAR EEE”来表示，每个字母代表一个因素：

（1）客户群（Customer Audience）　赞助者需要确定活动本身是否有互相吸引的目标市场。达到一致的目标市场细分表面上是赞助的先决条件，然而为了确定活动在多大程度上有吸引力，赞助者需要具体的细分概况及能达到的目标市场的大小。比如，李宁体育用品公司瞄准大学生这一核心客户群，正是这种准确的定位，使他们没有不惜代价地获取北京奥运会合作伙伴地位，而是通过牵手学生特别是大学生喜爱的达蒙·琼斯等 NBA 篮球明星，赞助李铁、肇俊哲等中国足球运动员，或者赞助中国国家队的队员，通过激励国人的爱国情感来带动土生土长的“李宁”这一中国自主品牌。

（2）曝光展示潜力（Exposure Potential） 目标市场的覆盖程度可以用所有曝光潜力点来衡量。随着节事活动的类型和规模的不同，曝光展示潜力包括了活动现场观众的人数多少，活动传播的接受者以及活动广播和报道的观众、听众以及读者多少等。除此之外，曝光展示潜力还有赖于赞助者自己开发的能达到的目标市场的大小和总额。而这常常可归结为一个问题，那就是到底这个节事活动和其新闻性会怎样。然而考虑到一套范围更广的提供赞助目标，其他问题就非但与是否赞助活动能被传递到目标市场并被足够数量的受众得知有关，而且还与是否能被准确地传递到有关。为了取得一个赞助活动可能覆盖的市场的准确预测，赞助者需要在决定赞助一个项目之前，确定总体费用以及期望被覆盖的目标市场的质量。

（3）分销渠道群体（Distribution Channel Audience） 一些赞助者要求提供分销渠道收益的赞助活动，以便完成他们的目标市场覆盖。比如，那些有批发业务的赞助者，会寻求提供“推动式”促销的方法来刺激那些处于分销链上的销售终端。这种刺激要么可以让分销商直接获益；要么可以将这种利益反过来转让给消费者。这种理念就是利用“推动式”促销来创造更多的销售。例如，一个赞助商可以通过举办赞助活动作为一个设定销售目标的刺激；当目标完成时，就可以使分销商获得活动门票和邀请函。或者，赞助商可以将门票分配给他们的经销商以便更加有效地接触到终端消费者。无论是哪种方法，经销商都受到了激励而会更好地表现，节事活动则成为其中的催化剂。

（4）相对于竞争对手的优势（Advantage Over Competitors） 以上这些因素也为赞助活动提供了增强赞助商竞争优势的能力。为了成功地接触目标市场并给分销渠道提供刺激，赞助商可以从他们的传播努力中获得竞争优势，这是考量赞助机会时的附加考虑。赞助商组织竞争对手从赞助机会中获益的能力，需要不仅仅从竞争对手被拒绝的方面去衡量。

（5）所需资源和投资事宜（Resource Investment Involvement Required） 对于赞助商而言，一个显而易见的考虑就是赞助所需要的资源的数量。这在融资方面不仅包括当时可能提供的赞助资金，也包括任何服务和产品的准备。这也涉及开发的早期评估，决定不仅是目标市场将如何被覆盖，还有估计覆盖的花费是多少。

（6）节事活动的特点（Event's Characteristics）

（7）活动组织者的声誉（Event Organization's Reputation）

（8）娱乐和招待机会（Entertainment And Hospitality Opportunities）

在实际确定赞助方案时，以上 8 大因素都可进一步划分为更加详细的内容，以便使赞助方案具体化。

二、赞助方案的原则

赞助方案的一般原则包括以下 9 项：

（1）封面设计鲜明亮丽，富有吸引力。要能抓住赞助商的眼球，这也是水平的展示，是赞助活动的品质保证。

（2）单页主题说明原则。尽量以一页一个主题的方式说明内容，这样便于赞助商阅读和了解，如活动摘要、媒体价值等。

（3）内容介绍大纲化。尽量以大纲条例的方式来介绍内容，做到言简意赅、简明扼要、重点突出。

（4）活动主题商机化。唯有处处突出商机，才能抓住企业的“心”。

（5）内容文字简洁化。提案内容应把握简单清晰的原则，用字遣词应具有说服力。

（6）赞助措施多样化。为了鼓励赞助，应设计多种赞助组合，供不同企业选择。

（7）提供联络资料。为了把握每次接触机会，提案中务必注明赞助计划联络人的资料，包括地址、电话、传真、网址、账号等，以便于有意者查询联系。尤其是电话部分，应多设立几条线路，避免因占线而错失机会。

（8）多媒体促销。不仅以书面文字方式与厂商联系，还可通过录像带、网络、多媒体设备来介绍，这是快速促销提案最有效的策略。

（9）赞助截止日期。为了保证赞助活动成功，必须有赞助时间限制，以免造成双方困扰。

三、赞助方案的内容

（1）活动介绍

1）活动名称，举办日期、时间、地点。

2）活动的目的和主要内容。

3）活动的连续性情况：是传统活动，还是一次性活动。

4）活动与众不同的特殊魅力和独到之处，即有哪些卖点。

5）主要活动和人员的背景介绍，即活动阵容。

6）政治和经济界重要人士的态度和承诺。

7）同类活动的历史资料，如实际上座率和收视率、媒体效果、赞助者名单等。

（2）目标受众预测

1）观众和媒体特别是电视受众的范畴、分布情况和人数预测。

2）由谁以及如何来激发他们对活动的关心。

（3）活动主办、协办和承办单位简介

1）知名度和透明度高的单位只需列名即可。

2）其他单位可做简介，包括其光荣历史和业绩。

（4）赞助厂商的范畴

1）本活动特别适合哪些行业和类型的企业前来赞助。

2）本活动与相应企业的形象之间的一致性和相融性。

3）活动目标受众与相应企业目标顾客之间的吻合度等。

（5）赞助办法

1）赞助的方式，如冠名赞助商、主要赞助商、装备商、供应商等。

2）赞助金额多少，除了规定的赞助费用外，是否还有其他费用。

（6）具体的回报内容　不同档次赞助的具体回报内容，这是重点，应详细而具体地一一表明。

（7）其他同步沟通措施

1）在广告、促销、现场销售、公关等方面提供同步沟通措施可能性的详细说明，如广告的方式、形式、数量、体积、摆放地点和方式等。

2）供赞助商开展促销、现场销售和公关等活动的范围及所能提供的空间条件状况，如面积、位置、有效时间，是露天，还是室内，是提供现成的场所，还是由赞助商自理。

3）赞助者和其商业伙伴以及目标顾客之间建立联系的可能性。

4）上述措施是否免费？如需付费，金额为多少？

（8）媒体效益

1）活动本身包装和炒作的计划。

2）与媒体特别是电视的合作方式。

3）已取得哪些媒体的配合承诺。

4）报道和转播计划，如电视以及其他媒体的曝光力度、次数、时间等。

5）和媒体特别是电视保持连续接触（如新闻发布会、新闻通报、新闻采访、电视采访等）的可能性等。

（9）有意向的或已谈妥的赞助者名单

（10）中介机构或活动承办者的权力、信誉和能力

（11）赞助效益评估方面的承诺

当然，每一份策划方案不可能包罗万象，面面俱到，每个要素都包含进去，但要尽量做到重点突出，卖点生动精彩，回报条款简明实在，一目了然。这里只是提供一个参考，不同的项目写法是不同的。

资料 8-3

举办“第二届中国传媒创新年会暨 2006 中国百家最具传播力创新传媒颁奖盛典”活动的企业赞助类别

1．活动总冠名

赞助金额：300 万人民币

活动总冠名赞助资格名额仅限一家，尊贵的礼遇、全方位的宣传攻势、专业的传播效应，使赞助商借助本次活动契机，有的放矢，成为行业内众商瞩目与合作的焦点。

活动总冠名赞助商礼遇：

■ 赞助商获得活动总冠名权（如：AAA 第二届中国传媒创新年会暨 2006 中国百家最具传播力创新传媒颁奖盛典）；

■ 赞助商将在活动新闻发布会、活动通风会、最后的颁奖晚会现场最重要位置（含背板等）独家标示并展示企业 LOGO；

■ 在所有活动中均明确以上赞助商（含网站和大会指定媒体宣传）；所有对外资料、宣传册、海报等宣传资料，所有宣传广告（平面、电视）中，均出现赞助商；

■ 赞助商将受邀成为传媒中国传播力产业联盟常务理事单位，享有常务理事单位的一切权利；

■ 赞助商将受邀出席活动组委会特别为其加盟合作而召开的新闻发布会并发表讲话，可提供企业宣传品；

■ 赞助商主要领导将受邀担任组委会企业家副主任、副理事长及“传媒中国传播力总评榜”企业家评委；

■ 获赠价值 6 800 元的 VIP 专席票 20 张，价值 3 800 元的嘉宾票 20 张，所有赠票组委会将加盖“赠票”字样，乙方不得有偿转让和出售（注：颁奖典礼及论坛收费，其

中嘉宾票3 800元/人，含注册费、资料费、茶点费、颁奖晚宴；VIP专席票6 800元/人，含注册费、资料费、1月27日至29日三晚五星级酒店的住宿费、茶点费、颁奖晚宴）；

■　在大会指定网站“人民网传媒频道”及门户网站新浪网（www.sina.com）、北青网显著位置发布企业名称或LOGO不少于3个月；

■　颁奖晚会上主持人介绍赞助商名称，赞助商主要领导受邀作为颁奖仪式贵宾，随同领导登台并剪彩；

■　主持人特别鸣谢并邀请赞助商代表上台讲话（30分钟）；

■　在会场布置中体现赞助商名称和LOGO；

■　邀请赞助商主要领导在年会会刊上题词；企业宣传资料可与会刊一起赠送给参会的嘉宾，并可在记者招待会现场发放；享有颁奖晚会现场的礼品袋（单面）广告权；

■　赞助商将获得活动组委会颁发的荣誉证书和奖杯；组委会将邀请主办、协办媒体进行专题报道，部分媒体将做企业专访；

■　独家拥有大会现场主席台两旁广告牌2块；

■　独家拥有报到处背板（3m×2m）的广告权；

■　大会全程现场提供赞助商广告牌2块（尺寸另定）；颁奖晚会入场券正面刊印赞助商名称和LOGO；组委会将向商家提供颁奖晚会录像带和DVD光盘一套（赞助商LOGO作为屏幕角注）；

■　平面媒体刊登有赞助商冠名的宣传广告不少于50次；在《中国传媒传播力》特刊中赠送整版封底赞助商产品广告，并在宣传册内登载企业简介及信息；

■　在传媒中国官方网站首页发布浮标广告半年；

■　会后获得大会的成果资料、数据库和其他后续服务。

■　企业其他具体要求，双方可另行协商。

注：以上赞助方案可能会根据实际情况进行适当调整，最新信息敬请观注活动官方网站，以最终协议内容为准。

2．欢迎晚宴总冠名

赞助金额：100万元人民币，限1家

欢迎晚宴总冠名选助商礼遇：

■　赞助商获得大会第一天晚宴的总冠名权（如：AAA传媒中国传播力总评榜暨第二届中国传媒传播力高峰论坛，BBB之夜）；

■　在活动所有对外资料、宣传册、海报等宣传材料，宣传广告（平面、电视）中，均出现赞助商；

■　赞助商将受邀成为传媒中国传播力产业联盟常务理事单位，享有常务理事单位的一切权利；

■　赞助商主要领导将受邀担任组委会副主任、活动专家团企业专家、常务理事及“传媒中国总评榜”企业家评委；

■　获赠价值6 800元的VIP专席票10张；价值3 800元的嘉宾票10张，所有赠票组委会将加盖“赠票”字样，乙方不得有偿转让和出售（注：颁奖典礼及论坛收费，其中嘉宾票3 800元/人，含注册费、资料费、茶点费、颁奖晚宴）；

■　在大会指定网站人民网、新浪网（www.sina.com）、北青网显著位置发布企业名称或 LOGO 不少于两个月；

■ 颁奖晚会上主持人介绍赞助商名称，赞助商主要领导受邀作为颁奖仪式贵宾；

■ 主持人特别鸣谢并邀请赞助商代表上台讲话（15 分钟）

■ 赞助商宣传资料可与会刊一起赠送给参会的嘉宾，并可在记者招待会现场发放；

■ 赞助商将获得活动组委会颁发的荣誉证书和奖杯；大赛组委会将邀请主办、协办媒体进行专题报道，部分媒体将做企业专访；

■ 晚宴现场提供赞助商广告牌 2 块，颁奖晚会现场提供赞助商广告牌 1 块（尺寸另定）；

■ 颁奖晚会现场提供赞助商广告牌 1 块（尺寸另定）；组委会将向商家提供颁奖晚会录像带和 DVD 光盘一套；

■ 在《中国传媒传播力》特刊中赠送整版赞助商产品广告，并在宣传册内登载企业简介及信息；

■ 在传媒中国官方网站首页发布赞助商广告 3 个月；

■ 会后获得大会的成果资料、数据库和其他后续服务；

■ 企业其他具体要求，双方可进一步协商。

注：以上赞助方案可能会根据实际情况进行适当调整，最新信息敬请观注活动官方网站，以最终协议内容为准。

3．**分论坛赞助商**

赞助金额：20 万人民币，限 6 家

分论坛赞助商礼遇：

■ 赞助商获得大会分论坛的议题制定权；

■ 赞助商获得大会分论坛主持人的开场指名鸣谢（如：感谢 CCC 对本场论坛的全程赞助）；

■ 活动所有对外资料、宣传册、海报等宣传材料，宣传广告（平面、电视）中，均出现赞助商；

■ 赞助商将受邀成为传媒中国传播力产业联盟常务理事单位，享有常务理事单位的一切权利；

■ 赞助商主要领导将受邀担任传媒中国传播力产业联盟专家团专家及理事；

■ 获赠价值 6 800 元的 VIP 专席票 5 张，价值 3 800 元的嘉宾票 5 张，所有赠票组委会将加盖“赠票”字样，乙方不得有偿转让和出售（注：颁奖典礼及论坛收费，其中嘉宾票 3 800 元/人，含注册费、资料费、茶点费、颁奖晚宴；VIP 专席票 6 800 元/人，含注册费、资料费、1 月 27 日至 29 日三晚五星级酒店的住宿费、茶点费、颁奖晚宴）；

■ 在大会指定网站“人民网传媒频道或新浪网”及北青网、中国电视网、腾讯网显著位置发布企业名称或 LOGO 不少于一个月；

■ 颁奖晚会上主持人介绍赞助商名称，赞助商主要领导受邀作为颁奖晚会贵宾；

■ 主持人特别鸣谢并邀请赞助商代表上台讲话或参与分论坛演讲（5 分钟）；

■ 赞助商宣传资料可与会刊一起赠送给参会的嘉宾，并可在记者招待会现场发放；

■ 赞助商将获得组委会颁发的荣誉证书和奖杯。组委会将邀请主办、协办媒体进行专题报道，部分媒体将做企业专访；

■　分论坛现场提供赞助商广告牌 2 块（尺寸另定）；

■　颁奖晚会现场提供赞助商广告牌 1 块（尺寸另定）；组委会将向商家提供颁奖晚会录像带和 DVD 光盘一套；

■　在《中国传媒传播力》特刊中赠送整版赞助商产品广告，并在宣传册内登载企业简介及信息；

■　在传媒中国官方网站首页发布赞助商广告一个月

■　会后获得大会的成果资料、数据库和其他后续服务。

■　企业其他具体要求，双方协商。

注：以上赞助方案可能会根据实际情况进行适当调整，最新信息敬请观注活动官方网站，以最终协议内容为准。

学生活动 8-1

活动要求：以当地节事活动为例，让学生写一份节事活动赞助方案。

活动目的：让学生掌握节事活动赞助方案的写法。

活动步骤：第一步：围绕问题先分组进行讨论。

第二步：每组选 1～2 名同学进行讨论分析。

第三步：教师指导总结。

活动建议：采用分组讨论法。

第三节　节事赞助的实施

一、实施步骤

1. 建立专门机构、收集相关资料

（1）作为节事的赞助活动机构，其规模大小可根据活动的具体情况决定。一般来讲，赞助机构可考虑设置行政管理部门、业务开发部和财务部。

（2）赞助前信息的收集、整理、分析工作，影响着整个赞助计划的拟订。资料收集工作对赞助活动能否成功影响重大。

（3）收集的资料应该包括企业（赞助商）的资料、赞助案例。可采用查阅相关的统计报表、年鉴和报刊资料、网站、问卷调查、电话及面访等方法。

2. 评估节事活动价值

节事组织者要对节事活动进行自我评估，并列出节事活动的赞助价值。其主要评估内容如下：

1）该节事活动的主题是否准确，是否具有市场价值？

2）节事活动项目中是否有新颖的、有创意的、有趣的活动可以吸引赞助商？

3）有无知名人士出席？有多少知名人士出席？

4）将有哪些媒体参与？媒体对本活动的态度如何？

5）活动所需要的支持是什么：资金、设施、服务、志愿者等？

6）观众的主要来源和需求是什么？尤其是专业观众的来源。

7）赞助商的范围及要求是什么？

8）如何确定赞助商的数量和级别？

9）赞助商如何支持活动？

10）是一个赞助商还是几个赞助商？（避免相同类别行业中的赞助商之间的冲突）

3．拟订赞助目标、设计赞助“产品”

（1）赞助目标要有一定的可操作性，要做到明确、具体、合理。

（2）实际操作中，赞助目标包含多个方面，如资金目标、实物目标、服务目标和媒体参与目标等。

（3）“赞助活动”也是一个产品，也要讲究设计和包装。既要考虑核心产品（如活动本身），还要重视“附加产品”，如策划制作活动专题节目、安排知名人士参加赞助企业新产品发布会等。

4．撰写策划赞助方案

（1）具有吸引力的赞助方案是节事赞助成功的关键，能够吸引住对方的兴趣，获得多方赞助商。

（2）赞助方案的制订要把握一定的技巧和原则，包括内容、文字、美工设计、促销及措施等方面的要求。

（3）赞助方案策划内容比较详尽，包含了诸多环节和要素，其中卖点要突出，回报条款要简明。

5．定义潜在的赞助商

寻找潜在赞助商是一项费时而需要耐心的工作。任何有业务往来的公司都可能成为节事活动的赞助商。组委会应该结合节事活动的自身特点，寻找潜在的赞助商，需要综合考虑的主要问题有：

（1）选择该赞助商的理由是什么，赞助商能给活动带来哪些利益？是现金、实物、人力，还是服务？

（2）该赞助商的目标受众与本活动的目标受众范围是否一致？

（3）估计参与的人数。

（4）赞助商宣传、展露和参与的机会点。

（5）促销的机会点，如参与人员的资料信息等（注意有关保护个人隐私的权利）。

（6）组织者应结合潜在赞助商所在企业的目标市场情况和经营目标，列出适合本次活动的公司名单。

6．研究潜在的赞助商、开发赞助机会

潜在赞助商是指符合节事活动要求的企业，同时具有赞助需求动机。在决定是否要和潜在的赞助商合作之前，需要对潜在赞助商进行全方位了解。了解潜在的赞助商的信息渠道有该公司的年报、报刊杂志、合作伙伴等。

（1）赞助商的经营理念、愿景、思路。

（2）赞助商的规模、财政情况。

（3）赞助商过去所赞助的活动类型，收益情况，最近媒体是否有该赞助商的报道。

（4）该赞助商所在行业的发展趋势以及与节事主题的关系。

（5）该赞助商产品的目标群体是否可以成为节事活动的潜在顾客。

（6）该赞助商在企业形象、宣传推广、顾客关系和经济发展方面的目标。

（7）赞助的决策者是谁？

对潜在赞助商的分析研究，可以寻找到更多更好的提供赞助的机会。

7．撰写赞助建议书

赞助建议书是为了进一步让赞助商了解本节事活动的主要情况、节事活动赞助价值所在、节事活动的宣传方式、赞助商的权益、主办方的义务、赞助方案等详细情况。

8．包装赞助造势、出售赞助“产品”

（1）任何好的产品都需要宣传，都需要对准目标市场输出大量信息。同样一个节事活动，包装造势好的，效果就好；否则效果就差，甚至会浪费资源。

（2）确定目标赞助商是出售产品的第一步，在若干备选赞助方中，主办方挑选出与本活动最相配的目标赞助商。

（3）寻找赞助商可以通过多种途径，对重点客户要送专函。

（4）向企业递交赞助方案要掌握一定的技巧，这是吸引赞助商的重要艺术。

9．面谈签约协议、组织实施

（1）接触赞助商首先要给对方好的印象，其次要采取各种方式充分展示节事活动的卖点。注意在谈判中一定不能乱许诺，以免产生分歧和纠纷。

（2）认真对待签约，赞助协议是法律文书，是双方权利和义务的确认。

（3）实施的过程就是对合同的履行过程，也是赞助商权益的实现过程。

资料 8-4

体育赛事赞助商协议样本

本协议系:（赞助公司）与（赛事组织者）之间达成的（赛事名称）(以下简称“赛事”）赞助协议。本协议中的“公司产品”仅指赞助公司生产的，双方就其达成协议的那一种产品类型（即产品类别名称），对赞助公司生产的其他产品本协议无效。

协议双方

甲方:（赞助公司）	乙方:（赛事组织方）
地址:	地址:
电话:	电话:
传真:	传真:
邮箱:	邮箱:
Party A:	Party B:
Add:	Add:

Tel: Tel:

Fax: Fax:

E-mail: E-mail:

1. 甲方将成为预定于____年____月____日举办的________（赛事名称）的冠名赞助商。此赞助商资格具有排他权，如无特殊协定，任何其他公司、机构不得同时成为该赛事冠名赞助商或以类似名义来宣传。

2. 作为对享受本协议所规定的权力和服务的报偿，甲方应向乙方缴纳总数为____元（人民币）的赞助费。赞助费用分三次付清，付款时期不得迟于____年____月____日，____年____月____日和____年____月____日。

3. 在________（赛事名称）举办期间，每场比赛乙方均向甲方赠送________张门票，观赛座位位于VIP区域。此外，甲方还可按票面价格向乙方购买不得超过体育场馆座位数总数____%的门票，座位将被安排在优越的观赛区域，乙方将尽可能早地将门票交予甲方。

4. 乙方确定标准赛事名称及标志时，须将甲方公司名称冠于赛事名称之前。所确定的赛事名称须经甲方同意。

5. 在同类产品中，只有甲方产品的广告可出现在举办赛事的体育场馆内。在举办赛事的体育场馆内，不得公开销售甲方同业竞争者的产品或利用这些产品提供服务。

6. 在不与体育场馆的规定及原先所定合同相冲突的情况下，乙方应尽量为甲方创造条件，维护甲方在体育场馆内设置广告牌幅，销售商品的同类排他权。

7. 甲方将于____年____月____日（或相近日期）召开赛事新闻发布会。届时，除非另经双方同意，除了提及甲方的赞助商身份外，不得对甲方作另外宣传。

8. 本协议条款自甲乙双方签字确认之日起生效，有效期至____年____月____日。

9. 协议双方应负责对本协议进行保密。除非有特别规定，协议的任何一方不得将本协议的内容、条款向第三方泄漏。

10. 如该协议的执行涉及甲乙双方代理人的参与，乙方代理人的佣金应完全由乙方负责支付，甲方无义务支付。同样，甲方代理人的佣金完全由甲方负责支付。

11. 在履行协议的过程中，如发现争议，双方应友好协商解决。协商不成的，按本协议约定的下列方法之一进行解决：（A）提交____（仲裁委员会名称），根据该会仲裁程序暂行规定进行仲裁。该委员会的决定是终局的，对双方均具有约束力。仲裁费用，除另有规定外，由败诉一方负担。（B）向签订协议所在法院提起诉讼。

12. 协议双方可本着真诚合作的原则就办理保险、免责、行为准则、商标保护等事宜商谈更详细的协议条款，列为本协议附件。本协议履行期间，甲乙双方因履行本合同而签署的补充协议及其他书面文件，均为本协议不可分割的一部分。但协议正本的生效不以附件生效为前提。

本协议一式两份，甲乙双方各执一份，经由甲乙双方签字、盖章后生效。

甲方名称： 乙方名称：

法人代表： 法人代表：

盖章单位： 盖章单位：

____年____月____日 ____年____月____日

10．重视赞助评估、计算赞助投资的回报

（1）效果评估是整个赞助活动的最后环节，也是赞助活动不可缺少的一部分。赞助商想要看到的是他们在节事活动上的投资能够得到量化的回报。作为节事活动的策划者，同样也需要这些信息吸引更多的、更大规模的赞助。国际会议机构（IEG）的《赞助完全指南》（Complete Guide to Sponsorship）中指出，主要有 3 种评估投资回报的方法：①评估人们对赞助商产品和服务的认知程度和态度的转变；②评估赞助商产品或服务销售的增长；③比较在覆盖范围相似的媒体做广告的价格成本。

（2）进行赞助活动的评估工作，大致上要抓住以下 4 个方面的重点问题：①要将实施效果与先期计划相比照；②要掌握社会各界对赞助活动的认同程度；③要及时发现赞助活动的长处与短处；④要了解赞助活动在实施过程中出现的问题。

（3）效果评估包括 4 方面的工作：撰写评估报告、建立专项档案、召开总结会和答谢活动各方。

资料 8-5

北京 2008 年奥运会赞助计划

北京 2008 年奥运会的赞助计划是最为全面的一揽子计划，产品类别众多，营销期长达 5 年。赞助企业享有使用 2008 年奥运会、中国奥委会和中国奥运代表团品牌进行市场开发的权利。该计划力求巩固、加强和保护赞助企业的特有权利。

一、宗旨

北京 2008 年奥运会赞助计划的宗旨为：

（1）遵守《奥林匹克宪章》，遵循奥林匹克理想和北京 2008 年奥运会“绿色奥运，科技奥运，人文奥运”的理念。

（2）推动奥林匹克运动的发展，提升北京 2008 年奥运会和中国奥委会在国内外的形象与品牌知名度。

（3）确保北京 2008 年奥运会获得充足、稳定的组织经费和可靠的技术和服务支持。

（4）为中外企业提供独特的奥林匹克市场营销平台，鼓励中国企业广泛参与，通过奥运会市场营销提高企业形象和产品品牌。

（5）为赞助商提供优质服务，使它们获得充分的投资回报，帮助赞助企业与中国奥林匹克运动建立长期的合作伙伴关系。

二、赞助层次

对北京 2008 年奥运会的赞助包括国际和国内两个方面：国际奥委会第六期全球合作伙伴计划在国际范围内对整个奥林匹克运动提供支持，包括支持北京奥运会；北京 2008 年奥运会赞助计划在主办国范围内对举办 2008 年奥运会提供支持。

北京 2008 年奥运会赞助计划包括 3 个层次：北京 2008 年奥运会合作伙伴；北京 2008 年奥运会赞助商；北京 2008 年奥运会供应商（独家供应商/供应商）。

每个层次设定了赞助的基准价位。在同一层次中，不同类别的基准价位由于也会有所差异，以体现不同行业之间的差别。具体价位将在销售过程中向潜在赞助企业作出说明。

北京奥组委的各级赞助商将为奥林匹克运动在全国的发展作出贡献；通过在技术、产品和服务等方面的赞助，支持北京奥组委的筹办工作，支持2008年奥运会的举办，支持中国奥委会以及中国奥运代表团。不同层次的赞助商享有不同的市场营销权。赞助商在主办国地域范围内享有市场开发的排他权（包括共同排他权）。

三、赞助商权益

赞助企业向北京奥组委、中国奥委会和中国奥运代表团直接提供有力的资金和实物支持。作为回报，赞助企业将享有相应的权益。以下是北京奥组委给予赞助企业的主要回报方式：

（1）使用北京奥组委和/或中国奥委会的徽记和称谓进行广告和市场营销活动。

（2）享有特定产品/服务类别的排他权利。

（3）获得奥运会的接待权益，包括奥运会期间的住宿、证件、开闭幕式及比赛门票，使用赞助商接待中心等。

（4）享有奥运会期间电视广告及户外广告的优先购买权。

（5）享有赞助文化活动及火炬接力等主题活动的优先选择权。

（6）参加北京奥组委组织的赞助商研讨考察活动。

（7）北京奥组委实施赞助商识别计划和鸣谢活动。

（8）北京奥组委实施防范隐性市场计划，保护赞助商权益。

根据对奥林匹克运动和北京奥运会贡献的价值不同，合作伙伴、赞助商和供应商享有不同的权益回报。

四、赞助销售

1．销售方式

坚持“公开、透明、公平”原则，根据行业的不同情况采取以下不同的销售方式：

（1）公开销售：公告销售通知或公开征集企业赞助意向。

（2）定向销售：向具备技术条件的企业发出征集赞助邀请。

（3）个案销售：直接与符合技术条件的企业进行销售洽谈。

2．销售步骤

主要采取以下步骤进行销售：

（1）北京奥组委将征集情况知会企业或向企业征集赞助意向。

（2）企业提交赞助意向书。

（3）北京奥组委评估机构进行企业资格评审。

（4）北京奥组委销售机构与企业洽谈赞助方案。

（5）企业提交正式的赞助方案。

（6）北京奥组委评估机构提出赞助商候选人。

（7）北京奥组委确定赞助企业，报国际奥委会批准。

在实际操作中，以上步骤可根据需要增加或减少。

3．销售进度

鉴于不同层次的赞助商对奥运会贡献的价值不同，销售进度也将体现投资差异。首先开始合作伙伴的销售。但根据销售进程，有可能同时进行不同层次的销售。

具体安排：

（1）合作伙伴：2003 年四季度～2004 年四季度。

（2）赞助商：2004 年二季度～2005 年二季度。

（3）独家供应商/供应商：2004 年四季度～2007 年二季度。

五、赞助商选择标准

选择赞助企业时，主要参照以下标准：

（1）资质因素　赞助企业必须是有实力的企业，是行业内的领先企业；发展前景良好，有充足的资金支付赞助费用。

（2）保障因素　能为成功举办奥运会提供充足、先进、可靠的产品、技术或服务。

（3）报价因素　企业所报的赞助价格是选择赞助企业最重要的考虑因素之一。

（4）品牌因素　企业具有良好的社会形象和企业信誉，企业的品牌和形象与奥林匹克理想和北京奥运会的理念相得益彰，产品符合环保标准。

（5）推广因素　企业在市场营销和广告推广方面投入足够的资金并做出其他努力，以充分利用奥运会平台进行市场营销，同时宣传和推广北京 2008 年奥运会。

二、专业知识

1. 选择节事赞助商的一般标准

尽管不同层次的赞助商对节事活动贡献的价值不同，但选择各个层次的赞助商也有一些共同的标准。

（1）资质标准　赞助企业必须是具有相当实力的国内或国际知名企业，为行业内的领先者；具备较强的经济实力，发展前景良好，财务状况健康，有充足的现金流来支付赞助费用。

（2）保障标准　企业应能提供保障节事活动顺利举办所需的成熟稳定、先进可靠、充足的产品、技术、服务。

（3）价格标准　所报价格应是同行业竞争者中出价最高或次高的。

（4）品牌标准　企业具有良好的社会形象和企业信誉；其品牌形象与节事活动的品牌形象相得益彰。

（5）推广标准　企业市场营销、广告投放量应达到一定规模，以充分利用节事活动市场营销平台，同时帮助宣传和推广节事活动。

2. 节事赞助商的赞助层次

（1）特别赞助商　特别赞助商一般具有较高的知名度和美誉度，拥有较强的市场意识和先进的品牌管理理念，资金实力很强，特别是能够反映节事活动主题的代表性企业应该具有参与的优先权。节事活动的特别赞助商可分为特级赞助商（战略单位）、一级赞助商（合作单位）、二级赞助商（协作单位）等不同层次。一般情况下，从高到低，特级赞助商通常只有一家，赞助费用最高，其回报也很高；其他级别的赞助商数量依次增多，赞助费用依次减少，其回报也相对减少。节事活动特别赞助商的常见回报有以下类型：

1）参与权回报。免费参节名额（赞助商可邀请客户参加）；安排企业领导人作为特别贵宾参加大会的开幕式及各大会议，并在节事活动中发表演讲；对节事议程提出建议；可使用大会全部代表数据库等。

2）特别活动回报。安排企业管理者出席节事中的各种活动并可享有“首席 VIP 席位”；组委会还可协助安排赞助企业领导人与出席节事的政要单独会见等特别活动。

3）企业宣传回报。赞助企业名称出现在媒体的宣传报道中；赞助企业的某一相关产品可以作为节事活动的指定用品；或者在节事宣传手册鸣谢页中出现企业 LOGO 并刊登企业简介或企业广告等。

4）现场宣传回报。可在礼品袋、指路牌、吊旗等宣传用品上出现赞助企业 LOGO，礼品袋中可放置企业宣传材料；可在会场外醒目地点设置企业宣传展区（规格、地点及方式需由组委会统一计划，制作、搭建和拆除等相关费用由赞助商自理）等。

（2）其他赞助商　其他赞助商是相对于特别赞助商而言的，即指节事活动的分项组织，主要有：①项目赞助，如重庆火锅节的开幕式；②物品赞助，如工作人员的饮水、生活日用品、办公设备（复印机/传真/电脑/数码产品/软件）等；③服务赞助，如志愿者培训、工作人员培训、现场工作义工等项目；④宴会赞助。

资料 8-6

2010 年上海世博会品牌赞助项目内容

一、品牌赞助项目架构

品牌赞助项目为二级架构，包括全球合作伙伴和高级赞助商。全球合作伙伴将享有包括在全球范围内使用上海世博会品牌开展市场营销在内的最高权益回报，高级赞助商将享有包括在在大中华区范围内使用上海世博会品牌开展市场营销在内的第二级权益回报。

二、品牌赞助覆盖的行业类型

上海世博会主题的涉及领域以及筹办工作的需求范围十分广泛，上海世博会的组织者本着与赞助企业共同开发各自资源价值、共同受益的原则，根据办博工作需求的规模、对办博工作的重要性、行业与上海世博会主题的关联程度、行业的规模、行业内大型企业的数量和企业规模、行业盈利模式和利润情况等因素，选择了交通、旅游、物流、信息化、金融服务、园区建设、大众消费品产品和园区商业服务等领域内的约 50 个行业开展赞助企业招商，从其中选择全球合作伙伴约 10～12 家，高级赞助商约 15 家。

三、选择企业的重点

（1）企业形象与上海世博会主题的匹配程度。

（2）企业综合实力和发展前景。

（3）外资企业的中国业务情况或本土企业的国际化程度。

（4）企业财务能力。

（5）企业营销推广能力和投入。

四、赞助企业权益

全球合作伙伴和赞助企业将享有 5 大类排他性权益：

1．品牌类权益

（1）上海世博会标志的使用权。

（2）组织者识别计划。

（3）市场开发支持。

（4）参与反隐性市场计划。

2．商业类权益

产品类别的排他商业权：为世博会组织者和园区内参观者提供产品和服务。

3．公关媒体权益

（1）荣誉待遇。

（2）媒体和公关活动回报。

（3）活动和项目赞助优先权。

（4）赞助企业俱乐部会员权。

（5）广告机会。

4．参展优先权

优先参展权。

5．会期接待安排和优先权

（1）门票赠与和优惠。

（2）现场接待安排。

（3）住宿安排。

（4）交通。

（5）证件。

3．节事活动赞助的项目结构

节事活动赞助的项目结构一般有3种：

（1）独家单一结构　只有一个赞助商，结构很简单，被认为是独家赞助，是一个独家的且具有排他性的框架。

（2）分层等级结构　当拥有多个赞助商，同时每个赞助商的地位按照等级排列时，其结构可以通过一个金字塔的层次来表示。每个层次上有一个或多个等级。每层上至少有两个赞助商，但是没有赞助商数量的上限要求。每个赞助商获得相同或不同的权利。即使在同一层次上的赞助商也可能以不同的支付形式赞助，但是每个层次上的地位是相同的。

（3）扁平结构　当拥有多个赞助商，同时每个赞助商拥有相同的地位时，结构呈扁平状。赞助商的赞助形式和获得的权利可以相同，也可以不同。

4．节事活动赞助的策划

（1）策划书的内容

1）主办机构的宗旨：包括行动方向、受众和合作伙伴。

2）资产情况：主办机构的固定资产、无形资产、专业技能、员工（全职和志愿人员）、业务网络、组织成员、媒体关系。

3）主办的活动：活动的类型、支持的金额、产品或服务。

4）受众分析：现有的受众、将来的受众。

5）现有的业务往来：列出所有业务往来的企业名称，他们都是潜在的赞助商。

6）其他业务类型：列出所有与机构相似受众和市场的企业，他们也可能成为赞助商。

7）机构的优势：机构能提供给所列企业的获利点，以吸引顾客和传播信息。

（2）建议书的内容　一份正式的赞助建议书必须简洁，一般不要超过8 000字，主要内容如下：

1）前言：简明扼要地介绍节事活动方案、目的、影响、地位，赞助商的投资、收益点、决策期限等。

2）项目背景：重点介绍该项目以往取得的成绩及亮点。

3）项目简介：主办单位情况、承办单位背景资料、活动发展历程、活动的规模和档次等亮点。

4）赞助商的收益点。

5）活动方案：详细介绍活动方案、组织机构、主题、目的、规模、期限、地点、联系方式、观众（尤其专业观众）。

6）宣传渠道：宣传环节分活动前、活动中、活动后，该环节是进一步扩大节事活动特别是赞助商影响力的部分，与赞助商有关的部分要详细介绍。

7）赞助商价值评估：通过市场分析明确列出赞助商所有的宣传机会、展露点和预期利益。

8）赞助投资方案：这部分主要包括赞助内容和赞助的方式。

9）赞助截止期限。

三、节事赞助实施的注意事项

（1）不能孤立地看待节事赞助活动，节事赞助是一项系统工程，涉及范围广、时间长，要充分做好各主体的协调和管理工作。

（2）赞助是一项连续性的活动，从赞助活动开始到赞助商收回全部利益大约需要1～2年的时间，关键时期的赞助可以像广告一样充分利用各种机会或提供附加支持，使自身得以促进。

（3）赞助协议要有一定的灵活性，虽然赞助双方是一种伙伴关系，友好是必要的，但是不能因过于礼让而签订缺乏细节的协议，最终导致关系破裂。

（4）最好将节事和产品相结合。如果两者能够在内容和形式上充分相结合，将会起到事半功倍的效果。甚至可以学习国外，针对某一新产品创造一些节事活动。

（5）媒体炒作及深度合作。深化节事赞助活动的关注度必须利用媒体，或与媒体进行深层次的合作，将媒体作为事件的合作方或新闻点进行操作。

学生活动 8-2

活动要求：认真阅读资料“2010 年上海世博会品牌赞助项目内容”，分析被赞助方能从该赞助商获得什么？潜在赞助商能从该赞助项目中获得什么？

活动目的：明确节事赞助对赞助方、被赞助方的作用。

活动步骤：

第一步：围绕问题分组进行讨论。

第二步：每组选 1～2 名同学进行讨论分析。

第三步：教师指导总结。

活动建议：采用分组讨论法。

实训项目九 节事赞助的实施训练

工作任务	2012 年学校举办迎新晚会，主办方需要 1 名能赞助 1 万人民币的活动冠名赞助商，要求企业在本市具有一定知名度，企业形象良好	
实训提示	组织分工—— 教师将学生分成 5～8 人一个小组，每小组选取 1 人担任项目经理，1～2 人担任经理助理 任务研究——详细分析节事活动赞助的实施步骤 注意事项——节事活动赞助是一项系统工程，涉及范围广、时间长，要充分做好各主体的协调和管理工作，同时老师要提醒学生不得忘记签定赞助协议	
	实训建议	
三维度	方法能力	沟通能力、分析判断能力
	专业能力	正确运用选择节事活动赞助商的方法和步骤，沟通交流能力
	社会能力	营销能力、判断能力
工作 6 要素	工作环境	实训室
	工作对象	研究潜在的节事活动赞助商
	工作内容	选择节事活动赞助商
	工作手段	桌面调研、小组讨论、方案写作
	工作组织	节事活动赞助招商工作小组
	工作结果	制定节事赞助策划书和建议书，选到合适的赞助商
工作 6 步骤	第一步：信息	从报刊杂志等途径获得多家企业的相关信息
	第二步：决策	企业和学校迎新晚会的受众目标要一致
	第三步：计划	企业和学校协商、沟通技巧
	第四步：实施	签署赞助协议
	第五步：检查	由小组选派 1～2 名学生进行小组工作过程与工作结果介绍
	第六步：评估	教师根据项目工作的方法，针对每个小组的节事活动赞助情况进行评价和指导

思考与练习

一、不定项选择题

1．节事赞助的特点是（　　）。

A．隐含性、丰富性　　B．直观性、依附性

C．整合性、领先性　　D．风险性

2．节事赞助的原则是（　　）。

A．活动合法原则、双赢原则

B．目标明确化原则、媒体参与原则、市场化原则

C．排他性原则、广泛原则、产业化原则

D．多元化原则、操作规范性原则

3．节事活动特别赞助商的常见回报有以下类型：（　　）。

A．参与权回报　　B．特别活动回报

C．企业宣传回报　　D．现场宣传回报

E．注意包装

4．选择节事赞助商的一般标准是（　　）。

A．资质标准　　B．品牌标准　　C．价格标准　　D．保障标准

E．推广标准

二、填空题

1．赞助是指赞助方（　　）拿出自己的资金、实物、智力、劳务等，对其他单位或个人（　　）进行帮助和支持。

2．节事赞助的表现形式是（　　）、（　　）、（　　）和（　　）。

3．节事赞助最基本的原则（　　）。

4．节事赞助商的赞助层次分为（　　）和（　　）。

5．1896 年的首届现代奥林匹克运动会，以（　　）的形式完成了比赛资金的筹集，这可以说是体育赞助的最早形式。

6．选择赞助商首先要考虑的标准是（　　）。

7．（　　）是节事赞助最基本的原则。

三、名词解释

赞助　节事赞助　排他性原则　多元化原则　赞助建议书

四、简答题

1．简述节事赞助的原则。

2．简述赞助方案的内容。

3．简述节事赞助的步骤。

4．简述节事赞助建议书的结构。

5．如何寻找潜在的赞助商？

五、论述题

1．论述节事赞助的方案和建议书的异同。

2．假如你被邀请参与“重庆首届火锅节”的筹划工作，谈谈你对节事赞助方案及策划书方面的想法？应突出哪个（些）节事活动卖点？

第九章

节事活动财务管理

➢ 知识目标

了解节事活动财务管理的对象、内容和目标；熟悉节事活动财务管理的原则；了解节事活动预算的作用；了解节事活动财务预算管理对象；掌握节事活动预算工作的基本步骤。

➢ 技能目标

掌握节事活动的收入预算与筹资预算的方法；掌握节事活动利润规划的方法；掌握节事活动利润控制的措施和方法。

案例导入：某购物中心周年庆企划活动经费预算

一、活动构想

以业态化的满百送活动为主线，配合创新营业项目推广、简单有效的多样性现场活动，热烈的流行气氛及活动气氛布置，同时辅以创意性的媒体选择以小博大备增传播效果，达成销售目标。

二、活动时间

2010 年 10 月 1～14 日

三、活动名称：

名动金陵周年庆，灵机妙趣奖不停

四、活动构架（略）

五、活动内容（略）

六、活动费用预算

1. 主力营业推广活动

创新家居馆抵用券：10 000 份×0.1 元/份=1 000 元

防风门上方周年庆标志雕刻：5 000 元

墙面喷绘周年庆标志雕刻图案：4 000 元

观光电梯楼层图：1 000 元

周年庆流行气氛布置：8 000 元

2. 场外活动

舞狮表演：3 500 份×3 元/份=10 500 元

音乐会：2 800 份×2 元/份=5 600 元

厂家品牌推广 SHOW：背景板 1 000 元

3．主顾客特别企划

VIP 卡：10 000 张×1.5 元/张=15 000 元

VIP 申请表：10 000 张×0.2 元/张=2 000 元

VIP 章程说明：10 000 张×0.3 元/张=3 000 元

公交 IC 卡卡套：30 000 份×0.3 元/份=9 000 元

4．其他费用

其他费用：65 100 元

上述费用因设计细节变化另案呈报，原则上以不超出上述费用为主。

5．媒体费用

2010 年 9 月 27 日周末彩色半版：6 300 元

2010 年 9 月 28 日东方文化周刊：6 000 元

2010 年 9 月 30 日晨报 10.5 彩通：2 元/份×6 588 份=13 176 元

2010 年 9 月 30 日快报 10.5 彩通：2 元/份×10 500 份=21 000 元

2010 年 10 月 02 日晨报 10.5 彩通：10 500 元

2010 年 10 月 04 日周末彩色半版：6 300 元

2010 年 10 月 05 日东方文化周刊：6 000 元

电视、广播：

缤纷都市：2010 年 9 月 30 日～10 月 7 日：8 240 元

城市物语：2010 年 9 月 30 日～10 月 8 日：10 000 元

电台：（2010 年 9 月 30 日起）600 元/天×10 天×2 家=12 000 元

DM 海报：3 000 份×0.4 元=12 000 元（含派送费）

软广告：2 000 元

媒体费用合计：113 516 元

总费用：178 616 元（广告费用视具体营业状况调整）

【思考与讨论】请根据上述材料，分析总费用中还有哪些费用项目？

对于节事活动项目的投资者来说，除了社会效益以外，费用和利润是他们最关心的问题。如果缺少严格的财务管理项目，节事活动的开支会远远超过预算，最终造成项目无法按照计划实施，甚至亏本。所以，不论是在节事活动项目筹备期，还是项目中期甚至项目收尾期，进行项目的财务管理十分重要，所以本书把这一部分的内容称为财务管理，以有别于一般项目的成本管理。读者应该意识到，节事活动财务管理目的在于：一是要尽一切可能创收，二是要尽一切可能节支。

第一节 节事活动财务管理概述

财务管理是对企业资金运动全过程进行决策、计划和控制的一系列活动，是一项综合性的管理工作。节事活动财务管理为节事活动的开展筹集必需的资金，并通过价值形式对节事活动进程中的各个方面和环节进行计划和控制，实现项目资源的优化配置，促进节事活动的顺利进行和投资效益的不断提高，在整个节事活动管理中发挥着重要的作用。

一、节事活动财务管理的对象

财务管理的对象是企业的资金运动。资金是指社会再生产过程中财产物资价值的货币表现。这些财产物资价值，既包括有形资产的价值，也包括无形资产的价值，如专利权、非专利技术、土地使用权和商誉等。资金形态在货币资金与非货币资金之间周而复始的循环就是资金运动，主要包括资金的筹集、投入、耗费、回收和分配等环节。

节事活动的资金运动主要包括资金的筹集、耗费和回收 3 个环节，其中资金的筹集和回收是节事活动的现金流入，而资金的耗费则是节事活动的现金流出。

1. 资金的筹集

资金的筹集又称筹资，是节事活动资金运动的起点，也是节事活动最初的现金流入。节事活动的涵盖范围相当广泛，有的项目持续一天、几天或几周，如一些体育赛事、节日庆典等活动；有的项目则可能持续几个月甚至多年，并且投资巨大，如世博会等项目。不同规模的节事活动，其筹资方式也不同。一般情况下，中小型节事活动主要通过主办方自身的经营积累和项目的收入来解决项目运营的资金问题；大型节事活动由于资金需求巨大，还需要通过政府和企业资助、银行借贷等多种方式筹措资金。

2. 资金的耗费

资金的耗费是指节事活动的成本费用支出，是节事活动运营过程中耗费的活劳动和物化劳动的货币表现，导致节事活动经济利益流出。节事活动的支出项目包括市场开发费、节事活动营销费、现场布置费、承包商费用、交通运输费、通信费和人员工资与津贴等。

3. 资金的回收

资金的回收是指节事活动主办方提供产品和劳务后，以主营业务收入或其他业务收入形式收回的资金，它是节事活动管理过程中所形成的经济利益流入，是节事活动利润的主要来源。资金回收的数量通常大于资金耗费的数量，两者的差额即为该项目的总收益，包括税金、利息和净利润等。节事活动的收入项目主要包括政府拨付财政专项经费、门票收入、主办方筹款收入、捐赠收入、赞助收入、各种特许和销售收入等。

需要说明的是，不同的节事活动其资金运动流程是不同的。有的节事活动其资金在项目开始前就以赞助资金等形式筹集，在项目进行过程中才发生资金的耗费，如节日庆典等小型节事活动项目；有的节事活动则需要大量的前期投入，然后在项目运营过程中逐步收回资金，如奥运会等大型节事活动项目。了解节事活动资金运动的流程是进行财务管理工作的一个前提。

总之，资金运动是节事活动运营活动的价值方面。财务管理就是对节事活动资金运动的全过程进行决策、计划和控制的一系列活动，其实质就是运用价值形式对节事活动的运营活动实行综合性的管理。

二、节事活动财务管理的主要内容

与财务管理的对象相联系，节事活动财务管理的主要内容包括筹资管理、营运资金管理、成本费用管理和利润管理等方面。

1．筹资管理

节事活动的筹资，是指项目组织者根据节事活动需要，经济、有效地筹措和集中资金的活动。按产权关系，资金分为自有资金和借入资金两种形式。节事活动筹资的基本要求是遵循国家法律和政策的规定，贯彻经济效益的原则，从数量和时间上满足项目的需要，同时降低资金成本，控制财务风险，提高筹资效益，最终实现财务管理的目标。

筹资决策是筹资管理的核心，所要解决的问题是如何经济、有效地取得节事活动所需要的资金，包括筹资渠道、筹资方式、筹资风险和筹资成本等问题，要求选择最合适的筹资方式，并在风险和成本之间权衡得失，使筹资风险和筹资成本相匹配，确定最佳的资本结构。

2．营运资金管理

节事活动的营运资金是指在节事活动进行过程中快速周转的资金。营运资金有广义和狭义之分。广义的营运资金又称毛营运资金，是指占用在流动资产上的资金；狭义的营运资金又称净营运资金，是指流动资产减去流动负债后的余额。通常，营运资金的管理既包括流动资产的管理，又包括流动负债的管理。

3．成本费用管理

控制成本费用是实现目标利润的重要手段。节事活动的成本费用管理，是指项目主办者为保证项目目标的实现而指定成本预算，并对项目实施过程中发生的成本费用进行检查、监督和控制，努力将实际成本控制在预算范围内的管理过程。

节事活动的成本费用管理包括编制成本计划、审核成本支出、分析成本变化、研究降低成本的途径和采取成本控制措施等 5 方面内容，前两方面是对成本的静态控制，比较容易操作；后三方面是对成本的动态控制，比较难以实现。具体而言，成本费用管理要做好以下工作：建立成本和费用的责任中心，制订预算成本或标准成本，分析实际成本与预算成本的差异，纠正偏差，编写成本控制总结报告等。

4．利润管理

利润是指节事活动的经营净成果，是节事活动的收入减去成本后的余额。节事活动的利润管理主要包括利润规划和利润控制等方面的内容。在节事活动进行前，项目组织者应通过合理的利润规划制订出最优的利润。通过最优目标利润的制订，一方面明确项目财务目标使节事活动的全部财务工作围绕目标利润展开；另一方面可以为最终的项目经营绩效考核提供标准。在节事活动开展过程中，要对影响目标利润的各项因素进行控制，同时采取各种措施增加利润，以保证目标利润的实现。在节事活动结束后，要对各项财务数据进行分析，评价节事活动的经济效益，并为今后其他节事活动的开展提供财务资料。

三、节事活动项目财务管理的特点

节事活动项目一般投资巨大，财务管理工作也较为复杂和困难。具体来讲，其不同于一般项目财务管理的特点包括：

1．收入来源比较多样

节事活动项目依举办目的、主办方等因素的不同，可以有不同的收入来源，而且比例也不同，如赞助商、门票收入等。

2．收入时间比较多样

节事活动项目一般具有较长的生命周期，在申办、筹备、举办、收尾各阶段都可以获得各种收入，换句话说，这些收入可以来自活动的全过程。例如，活动期间使用过的带有特殊意义的物品、表演道具等，可以通过拍卖等形式获得意想不到的收入。

3．收入和支出都有最主要的项目

根据 lan 等学者的看法，对于节事活动项目而言，最主要的收入来源是出售传播权和商品销售。节事活动本质上甚至就是商品销售场所，而且许多大型活动都把零售业务视为其主要工作之一。而在开支方面，租赁场地、饮食服务、宣传推广等方面都需要一笔巨额的投资。另外就是要在关键环节舍得花钱，如：征集会微、口号和主题曲；雇请大师等专业人士加盟，并对他们给予无微不至的照顾，然后他们就会全身地给你回报，“没有人才就没有活动”。

4．活动赞助举足轻重

随着政府出资越来越慎重，以及大型节事活动商业化运作趋势不断强化，吸引赞助商并为赞助商提供合理回报已成为大型节事活动项目财务管理的重要内容。一般来说，赞助商都希望借助活动来展现公司的历史和声望，增加产品和公司的知名度，创建产品或公司形象等，因此活动组织者必须能创新性地开发出一系列利益回报形式，并通过绑定来形成一揽子回报方案，用来说服赞助商。

5．预算和现金流管理非常重要

按照注册会计师协会的定义，预算是一个用钱来表述的计划，可以表现收入、支出项目和所涉及资金，应在预算周期前对其进行准备和审批。但仅有一个总体收支数目来说是不够的，节事活动项目在预算管理方面有一些特殊要求，后文我们还会详细进行讨论。

6．财务报告和监督主体也多样

由于大型活动项目几乎可以说是万众瞩目，所以财务公开度和透明度也较高。这不仅包括对政府拨款要有明确的收支报告和审计，也包括对于吸收的赞助和筹款要对投资主体有个较为全面、合理的交代。因此，定期出具节事活动的财务报告，并在活动结束后出具总的决算报告和各类分项决算报告，是对项目财务管理的基本要求。

四、节事活动财务管理的目标

节事活动财务管理的目标是指项目理财活动应当努力达到的境界或水平。财务管理目标是指导节事活动理财活动的方向，是评价节事活动经济效益的基本标准，是项目理财活动的出发点和归宿。财务管理目标制约着资金运动的基本特征和发展方向，因此必须明确财务管理的目标，以完善财务管理，实现资金运动的良性循环。

1．以利润最大化为目标

利润是节事活动经营净成果的货币表现。按现代管理科学的观点，利润最大化财务目标是指在满足投资者必要报酬率的前提下，争取尽可能多的税后利润。这个目标包含了对盈利的相对水平和绝对水平两方面的要求。

2. 以外部效益最大化为目标

节事活动的外部效益，是指通过节事活动的实施对企业未来经营环境的改善程度，包括市场资料的获取、企业商誉的提升、未来产品销量的增加、潜在客户的增加等内容。外部效益最大化目标，就是通过开展节事活动最大限度地改善企业经营的外部环境，即获得最为翔实可靠的市场资料、最大限度地提升产品和企业自身的声誉、最大限度地增加未来客户等。

第二节　节事活动财务预算管理

一、节事活动预算的作用

节事活动预算基本上是节事活动组织者寻求一种最有效地调配资源以实现目标的系统方法。由于这种方法强调的是目标和实现目标的规划，以及按规划的项目方案拨款。它克服了各种预算（包括企业预算）中所共有的缺点，摆脱了过分地受会计期（月度、季度、年度）时间框框的限制。

财务预算是节事活动财务决策的具体化，是控制整个节事活动资金运动的重要依据。制定财务预算有利于控制节事活动的各项收支，有利于节事活动资源得到充分利用，从而获得良好的经济效益。

1. 项目约束的重要手段

预算是一种分配资源的计划，预算分配结果可能并不能满足所涉及的各项活动组织者的利益要求，而是表现为一种约束，所涉及的人员只能在这一约束范围内行动。而且，预算约束的模式也体现了活动上级部门的政策倾向、对节事活动所包含活动支持力度。

2. 项目控制的重要依据

预算可以作为一种比较标准，一种度量资源实际使用量和计划用量之间的基线标准。由于节事活动的组织者的任务不仅是完成预定的目标，而且也必须使节事活动的完成具有效率，即尽可能地在完成目标的前提下节省资源，这样才能获得最大的经济效益，所以节事活动组织者必须谨慎地控制资源的使用。

3. 弹性预算

预算在整个节事活动计划和举办过程中起着重要的作用，预算和活动进展中资源的使用相联系。根据预算，节事活动组织者可以实时掌握节事活动进度。在节事活动实施中，组织者应该不断收集和报告有关进度和费用的数据，以及对未来问题和相应费用的预计，从而可以对预算进行控制，必要时对预算进行修正。

二、节事活动财务预算管理对象

1. 节事活动的收入预算

（1）政府拨付财政专项经费　主要适用于具有国家或地区影响的大型活动项目。但这种经费划拨一般需要政府的层层审批，而且在开支上限制很严，并需要接受严格的审计和公众舆论的监督。

（2）各种企事业单位捐赠，甚至个人捐赠　公益事业的专项经费，如果项目具有较强的吸引力，一定能得到一些各种形式的捐赠。

（3）主办方自己筹款　活动主办方在筹备期间可以召开各种宣讲会、推广会和筹备会，通过收取较高价格的门票和积极进行宣传，来筹集一些款项。

（4）赞助商　自从洛杉矶奥运会后，赞助商成为各类大型活动的一个重要经济来源。赞助商可以通过捐赠现金、实物，或者无偿提供场地、设备、服务等各种形式为活动提供财务支持。例如，联想计算机就曾为北京奥运会提供全面的计算机硬件和软件等方面的服务。

（5）活动的门票销售收入　由于大型活动能吸引众多观众，所以门票收入是大型活动的一个主要收入来源。但这里要注意的是，大型活动还具有公益性质，因此对门票销售一定要提前制定好政策，要对特殊群体有所照顾，如老年群体、残疾人群体、青少年、军人等。

（6）活动的各种特许和销售收入等　这方面种类较多，大到出售转播权，小到售卖饮食和各种小纪念品等。但对于这类销售活动必须掌握一定的原则，既要增加收入，也要维护活动的主题和形象，更不能引发法律纠纷。

2．节事活动的支出预算

节事活动的支出预算主要从场馆费用、布展搭建费用、招商招展费用以及行政后勤费用等方面进行。

（1）市场营销费用　市场营销费用主要包括广告费、专项广告费、宣传手册设计费、宣传手册邮寄费、宣传手册印刷费、公共关系费。

（2）日常管理费用　日常管理费用主要包括装饰费用、保险费用、现场电话费、法律咨询费、复印费、摄影费、邮费、活动节目单编辑设计和印刷费、报告编制与出版费、按比例分摊的日常管理费等。

（3）职员/志愿者费用　职员/志愿者费用包括职员住宿费、志愿者住宿费、志愿者表彰和奖品费用和合同工注册费等。

（4）劳务费　劳务费包括视听人员的劳务费、音响人员的劳务费、照明人员的劳务费等。

（5）租赁费　租赁费包括视听设备租赁费、汽车租赁费、照明设备租赁费、音响设备租赁费、现场办公家具租赁费和场地租赁费等。

（6）运输费　运输费包括汽车里程补助费、材料运输费、杂费、宾客交通费和职员交通费等。

（7）评估费　评估费包括咨询师聘用费和评估费等。

（8）注册费　注册费包括注册材料费、入场费等。

成熟的节事活动的支出预算可以在历史数据的基础上进行，预算的准确度相对较高；新的节事活动则要根据市场调查或者同类项目的市场数据进行测算，需要更多的假设和主观判断，其准确度相对较低。

在编制节事活动的支出预算前，要明确支出项目的性质，即明确固定成本项目和可变成本项目。固定成本不随项目参加人数的变动而变动，是可预测的费用项目，如场馆租金等；可变成本是随着出席者人数或其他因素的变动而成正比例变动的费用，如注册工本费等，其预测较为困难。因此，可变成本预算是节事活动支出预算的关键。

3．节事活动的筹资预算

节事活动的资金可以通过多种渠道来筹集，不同来源资金的可使用时间的长短、附加条款的限制和资金成本的大小都不相同，这就要求节事活动组织者在筹资时不仅要从数量上、时间上满足生产经营的需要，而且要考虑资金成本的高低与财务风险的大小，以便选择最佳的筹资组合，实现财务管理的整体目标。

节事活动初始资金的筹集方式主要有自有资金筹资和借入资金筹资两种。

（1）自有资金筹资　对于一个节事活动项目而言，自有资金是指项目主办机构自行拨付的款项，即拨款收入。拨款可以采用现金、实物资产等形式。

（2）借入资金筹资　借入资金又称项目的债务资金、负债，按资金可用时间分为短期负债和长期负债。其中，短期负债包括短期借款、应付账款、预收账款和其他短期应付款等；长期负债主要包括长期借款、企业债券、租赁融资和其他长期应付款，是大型节事活动项目的重要筹资方式之一。

三、节事活动预算工作的基本步骤

1．预算信息的获取

预算编制程序是在有限的信息和假设的基础上展开的，信息的正确性和假设的合理性需要在项目的运营过程中加以检验，信息的偏差会导致预算偏离项目的财务目标。偏离的幅度过大，将会导致预算失去意义，所以根据实际情况及时地获取内部历史信息和外部市场信息，掌握的信息越多，预算的准确度越高。

2．预算的制订

按照收入和支出项目设置相应的会计科目，并为每个会计科目编号，然后在设定的框架和条件下，预测各个科目的金额。新项目预算的制订方法有两种：一是零基预算，即对每一收支项目的预算都从头开始，分析研究预算期内的实际需要和收益，而后确定其发生额。二是参考同类项目的决算数据确定收支项目发生额。老项目一般根据上届项目决算数、业务量增减变动数和现行价格来制订本次预算。

3．决算

从广义上看，预算工作中还包括决算环节。决算是对预算实施情况的核算、分析和总结。决算工作的重点是对预算和实际发生额之间差异的分析。预决算的差异分析主要是对导致差异产生的各种因素进行分析，具体包括：

（1）外部环境影响分析　对经营环境、竞争对手以及供给条件等外部因素的影响进行分析。

（2）内部环境影响分析　对组织结构变动、业务流程变动以及人员绩效变化等因素的影响进行分析。

（3）预算过程影响分析　分析预算时没有考虑到的因素或采用的预算方法是否存在缺陷。

预决算的差异分析不仅能为以后的预算打好基础，同时还能反映项目的潜力，为今后项目扩大收入和降低成本提供数据依据。

学生活动 9-1

活动要求：以当地一项节事活动为例，让学生对此节事活动项目进行财务预算管理。
活动目的：让学生掌握节事活动项目预算管理。
活动步骤：
第一步：围绕问题先分组进行讨论。
第二步：每组选 1～2 名同学进行讨论分析。
第三步：教师指导总结。
活动建议：采用分组讨论法。

第三节　节事活动利润管理

利润是节事活动在一定时期内全部经营活动的净成果，是全部收入与费用相抵后的净额。节事活动在一定时期内通过努力应当达到的利润水平，称为节事活动的目标利润。利润是节事活动正常运营的基础，是评价节事活动经济效益的重要标准。从一般意义上说，企业利润管理包括利润规划、利润控制和利润分配 3 部分工作。节事活动利润管理，是节事活动组织者制订目标利润，并以目标利润为标准，对节事活动资金运动全过程进行决策、计划和控制，保证财务目标实现的一系列活动。

节事活动的利润管理主要包括利润规划和利润控制两部分。在节事活动正式开展前，节事活动组织者应通过科学的收支预测，规划并制订出节事活动的最优目标利润，作为节事活动的财务管理目标。在节事活动的运营过程中，全部财务管理工作都要围绕目标利润展开，应对影响目标利润的各项因素进行检查、监督和控制，并采取各种措施增收节支，提高利润，保证目标利润的实现。

一、节事活动的利润规划

利润规划是在一定的条件下，通过对未来销售水平、成本水平的合理预测确定目标利润的过程。利润规划是现代科学管理方法之一，项目组织者应当在分析市场需求状况、自身提供服务或产品的能力以及其他辅助产品的供应状况等具体条件的基础上，通过对项目的规模、定价、成本和风险等情况进行分析和测算，合理地制订出目标利润。

进行目标利润规划的主要方法是本量利分析法。这种方法以研究成本对业务量的依存关系为基础，研究成本、业务量和利润三者之间的相互关系，也称为成本性态研究，是目标利润管理的基本方法。

1．成本性态

成本性态是根据成本与业务量之间的依存关系而作出的一种成本分类。根据成本性态不同，可以将成本分为固定成本、变动成本和半变动成本。

（1）固定成本　固定成本是指在一定的产销量（业务量）范围内，其发生总额不随产销量（业务量）的变动而变动，而是标尺相对稳定的那些成本费用支出。固定成本总额在一定时期内保持不变，因此随着产销量（业务量）的增加，单位产销量（业务量）所分摊的固定成本将减少。

节事活动的固定成本是指在节事活动项目的既定规模内，不随参与人数的变化而变化的那些成本费用支出，如项目小组成员的工资、宣传广告费、场地租金、设备租赁费、保险费和通信费等，一些大型节事活动的固定成本还包括固定资产折旧和财产税金等项目。

（2）变动成本　变动成本是指在一定时期和一定产销量（业务量）范围内，其发生总额随产销量（业务量）的变动成正比例变动的那些成本费用支出，包括直接材料、直接人工、流转税金和佣金等项目。与固定成本不同，变动成本总额随产销量（业务量）的变动成正比例变动，而单位产销量（业务量）所支出的变动成本则保持不变。

节事活动的变动成本是指在节事活动项目的既定规模内，随参与人数的变化成正比例变化的那些成本费用支出，如注册工本费、资料费、招待费、礼品费、交流研讨会费用和营业税金等。

（3）半变动成本　半变动成本是指在一定的产销量（业务量）范围内，其发生总额随产销量（业务量）的变动而变动，但不成正比例变动的那些成本费用。管理费用和销售费用中的很多项目都属于半变动成本。半变动成本可以按一定的方法分解为固定成本和变动成本两部分。节事活动的半变动成本一般包括交通费、劳务费等。

节事活动涉及的费用科目众多，不同费用在不同节事活动中的性态也有所不同。在进行目标利润规划时，应充分注意节事活动的性质和内容对成本分类的影响，以便合理确定目标利润。

2. 目标利润销售量和销售收入

利润是节事活动的投资人最关心的一个指标。利润等于总收入减去总成本，利润率是利润与收入的比值，它表示的是每单位的收入得到的收益。图 9-1 反映出成本、销售和利润三者之间的关系。F 代表固定成本线，V 代表总成本线，S 代表销售收入线。在 P 点，销售收入等于总成本，该项目不亏损，也不盈利，利润为零，又称为盈亏临界点。只有当销售量大于 P 点时，才能获得利润。

盈亏临界点是指节事活动项目的总收入和总成本相等时的状态，此时边际贡献全部用来弥补固定成本，利润为零，即

盈亏临界点的销售量=固定成本/（单价–单位变动成本）=固定成本/单位边际贡献

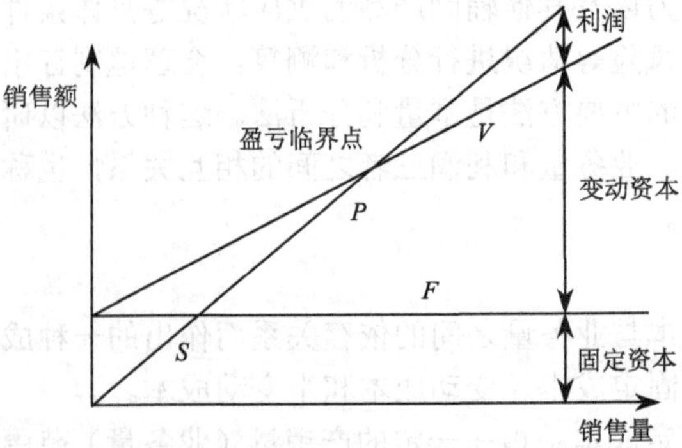

图 9-1　损益平衡图

盈亏临界点的销售收入=固定成本/（1–变动成本率）=固定成本/边际贡献率

式中，边际贡献率也可表示为“（单价–单位变动成本）/单价”；边际贡献率与变动成本率（变动成本率，即单位变动成本和单价之比）之和为1。

按销售量分析的盈亏临界点，适用于单品种的经营方式；而按销售收入分析的盈亏临界点，则同时适用于单品种和多品种的经营方式。

项目的正常销售收入超过盈亏临界点销售收入的部分称为安全边际，安全边际的边际贡献形成项目的税前利润，只有安全边际才能为项目组织提供利润。因此，目标利润的计算公式也可以表述为

目标利润=目标安全边际×边际贡献率

综上，用量本利分析法预测目标利润时，可以使用以下公式：

目标利润=目标销售收入–（变动成本+固定成本）
=（单价–单位变动成本）×目标销量–固定成本
=单位边际贡献×目标销量–固定成本
=目标安全边际×边际贡献率

表9-1为某活动的损益平衡点分析。如果出席活动的人数少于300人，这项活动就是亏本，只有出席活动的人数超过300人，这项活动才有利可赚。因此，损益平衡点的基准点是收入15 000美元。

表9-1 某活动的损益平衡点分析

	亏损	损益平衡点	利润
人数（人）	290	300	310
收入：			
每人50美元	14 500	15 000	15 500
费用（美元）：			
可变成本（美元）			
食品每人25美元	7 250	7 500	7 750
酒水每人15美元	4 350	4 500	4 650
固定成本（美元）			
租金费用（美元）	2 000	2 000	2 000
娱乐费用（美元）	1 000	1 000	1 000
费用合计（美元）	14 600	15 000	15 400
利润（收入–费用）（美元）	–100	0	100

二、节事活动的利润控制

目标利润的制订建立在对未来销售和成本预测的基础之上，其依据是历史数据和市场预期，具有不确定性。因此，目标利润制订后，在项目运营过程中，要对影响目标利润的各项因素进行控制。项目组织者的计划、技术、营销和财务等各部门应通力合作，采取各项措施，增加项目利润，保证目标利润的实现。

1. 目标利润控制的主要措施

有许多种降低节事活动成本、增加收入的方法。

（1）售票策略　根据座位位置、已经售出的门票数量以及销售时间等变动票价，并给提前预订者一定的折扣。

（2）商业推广

1）代金券或优惠券：这是给持有人一个证明，证明他在参加节事活动时可以免付一定金额的金钱或享受到某种特别待遇，或者得到某种特别体验。

2）展览活动：主办单位选择一个适宜的场地，在那里举办一个节事活动的宣传会，会上提供各种宣传资料和图片，在宣传资料里面大概介绍本次节事活动的各种安排以及在本次活动中吸引消费者来参加的卖点和热点，并且还可以让消费者有所选择地参加自己感兴趣的活动。但也要注意一点：举办展览活动的时间最好安排在节事活动即将开始前的两个月到一个月，如果时间节点过早，会让参加者对节事活动的注意力不高，因为太早的宣传不仅参加者不能确定自己到时是不是会有时间参加，而且还会产生一种“到时候再说，反正还早”的心理，然后在时间的推移中淡忘。展览活动的宣传作用可以说为零。而对一些收取一定费用的节事活动也可以在这个时候举办预售票活动，并给予 8.5～9 折的优惠。

3）与本次节事活动有关的演出活动：在举办本次节事活动之前，通过调查和分析，选定一个人流较多，或是本次节事活动的目标顾客常去的区域，举办一些与本次节事活动主题相关的小型表演，如果是收费的节事活动，还可以举行现场即兴发行一定数量的折扣券或是在节事活动中消费的优惠券等。

（3）赞助　赞助收入是节事活动项目重要的资金流入。在赞助过程中，主办方也要充分考虑赞助商的利益，配合赞助商进行一定的宣传活动。而赞助商在选择赞助的项目或事物后，就会根据自己的实际情况以及自己希望通过赞助所要达到的目的决定是以实物赞助还是以资金赞助。通常来说，对一些小型的节事活动如上海市冬季长跑马拉松大赛等，赞助商特别是体育用品厂商大都会选择以物赞助。而像奥运会等大型的体育运动节事，赞助商则大多以资金的形式进行赞助，他们认为这是一种免费推广的机会，以期达到双赢的目的。

（4）特殊活动　如印制宣传单页或海报，在一些居民区或商场门口发放或张贴；赞助商通过 DM 传单，利用商场的活动来加强品牌的传播效果；或者到所在的社区进行上门咨询活动或服务活动；在一些人流量较大的公共场所进行节前策划宣传等；在终端进行主题布展与生动化陈列。围绕策划活动主题，根据一些终端的条件在其商场内、展区内等进行装饰和美化，通过 POP（Point of Purchase，购买点广告）、海报、宣传页、条幅、样机演示等内容，全面展示产品策划活动，塑造良好的氛围，还可以通过各种策划资源实现终端策划拦截，使策划信息传播到位。

在很多情况下，需要交替使用减少成本差异的方法，即有时减少节事活动范围，有时推迟节事活动的进度。如果成本差异很大，可能要求活动的规模或目标锐减才能使节事活动回到预算以内。但整个节事活动的规模、范围、预算、进度和目标会处于一种矛盾的危险之中。在某些情况之下，主管部门与节事活动组织者或分包商必须承认上述因素中的一个或几个做不到。这将造成提供额外资金弥补预算的超出部分，否则将会引起合同争议：谁造成了成本的超出？谁负担这笔费用？上级主管部门还是组织活动分包商？

2．目标利润的实现

利润目标制订后，可以通过增加销售量、提高产品价格、降低产品成本等措施来保证目标利润的实现。

例：某公司 2011 年举办的节事活动实现利润 50 000 元，参会门票每张 100 元，单位变动成本 60 元，固定成本总额 20 000 元，2012 年预计目标利润为 2011 年的 1.2 倍。试分析公司实现目标利润的途径。

解：（1）如果其他条件不变，该公司可通过增加参会人数实现目标利润。

2011 年的参会人数=（20 000+50 000）/（100−60）=1 750（人）

2012 年的目标利润=50 000×1.2=60 000（元）

2012 年需要达到的参会人数=（20 000+60 000）/（100−60）=2 000（人）

2012 年该节事活动项目需要增加 250 人参会才能达到目标利润。

（2）如果其他条件不变，该公司可以通过降低单位变动成本来实现目标利润。

$$1\,750=(20\,000+60\,000)/(100-V)$$

$$V=54.29\text{（元）}$$

当单位变动成本下降 5.71 元时，可以实现目标利润。

（3）如果其他条件不变，该公司可以通过降低固定成本的方式来实现目标利润。

$$1\,750=(F+60\,000)/(100-60)$$

$$F=10\,000\text{（元）}$$

当固定成本下降 10 000 元时，可以实现目标利润。

（4）如果其他条件不变，在提高服务质量的前提下，该公司可通过提高参会费（即单价）的方式来实现目标利润。

$$1\,750=(20\,000+60\,000)/(P-60)$$

$$P=105.71\text{（元/人）}$$

当参会门票（单价）提高 5.71 元时，可以实现目标利润。

以上均为项目组织采取单项措施实现目标利润的例子。在实际工作中，单独采取某一方面的措施可能无法实现目标利润，这时应综合运用多种措施，以实现目标利润。

实训项目十　节事活动项目财务预算实训

工作任务	某节事活动项目组办方自己筹资 40 万，接受赞助商 150 万，预计门票收入 30 万，请根据本地区展览场馆和广告服务等市场价格，制定节事活动项目成本预算表	
实训提示	组织分工——教师将学生每 6 人分为一组，设组长一名，分组进行节事活动项目财务预算管理操作 任务研究——教学关键在于让学生熟悉节事活动项目财务预算管理的过程，掌握预算中节事活动各财务费用项目的任务和成本 注意事项——学生在进行项目预算前，为方便学生预算，教师应先提供本地场馆租赁价格、广告价格、人工费用等相关价格，为学生预算实训提供必要的计算帮助	
	实训建议	
三维度	方法能力	项目分解能力、计算能力
	专业能力	节事活动项目工作分解能力、项目财务预算能力
	社会能力	团队合作能力、价格咨询能力

（续）

工作6要素	工作环境	网络实训室
	工作对象	节事活动项目工作任务、项目财务预算管理
	工作内容	分解节事活动项目工作内容、对应财务成本预算
	工作手段	小组讨论、项目分解、财务预算
	工作组织	节事活动项目财务预算工作小组
	工作结果	制定节事活动项目客户管理计划，实现数据与信息的程序编排
工作6步骤	第一步：信息	节事活动项目分析信息、节事活动项目财务成本信息、财务预算信息
	第二步：决策	项目分解决策、成本决策、预算决策
	第三步：计划	节事活动项目工作分解计划、成本价格咨询、财务预算
	第四步：实施	团队策划、制定计划、市场调查、预算方案
	第五步：检查	教师对各小组的节事活动项目财务预算过程进行指导和检查，尤其是节事活动项目任务分解的过程要明确和精细，同时对财务预算要准确
	第六步：评估	各小组派一名代表分享本组财务预算方案，教师与全体同学进行评估

思考与练习

一、不定项选择题

1．（　　）是节事活动资金运动的起点，也是节事活动最初的现金流入。

A．资金的筹集　　B．资金的耗费

C．资金的回收　　D．资金的运动

2．节事活动的成本费用管理应遵循以下原则（　　）。

A．全面性原则　　B．效益原则

C．例外管理原则　　D．科学原则

3．节事活动财务管理的目标（　　）。

A．以利润最大化为目标　　B．以外部效益最大化为目标

C．以提升企业形象为目标　　D．以塑造节事活动品牌形象为最大目标

4．对于一个运动会来说，属于其现金流收入有（　　）。

A．门票收入　　B．电视转播收入

C．广告收入　　D．纪念品收入

E．企业赞助　　F．政府拨款以及其他收入

5．对于一个运动会来说，属于其现金流支出有（　　）。

A．人力费用　　B．设备费用　　C．管理费用　　D．宣传费用

E．交通费以及其他各种费用

二、填空题

1．节事活动的资金运动主要包括（　　）、（　　）和（　　）3个环节，其中资金的（　　）和（　　）是节事活动的现金流入，而资金的（　　）则是节事活动的现金流出。

2．节事活动财务管理的主要内容包括（　　）、（　　）、（　　）和（　　）。
3．节事活动评估费包括（　　）和（　　）。
4．节事活动初始资金的筹集方式主要有（　　）和（　　）两种。

三、简答题

1．简述节事活动筹资管理的原则。
2．简述节事活动预算的作用。
3．简述节事活动预算工作的基本步骤。
4．简述节事活动财务管理的特点。

第十章

节事活动风险管理

> 知识目标

掌握风险和节事活动风险管理的基本概念；了解节事活动风险管理的特性、原则、意义；了解风险管理中的范式转换；了解节事活动风险管理计划；了解节事活动风险应对和风险监控的概念。

> 技能目标

具有识别节事活动类型的能力；能对节事活动风险进行定性、定量分析；具有运用节事活动风险应对策略的能力；具有对节事活动风险监控的能力。

案例导入：中网开幕式雨中“弃权”

9月14日原本是中国网球公开赛最有票房号召力的一天：精心准备的开幕式，萨芬、费雷罗、莫亚和斯里查潘四大明星悉数亮相……然而一场突如其来的暴雨让球迷、选手和工作人员没了好心情，开幕式取消、比赛延期……

尽管按照国际惯例，赛事组委会已作出了换票处理，但是精彩的、颇具悬念的开幕式却无人目睹，也引起了部分购票者的不满：“我是冲着开幕式来的，换票有什么用，况且从来也没有人说过，下雨不能举行开幕式。”

对此，中体保险经纪公司总经理郑××告诉记者，作为活动的主办方来说，要让观众在购票时认识到这个风险，这样可使观众有一定的心理准备，同时一旦发生与观众退票有关的纠纷时，也能使主办方处于有利的位置。这在国外也是个惯例，叫弃权书或弃权说明，属于风险共享的一种。

事实上，天气预报越来越多地参与到我们的经济生活中来。一位气象专家告诉记者，国外的大型演出一般会事先和气象预报机构签订协议，由气象研究员预测天气，如果出现失误，气象机构也将会为演出给予赔付。这也是所谓的风险共担。风险管理势在必行。

中国太平洋财产保险股份有限公司市场开发部赵××告诉记者，在国外一般大型展演活动前，主办方一定要投保“演出取消或推迟保险”和“公众责任险”两类险种。但纵观近年国内的一些大型活动，保险却集体“缺席”。

据悉，国外大型的体育活动，按惯例都应聘请专业的保险经纪公司作为风险管理顾问，进行全面的风险分析、识别、评估，提出风险处理建议。风险处理建议一般包括风险规避、风险降低、风险转移、风险融资、风险自留等，而保险属于风险转移的一种方式，适合处理发生可能性低、但一旦发生危害性又极大的风险。

与其他行业不同的是，大型体育活动有其特殊性，向社会提供的主要产品是体育竞赛、体育表演及相关服务，都是属于无形产品，其生产过程与销售过程同步进行，在生产的同时也是提供服务的过程。大型体育活动中不确定性风险直接影响到所提供服务的质量、水平和顾客的满意度。

【问题】结合本案例，分析如何有效应对节事活动风险？

风险管理是节事活动管理的重要组成部分，它贯穿于节事活动项目生命周期的始终。了解和掌握节事活动项目风险的来源、性质和发展规律，强化风险意识，进行有效的风险管理，对节事活动的成功举办具有重要意义。本章从节事活动风险管理的概念入手，介绍了节事活动组织者如何对威胁节事活动的风险进行识别、估计、评价、应对、监控和防范。

第一节 节事活动风险管理概述

一、风险与风险管理

1．风险的定义

风险被认为是“最确定的损失或损失暴露的可能性”，这里“损失”可以指所有可能导致损害、死亡、财产损失、公众形象或声誉的损害，甚至法律诉讼的意外活动。

2．风险管理的定义

风险管理是指项目管理机构对可能遇到的风险进行规划、识别、估计、评价、应对、监控的过程，是以科学的管理方法实现最大安全保障的实践活动的总称。这种方法的使用在一定程度上可以最大限度地降低活动的损失，并增加成功的概率。风险管理是一门学问，它能够帮助我们了解哪些事情可能出错，并制订计划和应急计划来避免其发生，而不是当问题发生后再进行弥补，其要点不仅在于避免或减少损失，还在于发现有利于发展的机会。

二、节事活动风险管理

1．节事活动风险管理的定义

节事活动尤其是大型节事活动因其社会化程度高、参与人数众多而形成大量的风险，节事活动风险管理就是对这些风险进行管理。也就是说，风险管理是对由于突发的、非预期的特殊事件所造成的人员、财务的风险的不确定性进行预测、识别、分析、量度、评估和有效处理和控制，以最低成本为活动的顺利完成提供安全保障的科学管理方法。

2．节事活动风险管理的特性

（1）时效性　是指节事活动在不同阶段所面临的风险是不同的，而风险的承担者只需在特定的时间内才承担这些风险。例如，延期或停办的风险只存在于节事活动的前期准备阶段；而在节事活动的现场，风险则主要是火灾、意外伤害等。

（2）有偿性　节事活动风险的计划编制、识别、分析、监控和处置都需要耗费大量的人力和物力资源。而节事活动风险管理的有偿性主要表现在用来预防或降低未来可能出现的问题所造成的损失，其真正的价值只有在未来才能体现出来。需要注意的是，用于风险管理的投入将来既有可能抵消，也有可能多于风险事件本身所造成的损失。

（3）动态性　节事活动的风险管理是一个动态的过程。一旦某一节事活动的目标、时间和费用计划确定下来，其风险管理计划也应当随之完成。而在进行风险管理过程中，如果节事活动的时间、费用等因素有重大变化时，相对于这些因素的风险也需要重新进行评估。

（4）信息依赖性　节事活动风险管理是在收集与分析风险情报和外界信息的基础上进行的，因此具有较强的信息依赖性。换言之，对节事活动风险的识别、预测和评估的准确性与节事活动风险管理部门的信息处理能力密切相关。此外，有效的节事活动管理还有赖于节事活动企业与其他负责安全保障部门之间及时地进行信息沟通和紧密合作，共同制订相应的行动计划和风险处理措施。

3．节事活动风险管理的原则

（1）目标一致性原则　战略管理目标是节事活动举办过程中一切活动的出发点和归宿。节事活动风险管理是节事活动管理的一部分，因此其目标的制订也必须与节事活动的战略管理目标相一致。

（2）经济性原则　经济性原则是指要以最合理、最经济的方式达到节事活动安全管理的目标，并把其成本降到最低。换言之，在制订节事活动风险管理计划时要以总成本最低为总目标。这就要求节事活动风险管理人员要对各种效益与费用进行科学的分析和严格的核算。

（3）全面性考虑原则　节事活动风险管理的计划和实施应该全面考虑各种法律、法规，从而保证节事活动风险管理的每一步骤都具有合法性。此外，在进行风险管理时还应该考虑周围地区一切与项目有关并受其影响的单位、个人等利益相关者对该节事活动的风险影响评价及管理的要求。

（4）适度满意性原则　适度满意性原则是指不管采用何种方法，投入多少资源，节事活动的不确定性风险都是存在的。因此，在风险管理过程中要允许一定的不确定性。换言之，只要节事活动的风险管理能达到适当的要求，就没有必要为了一味追求风险管理的效果，而无限制地追加资源投入，以免造成不必要的浪费。

4．节事活动风险管理的意义

（1）确保节事活动如期举行　筹备一个节事活动，特别是大型节事活动，需要的时间较长。从策划、立项、收集资料到节事活动开幕，短则需要一年时间，长则三五年时间，有的大型节事活动（如“世博会”）的筹备时间甚至需要 10 年以上。在这么长的时间内，一些突发的社会、政治和经济事件都会对节事活动的筹备产生重大影响。有的可能使节事活动延期举办，有的会使节事活动中途夭折。进行有效的节事活动风险管理，可以对一些可控的危机事件提前进行有针对性的预防。而对那些不可避免的风险事件，可以进行风险评估，分析其发生的概率及一旦发生这类事件对节事活动可能带来的影响，并在此基础上，采取必要的应对措施，防止和避免风险损失，最大限度地保证节事活动如期举行。

（2）保证节事活动的安全举办　作为公众性社会活动，一般的节事活动在举办时都伴随着高度集中的人员流动。例如，每年的青岛啤酒节都会有数千名参展商洽谈业务、几百万海内外游客参加节事活动，如此众多的人员在短时间内聚集一堂，节事活动现场的安全问题当然是头等重要的。如果此时发生火灾、事故性停电甚至恐怖事件，后果都将不堪设想。对节事活动进行风险管理，就可以有效地防止和应对节事活动现场可能发生的各种风险事件，保证节事活动安全举行。

（3）减少节事活动举办方的损失　大型节事活动的前期准备工作十分艰巨，不仅任务量大，而且投入也非常大。一旦突发事件致使节事活动被迫延期甚至取消，其前期投资很难收回，因此会给举办方带来巨大的经济损失。对节事活动进行风险管理，并对一些突发的风险事件建立一套有效的预防措施，可以将节事活动举办方可能面临的风险减少到最低程度，从而最大限度地减少其经济损失。

（4）取得客户的信任　客户是节事活动最重要的资产。因此，对客户负责，使客户满意，为客户营造一个安全的环境是节事活动举办方一直以来追求的目标。如果节事活动现场危机四伏，客户参加该节事活动就会顾虑重重，甚至放弃参展计划。基于对客户高度负责的精神，节事活动举办方有必要对节事活动进行有效的危机管理，尽量将一些可能发生的风险事件消灭在萌芽状态。而对于一些不可控的风险事件，节事活动举办方也要为客户的利益着想，努力采取措施，尽量减少客户的损失。由此可见，对节事活动进行有效的风险管理，是举办方对节事活动进行人本管理的一项重要内容，也是其取信于客户的一项重要手段。

第二节　节事活动风险管理计划

一、制订节事活动风险管理计划

由于节事活动经营风险具有高事故、高伤害的特征，使节事活动风险管理有着更特殊的内涵与方法。在节事活动管理中，风险管理就是把传统的企业管理中降低财务风险的目标与节事活动提供安全产品和服务的需要有机地结合起来。节事活动组织者降低伤害事故，即减小财务风险与经济损失是节事风险管理的最主要特征。节事活动组织者只有依靠全面、完善的风险管理计划的实施和管理，才能达到尽可能减少事故以保证众多的参展商和参与者等免于人身伤害的目的。因此，风险管理应该成为节事活动组织者的一种管理策略，并用它来督促组织者去制订并实施一整套计划，去控制节事活动风险。这一计划有两个主要目的：一是防范，二是干预。防范是指尽可能防止各种意外事故和问题的出现，干预则是指事故和问题发生后所采取的必要行动计划。只有通过有效防范和干预，节事活动组织者才能对活动中所面临的各种未知因素加以控制，从而减小法律纠纷和各种损失的可能性。由此看来，风险管理的理论与方法对于节事活动组织者的活动管理来说是至关重要的。

根据风险管理理论，风险管理实际上是一个风险管理计划制订、实施和管理的过程。

1．计划的制订

这是风险管理过程的第一个环节，也是至关重要的一个环节。在计划制订中，管理者首先要分析和确定风险，即通过对经营政策、运营程序及以往事故的调查报告研究分析，并结合与员工、客户及有关专家的广泛交流来确定自己组织所面临的各种风险因素。虽然不同的赛事活动组织者所面临的风险是不完全相同的，但节事活动中常见的风险因素既有管理方面的，如项目选择、应急计划、志愿者培训、安全监督、交通设施、参展商经营状况等，又有参展商方面的，如展位的搭建、安装得是否牢固、人员流动等。

当风险确定后应将其进行分类，以有利于节事活动管理者能有针对性地选择预防和处理不同风险的方法。在对风险分类时，应注意两个方面的问题：一是决定节事活动风险所引起事故的严重程度，以及将对节事活动组织者、参展商等所造成影响的大小；二是分析节事活动事故发生的可能性和频率。对不同严重程度和发生频率不同的事故，其预防措施和处理方法是有所区别的。

对风险进行预防和处理的方法有许多，根据节事活动的特点，特将其归纳为以下 3 种：

（1）风险转移法　是指节事活动组织者通过签署合同、购买保险等方式将风险尽可能转移给其他组织与个人的方法。前者包括两种不同的情况：①节事活动组织者同有关责任人员如参展商、观众等签署合同，由他们对自己的过失行为所造成的损失负责；②通过让某项节事活动的参与者签署免除责任协议，使伤害事故的可能受害者放弃追究节事活动组织法律责任的办法。但在签署这类合同时，一定要遵守有关法律规定。后者是指节事活动组织者或节事活动参办者支付一定的保险费用给保险公司，保险公司则负责承担事故发生后的经济赔偿。

（2）风险回避法　在组织任何节事活动前，分析该活动是否存在有重大事故的隐患和其发生的频率。如果答案是肯定的且活动组织者不能或不愿意承担相关事故责任，就应该取消该节事活动或采用其他相近活动代替。这种方法适合于易产生严重后果且发生频率较高的节事活动中。

（3）减小风险法。这种方法是节事活动中风险管理的核心。人们应充分认识到风险的存在几率，并采取各种合法的、有效的预防措施和处理方法，从而降低伤害事故发生的可能性和因事故造成的负面影响和损失。其具体内容包括加强员工的安全教育与培训，全面检修、维护场地器材，加强安全监督与管理等。

2．计划的实施

节事活动组织者风险管理计划的实施过程就是管理者就风险管理计划同参展商、员工交流沟通的过程。节事活动组织内的每一个人都同风险管理有关，都要为组织承担一定的后果与责任。任何一个风险管理计划也只有在组织者和全体员工的通力合作下才能得以实施并获得成功。因此，节事活动组织内负责风险管理的人员除了要将有关场地平面图、设施操作方法、人事组织管理结构、规章制度、员工工作职责、文献报告与记录的管理、应急措施的操作程序等编印成指南性文件发给员工外，还应对全体员工进行脱产或在岗培训，以增强员工的风险意识，帮助他们熟悉各种政策和操作程序与方法。

3．计划的管理

对风险管理计划实行有效管理的首要一点就是选派或指定有关人员组成风险指导小

组。各级领导应大力支持这一委员会的工作并赋予它一定的权力以有利于工作的开展。风险管理委员会的组成一定要有员工代表参与，要让全体员工有一定的发言权和主人翁责任感，这样才有利于培养员工“安全第一”的工作态度并使他们自觉遵守有关规章制度。除此之外，委员会还应多听取如保险、场地、设备、医务、法律等各方面专家的意见和建议，并对场地、设施、器材的维护，事故调查，员工培训考核等实行有效监督。

二、风险管理的13项举措

1．培训：预防风险的第一措施

如今，许多机构正在开设风险管理的相关培训课程。国际集会活动管理协会（International Association of Assembly）举办过拥挤人群管理研讨会。国际特殊活动协会（International Special Event Society）每年举办风险管理培训计划，介绍国际上风险管理领域的最新研究成果。在美国，许多大学开设节事活动管理培训项目时，将风险管理的内容归在“设施管理”课程中作介绍。

2．风险评估

《大型活动风险管理手册》（1990）一书的作者Alexander Berlonghi认为，作详细的风险评估能帮助找出节事活动潜在的风险隐患。风险评估可聘请外面顾问来做，也可以由组织方内部的专业人员进行。如果组织方自行开展风险评估，不要只让中、高层管理人员参与，而要广泛听取检票人员、调查人员、保安人员、停车场管理员、志愿者等基层工作人员的意见。从上到下各层都应积极参与到风险评估中来。

3．保护参展商的安全

参展商安全问题已经引起节事活动组织方的极大注意。国际管理集团（International Management Group）高级副总裁Barbara Perry认为，组办方的安全管理人员应事先模拟参展商在场馆内的经营情景，如从展台搭建至现场营销，再到住处或研讨会、新闻发布会场等，找出活动路线有哪些地点较易发生危险。Perry强调这项工作是十分重要的，“比如，一些有很多隐蔽处的老房子就是袭击事件的多发地点。”

4．出入证办理

为节事活动工作人员、志愿者、媒体记者、参展商、嘉宾、专业观众、随同参展人员、VIP客人和赞助商制作出入证是安全管理的重要措施。

5．保护财产安全

盗窃钱物等财产安全问题也是节事活动组织者所应关心的。抢劫售票亭、偷窃纪念品、小偷小摸和伪造门票等都是财产安全管理的内容。

6．工作人员的选聘

聘用诚信可靠的员工对组织方非常重要。涉及现金及有价物品的岗位尤其要选聘可靠的工作人员。这些岗位包括售票，特许经营商品管理，有价物品运送、保管、销售等。选聘保安人员时要了解其受过何种培训。在有的地区，地方法规并不要求为私营机构服务的保安人员必须受过正规专业训练。虽然如今用于财物保管的安全技术已十分先进，工作人员的诚信程度仍是防止财产损失的最重要因素。

7. 现场人员出入管理

在节事活动规划的前期阶段就应该考虑采取何种现场出入管理措施，确保只有相关人员才能进入安全区域。入口处的保安人员应严格出入证检查制度，按出入证上写明的出入权限放行。

8. 有价物品的运送

有丰富大型赛事活动管理经验的美国专家 Lisa Delpy Neirotti 认为，为商品及有价物品设计流畅的运送程序，从而防范延误或物品丢失带来的损失是十分重要的。

9. “安全第一”原则

许多成功的节事活动组织者都信奉“安全第一”的原则，将安全措施放在重中之重。美国芝加哥公牛俱乐部营销及媒体事务副总裁曾说：“我们的重要队员参加比赛，从下车到进场都有人护送，赛场各处都设置了保安岗位。我们认为运动员和观众的安全是最重要的，对任何隐患都须采取预防措施，切忌视而不见。”

10. 节事活动结束后的物品处理

节事活动结束后的清场工作常常不像前期准备工作那样受人重视，但从避免经济损失和法律后果的角度来看确实不能掉以轻心。当闭幕式结束，人群散去，节事活动现场留下的各种设备、器具还等待节事活动组织方处理。这些设备和器具类型多样、价值不一，从计算机、电话、传真机、复印机、精确计时器、电视录制设备、照相机、录音机，到普通办公设备，都需要物归原主，或在无须再次使用时出售、拍卖给别的公司、学校或个人。也可以将不用的设备无偿捐赠给公益机构，增进节事活动组办方与当地社区的关系。节事活动现场法律顾问或高层管理人员也须继续督促工作人员将组办方对比赛场馆所做的变更还原，保证将场馆以令人满意的状态交还其管理部门。

11. 协同当地执法部门防范犯罪风险

举办大型节事活动时，组织者应与当地执法部门共同协调节事活动计划。1994 年美国华盛顿举行世界杯足球赛期间，警方在 RFK 场内外共设了 214 个巡逻哨岗，哨岗警察的值班时间从开赛前三个半小时一直持续到比赛结束后两小时，直到人群散去。每个警察都有指定的岗位分工，如管理商品摊点、进场人流控制、预防犯罪及寻人等。组织方拥有值勤警察的名单和分工记录。节事活动带来的拥挤人流提高了风险发生的可能性，制订拥挤、骚乱及意外事故情况的应急处理方案是节事活动组织方和当地治安管理部门的共同责任。

12. 办理必要的保险

由于节事活动存在各种人力难以控制的因素，尽管事先制订了活动应急方案，事故造成的损失还是很难完全避免的。因此，这就要求参与节事活动人员必须要办理保险。如今在西方国家，许多节事活动主办单位都要求节事活动的承办方、参展商、赞助商办理不低于某一级别的保险。保险费或投保额则取决于风险程度。

13. 事故报告

应教会节事活动全体工作人员和志愿者在遇到事故时何时报告和如何报告。要求具有一定时效性。

第三节　节事活动风险识别和分析

一、风险识别

1. 风险类型

（1）政治文化和宗教民俗约束风险　此类风险是与活动的内容和形式的选择密切相关的。每一个活动都会涉及文化的交流沟通，在选择活动主题时，一定要考虑举办地和目标观众的社会意识形态、社会道德规范、宗教民俗习惯，如果与之相悖，就会出现风险。

（2）法律政策约束风险　即使是组织一次很小规模的节事活动，也需要有一个法律规章明细表，对表中的规章制度都必须仔细理解并严格遵守。节事活动的规模越大，参加的人数越多，影响越广泛，所需要遵守的法规就越多。基本的原则就是要仔细研究和咨询，为保证节事活动顺利进行应当得到哪些授权和许可。通常，不同的国家、地区，甚至社区，都会对节事活动有一定的限制和要求，活动管理者需要与相关部门作事前的充分沟通。在户外活动、参加人数众多、有贵宾出席或者有焰火燃放时，这种事前咨询和沟通就更加重要。如果节事活动是在境外举办，那么涉及食品、酒精、商品售卖、当地用工雇员等问题，都需要寻求专门的法律帮助。

（3）保安和突发事件风险　风险管理中最关键的环节恐怕就是保安措施了。Rutely（1997）认为，“保安的任务是使参与活动的人们的安全不受威胁”。而 Price（1997）则说得更加明白：“保安就是指保护参加者的人身和财产安全，免遭不法侵害。”在举办节事活动现场，活动主办方为了保证活动的成功，往往会运用各种方法来吸引尽可能多的人参加，因此就带来了“过度拥挤”的问题，存在着很大的安全隐患。针对这种情况，还需要采取一些特别的加强措施，如设置障碍物、划定警戒区、严格控制出入口等，保安人员必须随时保持充足的力量以应对各种情况，还要根据现场的规模来管理疏导人群，控制人流的涌入。

举办任何一项活动，都离不开与本地的行政当局、警察队伍、消防部门、医疗机构，以及电力、供水、电话、排水等公共服务部门的密切合作。McCreedy（1992）特别指出：想要保证实施程序的每一个步骤、每一个细节的安全，从一开始就要绷紧安全防范这条神经，从一开始就让各个合作单位参与到活动的保安工作中来，唯有如此，才是获得成功最得力的保证。

资料 10-1

史上最惨烈的斗牛事故

在 2011 年 10 月 7 日结束的一场在西班牙塞维利亚举行的斗牛比赛中，一位名叫库罗·迪亚斯的斗牛士被已经受伤的公牛冲撞，其右腿被牛角刺穿，小腿腓骨粉碎。据西班牙《国家报》报道，事发时，已经完成一轮斗牛表演的库罗面对第二头公牛，由于两者相隔较远，所以库罗并没有跨出大步刺杀，而是继续选择从左方引逗。不过温顺的公牛立刻变得凶猛起来，它向斗牛士冲撞而去。库罗瞬间被公牛顶起后，其右腿更是被牛角刺穿，鲜血不断外涌。这个严重的创伤至少要令库罗休养数月之久。据悉，这头来自利纳斯的公牛品种稍次，并不具有高贵血统。原本性格比较温顺，没有很强的攻击性，但是面对库罗的引逗时，它突然变得凶猛起来，迅猛地冲撞，导致斗牛士受伤。

（4）财务风险　节事财务风险是指在节事活动的各项财务活动中，由于内外部环境及各种难以预计或无法控制的因素影响，在一定时期内节事活动投资者的实际财务收益与预期财务收益发生偏离，从而蒙受损失的可能性。财务风险主要包括投资风险、利率风险、汇率风险、筹资风险和现金流量风险等。对于任何企业投资者来说，财务规划和预算控制都是十分关键的，而“财务风险的管理无论是对于活动管理者本身，还是对保护企业的财产安全，乃至对保证客户的满意度，都是极其重要的。”

（5）人员健康与安全风险　人员安全就是指人们通过采取各种措施来保护人员免遭因预防不力或疏忽大意而导致的人身伤害。通常，它包含了以下几个方面的要求：一是要提高人员自身的安全意识，能够采取必要的防范措施；二是对活动的设施进行严格的检查，保证安全措施到位；三是要预先准备好医疗用品，以备不测之需。对于组织者而言，必须将活动的执行人员和参与人员的安全视为整个活动的重中之重。Berlonghi（1990）曾经制订了一套“损失预防计划”，其中，保证人员健康和安全的措施主要应该体现在以下几个方面：设备检查，消防安全，烟花烟火，枪支控制，医疗服务，酒精、麻醉品检测，餐饮安全，医疗设备维护，装潢安全和动物侵害防范等。

（6）不可抗拒的风险　如自然灾害、战争、内乱、政权更迭等灾难性事件，一旦发生往往无法挽救，且后果严重。节事活动是人流、物流和资金流高度密集的活动，对外界的环境安全要求非常高。一般来说，在某个地区举办节事活动首先需要有着稳定的政治局势。2008 年北京奥运会和 2010 年上海世博会之所以选址中国是与其稳定的政治环境分不开的。2003 年突如其来的“非典”，让很多节事活动被迫取消，一些小型公司因此宣告破产。

（7）商业经营风险　经营风险是指因举办方企业经营方面的原因给所举办的节事活动带来的不确定性。常见的经营风险有节事活动定位不当、主办方招展不力、招商不顺、宣传推广效果不佳、人力资源及人员结构不合理、节事活动现场的饮食卫生出现问题等因素。经营风险一旦出现，很容易给相关节事活动企业的声誉造成影响。不过经营风险是可以抗拒的。如果节事活动的举办方企业能够提前做好预防工作，很多经营风险都是可以控制和消除的。

2. 风险识别

风险识别就是对以上所有可能发生的各种风险进行系统的归类和全面的分析，确定风险的来源，查明何种风险事件可能影响项目，并将这些风险的特性整理成文档。节事活动一般是按一定的程序将具有潜在风险的产品、过程、事件、现象和人员进行分类、识别；然后在风险出现后，对事件、过程、现象、后果进行观测、记录和分析；最后是对风险及损失的前兆、风险后果与各种原因进行评价与判断，找出主要原因并进行仔细检查。

二、风险分析

风险分析的目的是确定每个风险对项目影响的大小，一般是对已经识别出来的项目进行量化估计。

1. 三个概念

（1）风险影响　是指一旦风险发生可能对项目造成的影响大小。如果损失的大小不容易直接估计，可以将损失分解为更小部分再评估它们。风险影响可用相对数值表示，建议将损失大小折算成对计划影响的时间表示。

（2）风险概率　是指风险发生可能性的大小，用百分比表示，是一种主观判断。

（3）风险值　是评估风险的重要参数。风险值=风险概率×风险影响。例如：某一风险概率是25%，一旦发生会导致项目计划延长4周，因而，风险值=25%×4周=1周。

按风险值的大小可将项目的前10个风险作为控制对象，密切监控项目的前10个风险。这种方法很实用。

资料 10-2

瑞昌龙虾节　二百余人中毒

2011年8月11日晚间，瑞昌龙虾节正式开幕，吸引4 000余人到场品尝龙虾。到12日下午，瑞昌龙虾节中毒人数达到110余人。据卫生部门表示，不良反应患者是因使用过量龙虾等食物引起大肠杆菌超标。随后，九江市食品药品监管局组织调查组开展调查，发现活动中确实存在龙虾加工企业不具备相关资质、有关职能部门对龙虾宴卫生条件监管不到位等问题。

2. 定性分析

根据已有的风险管理计划、已经识别出的节事活动风险的概率、活动的进展状态，可以进行风险定性分析，确定其大小和优先级。对于常见的活动项目，其风险定性分析往往容易被理解和认识。

定性分析的工具和技术有风险概率和后果、数据精确度评价、假设测试等。定性分析输出结果主要有节事活动项目风险综合评价、需进一步分析和管理的清单、定性风险分析结果的趋势。

3. 定量分析

定量分析是对通过定性风险分析排出优先顺序的风险进行量化分析。尽管有经验的风险经理有时在风险识别之后直接进行定量分析，但定量风险分析一般在定性风险分析之后进行。一般的工具和技术有面谈或专访、敏感性分析、决策树分析、模拟。定量分析的输出包括：已量化的风险优先清单；项目偏离进度和费用目标的程度和可能发生偏离的概度；根据当前计划及面临节事活动风险的了解，可以估算项目时间、费用目标出现的概率、定量节事活动风险分析结果中的趋势。随着分析工作的进行，分析结果中表现出的“趣势”会逐渐清晰，它会给制订风险应对计划和进一步的风险分析创造条件。

学生活动 10-1

活动主题：节事活动风险的识别和分析。
活动目的：学生能够掌握节事活动项目风险的识别和分析方法。
活动形式：分组讨论。
活动内容：自选“某音乐节”为例，让学生讨论应该如何有效识别和分析节事活动项目风险。

第四节 节事活动风险的应对措施和监控

一、节事活动风险的应对措施

1. 风险应对的概念

节事活动风险应对是指为增加项目目标顺利实现的机会而制定的解决方案。节事活动风险应对规划要切合节事活动风险的严重程度，迎接挑战时具有的威力，行动要迅速及时以保证成功，在项目的具体环境中要切实可行，要得到所有参与者的一致同意，并落实到具体负责人员身上，通常需要在若干方案中选择最佳节事活动风险应对方案。

2. 应对的方法和策略

这是指根据风险性质和决策主体对风险的承受能力而制订的回避、承受、降低或者分担风险等相应防范计划。制订风险应对策略主要考虑 4 个方面的因素：可规避性、可转移性、可缓解性、可接受性。确定风险的应对策略后，就可编制风险应对计划，它主要包括已识别的风险及其描述、风险发生的概率、风险应对的责任人、风险对应策略及行动计划、应急计划等。风险管理类型及适用范围见表 10-1。

表 10-1 风险管理类型及适用范围

风险管理类型	适用范围
风险规避	风险潜在威胁发生的可能性很大，后果很严重 无法减轻风险，无法转移，也不能接受 弊病：丢掉了机会；压制了创造力
风险转嫁	发生概率小，但是损失的可能性很大 项目组织机构很难控制项目风险
风险减轻	不愿放弃项目，也不愿转移风险（转移成本） 对付无预警信息项目风险的主要应对措施
风险接受	当采取其他风险管理方法的成本超过风险本身带来的损失时采用此方法，或因主观或客观原因没有对风险进行事前控制，被动承担风险损失，一般损失数额不大，不影响大局
风险预防	事先从制度、文化、决策、组织和控制上，从培育核心能力上防御节事活动风险
应变计划	项目进行期间发生的已识别节事活动风险

（1）风险规避　规避节事活动风险是指变更项目计划，以消除节事活动风险或条件，

从而保护节事活动目标免受风险的影响，是一种最彻底的风险处置技术。例如，在节事活动中不采用不成熟的技术就是项目规避风险的一种有效措施。

（2）风险转嫁 转嫁节事活动风险是指设法将节事活动风险的后果连同应对的责任转移到第三方身上，如采取外包、上保险等。外包是把工作转让给别人进行，从而把有关的风险转嫁到别人身上。而购买保险将具体节事活动风险责任转嫁给保险公司。转嫁节事活动风险实际只是把节事活动风险管理责任推给另一方，而并非将其排除。此类风险应对措施多数是用来应对那些概率小但损失大（超出承受能力）或者组织很难控制的风险。

（3）风险减轻 风险减轻即化解风险，是指设法将某一负面风险事件的概率及其后果降低至可承受的限度。如提前采取措施减少节事活动风险发生的概率或者风险对项目所造成的影响。此类风险应对措施是应对无预警信息项目风险的主要措施之一。例如，阴雨天，在室内安排活动的方法就是一种项目风险减轻的措施。

资料 10-3

"一念之差飞了 1 000 万"

原定于2004年10月6日、7日在京举行的"法兰西巡逻兵"飞行表演活动因雾取消，令此次活动的承办单位——北京某节事活动有限公司损失惨重。然而，事实上这一损失本来是可以通过保险避免的。据悉：该承办单位曾授权国内唯一专业从事体育保险的经纪公司作他们的保险代理，而该保险经纪公司也为主办方设计了包括"表演取消、推迟险"在内的保险项目。其中，"表演取消、推迟险"的赔付额高达 1 000 万元。但主办方最终一念之差没有购买此险，正所谓"一念之差飞了 1 000 万"。据估计，此次该承办单位因演出取消造成的损失将在 800 万元左右。

该承办单位一位负责人在接受记者采访时用"深感惋惜"来形容。"对运作此类大型活动我们还是经验不足，风险意识也不够。不过我们会'吃一堑，长一智'，在今后举办活动时首先进行充分的风险评估，再具体安排有关事宜。

（4）风险预防 事先从管理、文化、环境上，从培育核心竞争能力上提高企业的防御节事活动风险的能力。

（5）风险接受 风险接受是节事活动组办方自己承担风险事件所致损失的一种风险管理办法。其实质是组办方自身把在活动中不可避免的风险承受下来，并采用必要的措施加以控制，以降低风险程度或减少不利事件的发生。组办方可在风险分析的基础上确定特定风险的关键变量并加以控制，减少风险程度或减少不利事项的发生，使活动朝明确目标的方向发展。最常见的接受风险的应对措施为预留应急储备，如为已知的节事活动风险预留资金。

（6）应变计划 应变计划是指针对在活动期间发生的已识别节事活动风险而提出对策。在很大程度上，活动前制订应变计划可有效降低节事活动风险发生时采取行动的成本。如果节事活动风险影响非常大，或者所备选的对策无效时，就必须制订一套应变计划。该项计划主要有制订其他备用方案，或者预留一笔款项。

二、节事活动风险监控

有了风险防范计划后，风险并不是不存在，在节事活动执行过程中还可能会增大或者衰退。所以在执行过程中，需要时刻监督风险状态，并确保随着某些风险的消失或减少而带来的新的风险。

1. 监控的概念

风险监控是指在节事活动项目运行过程中，组办方对风险的发展与变化情况进行全程监督，并根据需要进行应对策略的调整。因为风险是随着内部外部环境的变化而变化的，它们在决策组办方执行活动的推进过程中可能会增大或者衰退乃至消失，也可能由于环境的变化又生成新的风险。项目风险监控就是通过对风险规划、识别、估计、评价、应对全过程的监视和控制，从而保证风险管理能达到预期的目标，它是项目实施过程中的一项重要工作。

2. 监控的组成

风险监督是活动项目中最应该引起重视的。如果发现执行的决策有误，就必面承认并立即纠正；如果执行决策正确，而结果不是很理想，不要急于更改正确的决策，因为频繁地更改策略，不仅让有限的资源浪费，而且有可能增加活动项目的风险，其后果也许会不堪设想。

控制节事活动风险主要有两层含义：一是控制风险因素，减少甚至消除风险的发生；二是降低风险损害程度和控制风险发生的频率。要控制节事活动风险发生的频率就要进行准确无误的预测。

3. 风险监控输出

风险监控输出包括应急计划、挽救行动、项目变更请求、发出变更单、纳入整体变更管理。在执行过程中，要及时对节事活动风险应对计划进行更新，对发生和未发生的风险做好记录，对活动风险数据库做好统计等。

学生活动 10-2

活动主题：节事活动风险的应对措施和监控。

活动目的：学生能够掌握节事活动项目风险的应对措施和监控。

活动形式：分组讨论。

活动内容：以“一念之差飞了 1 000 万”为例，让学生讨论应该如何有效应对节事活动项目的风险。

实训项目十一　节事活动项目风险管理方案实训

工作任务	某公司承办当地旅游节，制定节事活动项目风险管理方案
实训提示	组织分工——教师将学生每 3～5 人分为一组，设组长一名，分组进行节事活动项目风险管理方案讨论 任务研究——教学关键在于让学生熟悉节事活动项目风险管理过程，掌握节事活动可能存在的风险及解决的方案 注意事项——教师应先将风险的类型及解决的方法教给学生

（续）

	实训建议	
三维度	方法能力	分析判断能力、预测能力，善于观察并发现问题能力
	专业能力	节事活动风险管理能力、制订节事活动风险管理方案能力
	社会能力	团队工作能力、解决问题能力、沟通交流能力、协调能力
工作6要素	工作环境	实训室
	工作对象	节事活动项目风险的管理
	工作内容	对项目风险的预测，制订节事活动风险管理方案
	工作手段	小组讨论、现场查看、报告协助
	工作组织	节事活动项目风险管理工作小组
	工作结果	制订节事活动项目风险管理初步方案
工作6步骤	第一步：信息	节事活动项目管理小组通过现场查看、收集、分析的相关风险隐含的信息
	第二步：决策	以小组长为团队核心，形成有效的团队工作计划步骤与决策方法
	第三步：计划	节事活动风险管理方案与步骤
	第四步：实施	团队讨论、制订计划、方案制订、报告写作
	第五步：检查	教师对各小组的节事活动项目风险管理方案进行指导和检查
	第六步：评估	各小组派一名代表分享本组风险管理方案，教师与全体同学进行评估

思考与练习

一、不定项选择题

1．节事活动风险管理的特性是（　　　）。

A．时效性　　B．有偿性

C．动态性　　D．信息依赖性

2．节事活动风险管理的原则是（　　　）。

A．目标一致性原则　　B．经济性原则

C．全面性考虑原则　　D．适度满意性原则

3．制订风险应对策略主要考虑4个方面的因素是（　　　）。

A．可规避性　　B．可转移性

C．可缓解性　　D．可接受性

4．（　　　）是活动风险中出现频率最高的风险类型。

A．法律政策约束风险　　B．保安和突发事件风险

C．财务风险　　D．人员健康与安全风险

二、填空题

1．风险管理是指项目管理机构对可能遇到的风险进行规划、识别、估计、（　　）、（　　）、（　　）的过程，是以科学的管理方法实现最大（　　）的实践活动的总称。

2．节事活动风险管理的特性是（　　）、（　　）、（　　）、（　　）。

3．根据风险管理理论，风险管理实际上是一个风险管理计划、（　　）、（　　）和（　　）的过程。

4．转嫁节事活动风险是指设法将节事活动风险的后果连同应对的责任转移到（　　）。

5．风险分析的目的是确定每个风险对项目影响的大小，一般是对已经识别出来的项目进行（　　）估计。

三、名词解释

风险　风险管理　节事风险管理　风险识别　风险应对　风险监控

四、简答题

1．简述节事风险管理的原则。

2．简述节事活动风险管理的意义。

3．简述节事活动风险的类型。

4．简述应对节事活动风险的方法和策略。

第十一章

节事活动现场管理

➢ **知识目标**

掌握现场人员管理的内容；掌握节事活动现场布置的特点；掌握节事活动举办场地区域划分；了解现场后勤管理的内容；了解节事活动结束管理和现场清理的内容。

➢ **技能目标**

具有对节事活动现场人员管理的能力；具有节事活动现场活动统筹安排的能力；具有做好节事活动后勤管理的能力；具备节事活动结束管理的能力。

案例导入：青岛国际啤酒节——强化管理，提升服务

青岛国际啤酒节的众多活动基本上都实现了市场化运作，政府的主要工作是管理与服务。啤酒节期间，政府部门加强了管理和服务。管理上，对参展的各类厂商要求更严，尤其在饮食卫生上，市、区两级卫生监督部门出动工作人员，每天在城内巡逻检查。在治安方面，市、区两级公安部门全力支持，不仅设立了固定的报警站，而且设立了流动岗。此外，还有城管、工商、交通等部门的人员现场执法监管。在服务方面，专业的环卫公司每天负责及时清扫城内卫生，使啤酒城在参节游客不断增多的情况下，始终保持清洁的面貌。在城内设立了游客服务、现场救护、志愿者服务、红十字会爱心“五位一体”的综合性游客服务中心，开创了全国重大节事活动人性化服务的先河。通过在啤酒品饮大篷首次引进移动式 POS 机、开辟旅游团队入城“绿色通道”、招聘外语专业人员为外国游客义务导游、制作多语种参节导游图、设立双语导向牌、印发亲情服务卡、对特殊群体实行免票入城或半价优惠、在啤酒城周边区域设置社会参节停车场和营运区、增加公交线路、延长公交车运营时间等，让游客处处感到舒心、开心、放心。同时，提前向市民征询办节建议、征集节歌等，并从在校大学生和下岗失业人员中招聘工作人员等，充分调动市民参节的积极性。整个啤酒节期间，共有 2 500 多名大学生在城内勤工俭学。所有这些服务水平的提高，促使啤酒节走向正规化、专业化和国际化，保证了节事活动的顺利进行。

【问题】节事活动现场管理的重要性，节事活动现场管理有哪些内容？

“现场”应是执行或实施节事活动各个环节的操作时段，地点以被主办方开始启用后的节事活动场地为主，也包括其他相关涉及的场所，如设施设备管理区域、服务区域等。节事活动的现场管理，是指在进场布置的第一天到节事活动结束的这段时间内，节事活动主办方对包括场地、活动、人员、后勤服务在内的各单位按计划进行有序的协调、监督和管理，以确保节事活动方案按计划实施，各项活动顺利开展。节事活动的现场管理是节事活动主办方对节事现场实施的总体管理，时间上从现场布置到现场活动，直至活动结束。

节事活动的前期筹划准备工作往往需要耗费几个月甚至一年以上的时间，才能进入关键的实施阶段，即现场管理环节。由于现场管理集中在这个特定的时间段，并且是一个不长的时间段，在这个时间段积聚了大量的人流、物流、信息流，各种事务显得集中、众多和繁琐。一个节事活动现场管理质量的高低，从很大程度上决定了该节事活动的美誉度。因此，节事活动的现场管理尤为重要，是一次节事活动能成功举办不可忽视的部分。

节事活动现场管理需要有一个总指挥，一般都由节事活动主办方派出。节事活动主办方可以设立专门的现场营运部门，并指派专人负责实施现场管理，此类人员通常称为“营运经理”或者“营运主任”，也有的直接由项目经理负责。

第一节 现场人员管理

节事活动的魅力就在于人们集聚在一起，身临其境感受期间的节庆气氛。大众性是节事活动的前提，也是节事活动的重要特点之一。节事活动在举办期间，短时间内积聚了大量人员，这些人员可以分为3类：组织者；观众、游客等消费者；邀请来的嘉宾、媒体记者和其他来宾。对于组织者来说，要做好现场接待工作，确保现场工作人员的积极性和工作投入，为节事活动的顺利开展提供人力保障；对于观众、游客等消费者来说，组织者要做好接待服务工作，保证观众、游客在节事活动中获得高质量的服务体验，在提高当地居民和普通观众、游客参与度和积极性的同时，还要保证观众、游客的人身安全和财产安全；对于邀请来的嘉宾、媒体记者和其他来宾，在现场派专人实施服务接待和监督工作，做好安全保卫工作，按照他们的需求提供相应的服务，为他们提供良好的工作环境，确保他们的工作如期开展。

一、现场工作人员管理

1．现场工作人员类型

一个节事活动项目的制作、举办要涉及许多专业人员。

（1）技术人员　技术总监、舞台设计、艺术设计、灯光设计、灯光操作、音响设计、音响操作和演艺管理等。

（2）直接组织和管理活动的管理和服务人员　场地管理人员、服务接待人员、餐饮管理人员、活动管理人员、安全保卫人员和清洁人员等。

（3）临聘人员　节事活动特别是规模巨大的大型活动都需要大量的临时工作人员来进行现场管理，如：志愿者，包括礼仪员、引导员、裁判员、记分员等；各种协调员，包括媒体协调员、交通协调员、信息协调员、公关人员和急救员等。

资料 11-1

2011 年新疆第二届塔城蔬菜旅游文化节

——青年志愿者 蔬菜旅游文化节中一道靓丽风景

2011 年 9 月 20 日，由中国蔬菜流通协会、塔城地区行政公署、自治区农业厅、自治区商务厅、自治区农业产业化发展局、自治区口岸办、兵团商务局主办的第二届中国·新疆塔城蔬菜旅游文化节暨中亚—新疆塔城进出口商品交易会在塔城市举行。此次蔬菜旅游文化节主题为“绿色塔城，续写百年商埠辉煌”，举行了开幕式专题晚会、群众晚会、花车巡游、名吃名店评选等 11 项活动。展会共设置 351 个展位，来自山东、福建、四川等区内外的商会、外贸企业、农产品加工企业、个体经营者参展进行了交流。另外，来自哈萨克斯坦的多个企业也应邀参加了展会。此次展会期间，共有 14 个合作项目进行签约，其中，中哈两国企业就果蔬、百货、大型机械等 9 个合作项目达成合作协议，签约金额达 4.2 亿美元。

在蔬菜旅游文化节期间，塔城团市委共招募和组织了 218 名青年志愿者参加志愿服务工作，其中既有在塔城服务的西部计划大学生志愿者，也有各中学踊跃报名的学生志愿者。经过系统的培训和现场实地演习，青年志愿者分别投入到会场的场地服务、引导协管、礼仪服务、表演巡游等工作岗位。他们有的在会务组负责桌椅摆放、贴号，开幕式观众区域划分、入场券分配及发放；有的负责现场秩序维护，协助引导来宾和观众；有的担任礼仪人员，为来宾提供周到的服务；有的在美食街帮忙发放免费品尝票、帮助特色美食店进行保洁工作；有的扮演蔬菜宝宝，参与各种表演、欢迎仪式和花车巡游；有的负责长跑活动的定点服务……

青年志愿者们用自己辛勤的汗水、灿烂的笑容和高水平的服务，诠释了“奉献、友爱、互助、进步”的志愿者精神，在志愿服务的岗位上结下友谊，锻炼自己，收获成长，贡献青春和力量，为第二届塔城蔬菜旅游文化节的顺利举办提供了重要保障。

（资料来源：http://www.xjtcsh.gov.cn/）

2．现场工作人员管理的内容

（1）节事活动开幕前进行培训　在节事活动开幕前，要加强员工的培训，由负责节事活动现场管理的“营运经理”或项目经理全权负责，培训的内容包括本次节事活动的基本情况，场地情况，预计到达的观众、游客、嘉宾、媒体人数情况，工作岗位，工作职责，具体分工，活动流程，活动内容及突发情况处理预案等。

（2）加强现场沟通　在活动举办现场保持信息的畅通、快速的沟通极为重要。由负责现场营运的项目经理通过各种途径将各种信息和任务上传给领导、下达现场工作人员。节事活动现场的人流、物流和信息流都非常大，管理难度很高，因此要求现场管理和服务团队要有良好的沟通效率，尤其是发生突发状况时，各方面的协调和沟通就显得尤为重要。

活动现场出现的问题很多都需要场地管理方来协同解决，所以被安排和场地管理方接触的人必须提前和场地管理方负责本次活动的主管取得联系，以便在处理现场问题时能够及时和场馆的负责人沟通，提高办事效率。

（3）组织和管理好临聘人员　一般一个节事活动的主办方能够提供的现场工作人员数

量有限，而在现场管理中需要更多的执行人员来完成不同区域的繁重的工作任务及阶段性工作，活动项目组织者就需要聘用临时人员。临时人员包括外请的兼职人员，也包括本公司内部被临时抽调到现场的员工。临聘人员经过总体培训、分类培训和实地演练后，分配到礼仪、接待、翻译、裁判、安保等岗位上。

临聘人员要加强对他们的管理，使他们能够很好地服务于活动，但也要能够同工同酬，让临聘人员享受正常员工的合理待遇。志愿者等虽为临聘员工，但不能忽视对他们的激励措施，不能挫伤他们的工作积极性，现在很多节事活动举办方打破“身份界限”，使临聘人员与正式员工同工同酬，享有正式职工同样的精神奖励和物质奖励。当然，聘用人员不遵守劳动合同规定事项或不胜任工作的，聘用方有权解除合同。

资料 11-2

2010 年广州亚运会志愿者招募公告

2010 年广州将举办第 16 届亚洲运动会，这是继北京奥运会后，我国举办的又一次体育盛会。2008 年 9 月 21 日上午，广州亚运会前期志愿者招募工作正式启动。前期志愿者计划招募 1 000 名，按 3 个月一批的原则分批次招募，并组织培训上岗。主要是在亚运会筹备阶段，参与亚组委的日常工作或专项活动，为亚组委提供志愿服务。

一、招募对象

在广州地区学习、生活、工作的各界人士，广东外各省、自治区、直辖市申请人，港澳同胞、台湾同胞、海外华人华侨和留学生、国际友人等各界人士。

二、报名条件

（1）自愿参加广州亚运会志愿服务。

（2）1992 年 4 月 30 日（含）前出生，身体健康。

（3）遵守中国法律法规。

（4）能够参加赛前的培训及相关活动。

（5）能够在赛会期间承担相应岗位职责，在广州亚运会组委安排的时间和岗位全程服务。

（6）母语是汉语的申请人应具备基本的外语交流能力，母语不是汉语的申请人应具备基本的汉语交流能力。

（7）具备志愿服务岗位必需的专业知识和技能。

三、报名方式

在广州地区学习、生活、工作的各界人士，穗外各省、自治区、直辖市申请人，港澳同胞、台湾同胞、海外华人华侨和留学生、国际友人，符合基本条件的，可通过广州亚组委官方网站（http://www.gz2010.cn）的志愿者报名系统或广州亚组委指定招募机构进行报名。报名咨询电话：020-3800××××。

四、志愿者录取

广州亚组委按照招募流程分批次在申请人中录用赛会志愿者，2009 年 9 月发出第一批赛会志愿者录用通知。

五、志愿者职责简介

（1）赛会志愿者　服务岗位主要涉及礼宾接待、语言翻译、交通运输、安全保卫、医疗卫生、观众服务、物品分发、沟通联络、竞赛组织支持、场馆运行支持、新闻运行支持和文化活动组织支持等领域。

（2）城市志愿者　亚运会期间，广大城市志愿者在全市志愿服务站点，为全世界各地来穗的运动员、官员、媒体记者、观众游客和广大市民提供交通指引、信息咨询和语言翻译 3 项基本服务。

六、志愿者的权利和义务

（1）权利　了解赛会志愿者政策；在岗位确定之前表达工作岗位的意愿；获得必要的工作保障；维护自身的正当权益；参加赛会志愿者评比表彰；对赛会志愿者工作提出意见和建议；申请退出志愿服务。

（2）义务　遵守奥林匹克宪章，遵守国际残疾人奥林匹克委员会章程，传播奥林匹克精神；遵守亚组委各项政策和规章制度；履行经本人签署的志愿服务承诺书；完成相应的培训；服从亚组委对志愿服务工作岗位的安排；服从亚组委的指挥和调配，认真完成志愿服务工作任务；服从志愿服务期间所在团队的管理。

（4）活动现场的执行管理　根据参与活动者身份的不同可以把现场的管理任务分为若干个方面，再分别安排专人来负责每一方面的相关事务，最后由现场管理负责人统一管理各个方面的负责人，协调和控制整个现场的工作。“项目负责人制”是目前有利于整个活动策划和实施过程中顺利、高效进行的较好的管理制度。由于节事活动的现场实施时间很长，特别是一些大型的节事现场活动要持续几个月，在实际操作中尽量保证各个任务的操作者能够从开始到结束一直负责本项工作，确保活动的进程速度和效率。

（5）节事活动结束的总结　对于举办时间过长的活动，如要好几天或好几周，甚至更长的时间，在每天或者每个系列的活动结束后还应该举行一次对于当天或者当场活动的总结会议，以便及时总结活动的得失，一方面对于出现的问题马上处理，另一方面也要防止在以后的活动中再次出现类似情况，以及对接下来的活动进行更加详细的安排。

二、观众管理

1. 节事活动观众的定义

节事活动观众是指节事活动的消费者，也就是那些支付一定的费用，在节事活动中获得一定物质或者精神享受的人群。

观众是节事活动中数量最多的群体，他们的服务需求主要集中在生理需要、心理需要和安全需要 3 个方面，具体表现为：

（1）观众参与一项节事活动的目的是希望从中得到味觉、视觉、听觉和触觉上的享受，能从节事活动的氛围和现场布置上感受节事活动的气氛。

（2）每个人都有满足好奇心的需要，独特的地方民俗文化、传统艺术、险要奇特的旅游资源等都会吸引观众来参与。

（3）人需要获得宣泄后的心灵平静。很多时候观众可通过参与节事活动，如“狂欢节”，来满足寻求刺激的心理，达到宣泄的目的。

（4）观众在拥挤的环境忘我地投入到活动的互动中，往往会忽略人身和财物的安全，因而需要一个可靠的安全管理系统来保证他们的安全。

（5）对于特殊群体，如有残疾的观众，更需要在活动的场地中提供方便的设施和贴心的服务，同时又要满足他们自尊的需要。

资料 11-3

2012 年达喀尔拉力赛——为保安全，秘鲁公布一系列安保措施

漫天黄沙、信马由缰……达喀尔意味着激情与征服，但也被称为“世界上最危险的运动”，意味着与死亡相伴。2012 年达喀尔拉力赛比赛刚开始，就发生了惨剧，这项“勇敢者的游戏”在挑战人们勇气的同时，也向赛事主办方发出提升安保措施的警示。秘鲁国家民防局公布了一系列安保措施，以确保观赛者的安全和赛事的顺利进行。

达喀尔这项赛事以残酷和艰辛闻名，但很少有人知道，达喀尔所提供的安全保障措施同样空前。在赛事期间，组委会的医疗委员会拥有一个移动会议车，10 辆医疗车，有 10 架直升飞机全程跟踪比赛进程，一旦发现情况，在 15 分钟之内就可以实施救援。达喀尔每天在每个检查站提供 1.5t 食物和 2t 饮料；有 50 个医生保证全天 24 小时待命；在 48℃的室外温度中，有超过 500 名技师汗流浃背地摆弄着各种机车；动用了上万名警力，在比赛的几个月前，安全措施的执行就已经做好准备。

本届达喀尔赛首次走进秘鲁境内，根据官方公布的赛程，车手们将穿越秘鲁南部海岸最终抵达秘鲁首都利马，届时预计将有 150 万秘鲁观众观看比赛。对此，秘鲁国家民防局制订了相关安保措施，如比赛过程中，观众应远离赛道和禁止穿越赛道。去年达喀尔比赛进入智利中部地区安托法加斯塔之后，就有很多当地观众进入赛道里面观赛，导致现场出现混乱。另外，观众必须在划定的安全区内观赛，避免出现在看到赛车靠近时慌张躲避的险情。在没有划定安全区的地段，建议观众选择高处观看比赛，而不要靠近赛道。在一些人员拥挤的观赛区内，观众必须将本人身份证留在登记处。同时，秘鲁所列措施还特别强调，儿童应在成人看护下观赛，不得将儿童单独留在观众区内。

2．节事活动现场观众管理

节事活动的观众流动有两种情况：一种是在较长的时间跨度内观众以较小的流量陆续抵达又陆续离开；另一种是在较短的时间跨度内（如开始前半小时和结束后半小时）观众蜂拥而至，又蜂拥而出。良好的现场观众管理可以使得参与者在一定时间内有条不紊地进入指定场所，节约因排队造成拥堵和导致的时间浪费。快速、有效地疏导观众到场和退场不仅能够提高观众的安全性，也直接增强了观众的心理体验。

大多数节事活动的现场入场为限制入场，这主要考虑到节事活动现场的安全问题；但有些大型节事活动的现场为自由入场，如美食节、服装节、文化节等，人流量比较大，参与者可以随意进出现场。但一般节事活动的普遍操作方式，主要是采取排队入场的方式。排队入场，即按照一定的顺序排队进入指定现场，按照票券有无来分，排队入场可分为凭票入场和无票入场；按照现场秩序来分，排队入场可分为自由入场和限制入场。

（1）观众现场服务管理

1）现场导引。建立节事活动现场的导引 VI，是观众服务管理必须进行的一项基础工作。导引 VI 首先应包括节事活动举办时间、日程、场地布置等内容。根据场地布置情况，以地标、路牌等手段，在通道、入口等公共区域，对活动现场区域、观众休息区、餐饮区、

洗手间等进行标识。

资料 11-4

节事活动中经常使用到的 6 类指示牌

（1）摆放于场地外围：用于标识各类车辆的行驶方向和停车场位置。

（2）放置于现场之中：用于标识内部方向，如“签到处”“目前所在位置”等。

（3）法律规定必备的标识：如“安全出口”“地面湿滑”“急救设备”等。

（4）用于标识房间及设施：如“洗手间”“餐区”“儿童游乐区”等。

（5）赞助商广告牌。

（6）普通的标识牌：如“欢迎光临”等。

2）观众指南。可以编制包含节事活动信息的海报、参观手册、观众手册和节事活动快讯等观众指南，起到传递节事活动基本信息和推广节事品牌的作用。

3）休憩服务。为观众设立休息区、咨询区、就餐区，主办方适当地提供饮料、点心等人性化服务，可以为客人营造积极的、值得回味的氛围。

4）秩序管理。节事活动现场的人流量通常很大，秩序管理的重点是通过巡场及时发现问题并及时调整、疏通，以保证节事活动现场的正常秩序。

5）保洁管理。节事活动现场的保洁管理是贯穿节事始终的常规管理，要真正做到随时保证现场的整洁，并不是一件容易的事。

（2）如何处理现场观众流量

1）入口处及出口处一定要宽敞。

2）避免出现会引起拥堵及逆向移动的死胡同及瓶颈。

3）现场的指示牌一定要足够多，且一定要清楚、明了。

4）将洗手间分散布置在现场的多个角落。

5）在可能的情况下实施人车分流。

6）加强工作人员间的沟通。

（3）现场观众管理的特殊需求

1）所提供的服务要多样化，服务信息获取方便。

2）准备多种火警报警系统，以考虑一些听力障碍的顾客。

3）在节事活动期间准备一些专门的交通工具。

4）应尽量将栅栏从建筑物的入口处及节事活动现场移除。

5）安装残障人士易使用的厕所和清洗装置。

6）在停车场提供进入节事现场的直达通道。

7）征询残障人士讨论现场还能再改进的地方。

（4）现场观众的人性化管理　为了使观众在节事活动中获得快乐的体验，产生美好感觉和难忘的记忆，主办方或承办方在观众组织方面要做到“以人为本”，人性化管理理念要贯穿整个活动的管理全过程。

1）在观众组织环节上，主（承）办方需要明确、清晰地告知观众活动的目的、亮点、项目、时间、地点，以及相关的酒店、餐饮、交通安排等服务信息。

2）提高工作的效率，减少观众的等待时间。例如，2005年在香港举行的设计营商周，主办单位就针对设计建筑行业从事人员的工作习惯和常用通信方式，选择方便、快捷的网上登记手续，并迅速给以反馈，在会场上更按照登记类别办理进场手续，大大提高了服务的效率，节约了观众参与的时间。

3）细心体会观众在活动中可能面临的需求，做好事前的准备工作。以2005年日本爱知世博会为例，考虑到活动期间天气炎热，活动主办方在世博会内免费派发折扇，并在露天的通行栈道上敷设喷雾水管，清凉的雾水为观众带来了丝丝凉意。在世博会现场，主办方为有需要的人士准备了电瓶车用于穿梭于各场馆之间，考虑到电瓶车的喇叭声会使客人反感，主办方专门安排了工作人员跑在电瓶车前请行走的观众避让。这些细微的人性化管理事例不仅为观众带来了高质量的享受，也为爱知世博会带来了更高的知名度和美誉度。

4）安排迎宾员、引座员、接待人员接待客人。帮助观众解决现场遇到的各种困难，使观众迅速地融入到活动的欢快气氛当中。

作为节事活动的主（承）办方，树立观众的人性化管理的理念非常重要，而且这种观念要渗透到每个员工的心中。同时，要使节事活动向成熟、可持续方向发展，就必须形成一个管理体系，将节事活动中的服务规范化、专业化，在此基础上则可以更进一步提高节事活动的个性色彩和人文关怀。

学生活动 11-1

活动主题：观众的组织和服务能力训练。

活动目的：学生能够对节事活动的观众进行有效的组织和服务。

活动形式：分小组以一个节事活动为依据，配合在图书馆、互联网查找相关资料，为整个节事活动设计一个观众组织管理和现场服务方案书，集体讨论、分析，最终以报告形式得出结果。

活动内容：设计策划一个节事活动观众组织管理和现场服务方案书，方案内容包括观众构成、观众特点、观众区功能分区、观众指南、观众入场管理、现场导引、流量管理、现场服务和退场管理等。

三、嘉宾、媒体记者及其他来宾的接待管理

明确参与本次节事活动的嘉宾、媒体记者及其他来宾，事先发放邀请函、请柬和入场券。对于邀请作为嘉宾出席节事活动的行业知名人士、政府官员等，对于参与节事活动现场报道的媒体记者、其他来宾，组织者事先落实他们的名单并与他们多方沟通，告知准备的活动时间、地点、内容、注意事项等。在活动举办时，安排专门人员负责他们的接送、问询、陪同。对于嘉宾、官员的接送可派专门的车辆进行接送，这些驾驶员都必须事先经过培训，主办方对交通车辆进行协调和监控，配备的接送人员在途中可向嘉宾介绍活动举办地的各种情况，如当地的风土人情、名胜风景及其他信息。对于媒体记者，要保证交通服务的便捷、高效，并为他们提供关于节事活动相关的资料介绍，为他们提供专门的车辆、停车区域、办公地点，这会给他们留下良好的印象，优质服务可以提升活动的知名度和美誉度。

第二节 现场活动管理

节事活动的内容丰富，可使用的场地和空间较大，所容纳和吸引的观众或参与者众多，能带来更大的影响力，因而主办单位选择各种场地举办节事活动的调控和管理难度也就加大了。节事活动的现场活动管理包括对舞台、灯光、音乐和音响、布景和装饰、视觉及特效、节目和主持人、供电设施等具体事物的管理。

节事活动现场管理必须制订详细的工作计划，如舞台的设计、搭建，声、光、电设备的租用和调试，专业技术工作人员的聘请，都需要指定不同的人员实施、操作，每一个环节都需要周密的前期准备和系统的专业操作。节事活动的场地布置和装饰都必须紧紧围绕活动的主题来展开，舞台、灯光、音乐、视觉及特效等都是为了烘托活动的气氛进行设计。

一、节事活动现场布置的特点

节事活动在场地布置上与展览活动和一般大型活动的要求有一些差别，根据节事活动特点，这些差别主要表现在以下方面：

1. 场地布置与活动主题相一致

由于节事活动的主题非常鲜明，或是隆重的纪念性活动，或是喜庆的联欢活动，或是竞争性的竞赛活动，或是充满神秘色彩的宗教节日，凡此种种，它们对场地的布置都提出了相应的要求。

庄重严肃的纪念性活动一般在城市的大型广场上举行，场地布置应简洁、明快，无需过分装饰，避免出现杂乱无章的背景图画或广告。由于这种政治性或历史性纪念活动一般是由政府举办的，在场地布置上可用国旗、国徽、党旗、党徽等来烘托气氛，有时还需奏国歌、升国旗，以显示活动的隆重和庄严。这种类型的节事活动往往有国家或政府的重要官员参加，甚至会邀请国外元首或代表，在场地安排上要特别注意其安全状况，对于高层要员的出入通道要优先考虑。

喜庆的节事活动可选择的地方比较多，既可以是商业广场，也可以是运动场，或者某条封闭的街道。在场地布置上，应突出热烈欢快、喜气洋洋的气氛。其布置形式多种多样，有种“样不惊人誓不休”的创新意识。在装饰上比较多地采用鲜艳亮丽的颜色，如红色、黄色、紫色、天蓝色等。装饰物品往往是约定俗成的，有着广泛的民众基础，因此也就成了节事活动的标志性装饰物。

大型竞赛活动的场地布置应体现热烈、激动、兴奋的气氛，这种气氛的营造需要通过刺激参与者的视觉、触觉和听觉来达到。因此，在场地布置上要充分利用动感的装饰、激扬雄壮的音乐和富有激情的主持人。同时，为了让观众有机会参与活动，在场地安排上可以设置一些观众活动区，以激发观众参与活动的热情。

2. 合理划分功能区，指示标志明显

由于参与的人数众多，在进行场地规划时需要清晰地规划活动场地的功能区，这些功能区包括活动区、观赏区、展示区、行走通道、停车泊位、绿地、垃圾收集点、流动厕所等。在规划这些功能区前应预先获悉谁将参加活动，参与活动的人数大概有多少，活动过

程的具体内容和时间安排，参与活动人员的主要目的是什么，在掌握这些信息后，节事主办方即可根据现场情况进行功能区域划分。

划分功能区时首先要确定活动的轴心，其他区域都围绕轴点进行布置。活动的轴心可能是节事活动的主席台，或者是花车巡游须经过的街道，或者是烟花燃放点。在确定活动轴心后，其次就可规划人群集聚区域，如展示区、观赏区等。最后可以规划停车泊位、流动厕所、流动贩卖车、垃圾收集点、休息区等。需要注意的是，垃圾收集点和流动厕所应该设置在下风口，且离人群稍远的地方。有时参与节事活动的人成千上万，这就需要清晰地标志一些功能区，如将观赏区细分为各个不同编号的座位区，以便观众能及时找到座位；要有明显的通往紧急医疗组或厕所的标志。

节事活动轴心的布置非常重要，是节事场地布置的重中之重。为烘托气氛，节事活动举办方常利用充气拱门、飘空气球、彩旗、路灯旗、充气模型、彩球、条（横）幅、花篮等装饰活动轴心。在节事活动中心舞台，还会安排舞狮、放礼炮、军乐队演奏、放飞和平鸽等助兴活动，这些活动安排在事前也需要安排场地。

3. 预留通道，便于人员进出

大型节事活动现场是否设置座位主要根据活动的性质来决定，一般来说，体验性的节事活动，如登山节、啤酒节、美食节等都不设固定的座位；而观摩性的节事活动，如文艺表演、纪念大会等，一般都会设定固定的观众或听众座位。户外节事活动所用桌椅通常比较简单，可折叠，拆装方便。无论是否设定固定座位，在活动现场都应预留人行通道，以便于人们的进出。

4. 加强现场管理与安保

随着节事活动的规模不断扩大，万人以上的节事活动已比比皆是，这使得节事活动的安全不能不成为首要问题。为保证节事活动的顺利进行，节事的承办单位在举办节事活动前应将安全措施的落实情况呈报政府部门进行审核；对举办万人以上大规模的节事活动，要成立节事安全协调小组，以便协调各方力量，监察安全措施的落实，及时排除安全隐患。在节事期间需要加强警力，增加安全工作的巡视，并建立相关安全隐患的应急预警机制，做到有备无患，万无一失。

5. 现场控制能力强

大量的人流带来兴奋和激动，可以烘托活动主题，然而也可能带来骚乱和失控，因此对于节事活动，主办方要有较强的现场控制能力，能预见和预防可能出现的问题，并及时加以解决。在现场布置上，需要安排较多的人力在不同的位置予以监控。至于每一个活动类型场地布置的具体要求，将在下面几节中详细分析和阐述。

二、节事活动现场管理注意事项

（1）要科学、合理地划分场地的功能区域，如舞台或表演区域、观众和参与者区域、设施设备管理区域和服务区域等。

（2）要做好场地的布置和装饰。场地的布置和装饰都必须围绕整个节事旅游活动的主题来展开，灯光、音像、布景及各种特殊效果都是为了烘托活动的气氛而设计的。

（3）在活动开始之前，必须对场地进行认真检查，如检查场地与活动项目的要求是否一致、安全性、游客的舒适度、游客对活动项目的可视性、储藏区、出入区、舞台区及相关区域、设备等情况，以减少意外事件发生的几率。

（4）在活动期间，还应注意随时进行场地及其各种设施、设备的维护。

资料 11-5

露天体育场布置要求

露天体育场与大型广场的不同点在于它为节事活动提供了一个很好的演出场地。这个场地不仅提供了阶梯状摆放的固定座位，而且下沉式的运动场自然变成了舞台。同时体育场现成的卫生间、运动员休息室、主观礼台、电力系统等都可以加以利用，为活动提供诸如供电、休息间、嘉宾接待室（观礼台）、观众洗手间等。因此，在体育场里举办大型文艺演出往往是活动承办方的首选。露天体育场的布置要求如下：

1．做好安全防范工作

与在广场上举行活动不同，露天体育场的出入口有限，当发生意外时，人们无法向四面八方散开，而是全部拥堵在出入口，这就有可能带来不堪设想的后果，因此事前应做好充分的安全防范工作，如禁止醉酒者入内、安装安检门、检查随身物品、防止带硬物入场等。有时还会禁止观众自带饮料，主要是防止不法之徒在饮料中装入易燃易爆液体。同时为了防止碰撞意外，还应准备好人群疏导指示牌以及座位引导员。

2．舞台宽阔，装饰工作量较大

体育场内一般均设有 400m 国际标准的塑胶田径场和足球场，看台可容纳的观众数量也超过 2 万人，如果仅利用一半（另一半作为背景），观众数量也超过万人。由于体育场内的面积较大，如果舞台搭建得太小，会给人以不够大气和壮观的感觉，因此舞台需要比较宽大。另外，如果把舞台设置在跑道的弯道上，不仅远处的观众无法看到，而且使得舞台只能向场内有限地深入，没有向两侧的延伸，导致整个场地看起来比较小气。舞台还通常都会采用多层次的布置方式，这样会显得整个舞台有立体感和空间感，避免单一。除了演出的舞台外，舞台下的场地常常也会被利用起来作为表演场，该表演场主要是用于展示大型团体操、舞蹈、杂技、舞狮、花车巡游等节目，用于烘托现场气氛。

3．强调色彩、灯光、音响的效果

在体育场举行的大型表演通常安排在晚上举行，为获得热烈、兴奋、激动人心的效果，整个体育场会用大型彩色灯光柱或激光灯、烟花和高功率的音响来控制和调节现场气氛。尤其是对于中心舞台的控制，聚光灯投射效果的应用能快速地将观众的眼光吸引到节目中，同时为下一个节目提供了准备时间。灯光的色彩、灯光的亮度、闪动的频率、音乐的舒缓、声音的大小等对于体育场现场气氛的调控意义重大。因此，在布置体育场场地前需要按照晚会舞美图，对现代灯光、立体音响的放置要求进行详细的了解。为配合节目的传播，大型表演还可以利用体育场馆中已有的大屏幕显示、电视转播、电子计时控制等配套设施。对于需要电视直播的活动，事先要进行足够的沟通和配合，必要时还需要彩排演练。

4．营造观众参与的现场气氛

为了使得现场观众能更加投入到表演场景中，大型表演承办单位会事先给观众发放小扇子、荧光棒、彩旗、充气棒等营造现场气氛的小物品。当现场气氛比较热烈和兴奋时，观众可以利用这些小物件配合节目进行欢呼，或者和着节奏打拍子。这些小物品在选择时需要考虑到安全问题，应选用一些不具有攻击性、使用安全的物品，防止对观众造成伤害。例如，彩旗棒应采用无锋利尖头的小圆棍，充气棒所承载的压力不足以发生爆炸，电棒的电压应该小于36V。有时为了带动现场气氛，事前还可安排人鼓掌、献花、同台演出等。

5．严格控制现场秩序

热烈和兴奋的现场气氛是大型表演成功的重要标志，但在管理上，要严防情绪过激者，对于这些人要严格监控，一旦有过激行为，应立即将其带离现场，演出过程中还要控制观众大规模的流动，以防激起人们的不安情绪。在进行烟花燃放表演时，需要将烟花附近的座位空开，以防发生意外。烟花燃放时要安排足够的、经过培训的工作人员在附近区域进行监控，以便处理紧急突发事件。除此之外，在现场还要准备好人群疏导指示，指明出入口、卫生间等的位置。

三、节事活动举办场地区域划分

节事活动在选择活动场所时要考虑使活动的场所和活动的主题相匹配，使活动场所的大小和活动的规模相适应，使活动场所周边的配套和活动的性质相匹配。主题鲜明、个性突出、氛围浓厚的活动举办现场，井然有序、灵活、即时、专业的活动现场管理，能给游客和观众留下美好的回忆和极高的评价，增加节事活动的美誉度。

1．舞台、表演或演示区域

节事活动可以选择在固定的建筑物内举办，如各类会议中心、大小会议室、展览中心或展览馆、体育中心、电影院、音乐厅等，也可以选择在临时搭建的凉棚式场地或露天场地上举行，不管哪种场地都有必要划分出专门的舞台、表演和演示区域（以下称为主席台），以区分表演者和观众的界线。在主席台的设置上既要满足所有舞台表演或演示者的表演需要，又要便于观众观赏和参与。观众和参与者不管处于哪个方位，都希望视线不能够被阻挡，能够与场上表演者有一个近距离接触。

不管是露天的还是室内的节事活动，主席台是必不可少的。主席台的应用极为广泛，其用途包括开闭幕式、表演、颁奖和演示等。主席台规模、形状、形式的设置首先要考虑的因素是观众的需求，特别是视线的问题，其次还要考虑表演、演示和舞台的视觉效果。

（1）主席台或舞台布置原则　在对主席台或者舞台进行布置时，要创造出一种与演出气氛相符合的舞台环境，如色调、图形、文字、旗帜、花木、灯光等。舞台布置一般要考虑以下几个原则：

1）突出主题。可以制作会标、徽标，也可以放置标识，从大小、色块对比入手突出主题。

2）确定色调。色调是庄重、热烈、喜庆、童趣还是艺术等。

3）简炼。比如，图片宜少不宜多，应选取像素高、清晰、较大的图片，文字信息少，能够使观众和参与者从图片上读取的信息印象深刻。

4）布置物品要大小有明显差别，形成鲜明对比。

5）如果是节日活动，突出热烈氛围和口号。

（2）主席台布置　主席台前台的大小和形状，可以根据整个场地和活动规模来定。主席台的布置形式，因用途不同而有很大不同。可根据活动需要，决定是否摆放桌椅和其他设施，如大型会议中讲台是必不可少的，是发言人、演讲人发表言论、进行表演的地方，上面可以放置麦克风、鲜花、文件和资料。当作为开幕式场地时，最常见的形式是在舞台中央摆放一条长桌，长桌根据开幕式主席台上的人数来定，长桌上摆放桌签、鲜花、话筒、茶杯等，主持人一般在长桌的一侧，负责整个开幕式的流程掌控，长桌的后面可以摆放椅子，前侧摆放花草。对于文艺表演类的主席台，主席台就是表演台，是展示区域，不能摆放桌椅和讲台，舞台布置要强调视觉效果。对于有些颁授仪式的舞台，需要有一个供主持人使用的讲台。

总之，主席台的布置要既实用又能突出活动的主题，吸引到场观众的眼球。

2. 观众和参与者区域

观众和参与者区域可以分为站立和坐席两种类型：一类是观众站立于活动周围、广场、街道两侧等，这种模式没有固定观众席和安排座位，可通过现场的装饰来烘托气氛；另一类是安排座位，设置固定或移动座位，相对来说，这种模式的布置工作较为复杂，相比较而言坐席更便于管理，尤其是凭票对号入座。在观众区域，入口和出口的管理相当重要。

（1）贵宾或嘉宾席　贵宾或嘉宾席一般安排在前几排，有些活动会设置专门的贵宾坐席，摆上桌椅，放上桌签和茶水，排上座次，甚至有些活动还会把贵宾区和普通观众区划分开来，显示对贵宾的尊重。在观众区域，贵宾或者嘉宾席要指示明显，竖立指示牌，国际活动用中英文两种文字写上贵宾席字样。高规格的节事活动参加的贵宾很多，可以设置不同的贵宾室，按不同规格来接待。贵宾室的位置应该距离主舞台较近，且有专门的通道。

（2）观众席　观众席的布置要突出以人为本的设计理念，充分考虑到观众的空间和视觉感受，使观众都有亲临舞台现场的最佳感觉。观众席视线的设计要与舞台的距离适中，使观众的视角、视距绝大多数都处于最佳观赏范围内。要使观众通过充足的疏散口尽快地到达观众休息厅、卫生间及室外平台。

（3）记者席　为了便于记者摄影、摄像、摆放机器、进行现场采访、发送现场新闻报道，应该设置专门的记者席。对于大型节事活动来说，参加活动的记者会很多，有时甚至上百人，如果有两层会场，一般将记者席设在二楼的前几排，既方便他们摄影和摄像，也对他们的走动加以限制。

资料 11-6

2010 年第 16 届亚运会观众观赛礼仪规范

2010 年第 16 届亚运会将在广州举行，市民可在本届亚运会中欣赏到 42 个大项和 473 个小项的精彩比赛。广州市质监局发布了广州市地方技术规范《亚运会赛场观众礼仪》，该规范对市民观看亚运比赛的礼仪作出了具体规定，要求观赛市民体育场上不吃零食、不使用污言秽语，同时部分特殊赛场不能携婴儿及电子通信设备进入。

1. 体育场上尊重运动员和比赛规则

规范对持票市民的入场礼仪作出了具体规定，观众着装基本要求是文明、得体，以舒适、休闲、整洁、大方为宜。同时观众应根据比赛场馆和项目不同选择合适的着装。

例如，观看网球、台球等比赛时不宜穿背心或短裤，作为贵宾出席须穿正装。入场后观众不应再吸烟或吃东西。

在观赛过程中，观众必须尊重各国国旗，比赛场馆无论升哪国的国旗，奏哪国的国歌，观众都禁止在场内走动。体育场上，观众绝对不能使用污言秽语，不能用歧视性的语言侮辱、谩骂运动员、教练员、裁判员和其他观众。入场后，观众应自觉把手机调整为振动模式或关闭，在接听电话时，应尽量放低音量，以免打扰他人。观众观看比赛时，如要拍照，不能使用闪光灯。观赛时建议不要携带零食入场。公共场合禁止吸烟，要吸烟的应到专用吸烟区。

2．观看特殊比赛要求

对于观看特殊比赛，规范也作出了具体要求。跳水运动员起跳瞬间禁止使用闪光灯拍照，花样游泳比赛中，观众应在音乐开始时保持安静，在比赛中不要喊口号加油，保持安静。

观看网球比赛，不能携婴儿及电子通信设备进场，如要携带饮料，应以软包装为宜。比赛开始后应立即就坐，不要随意停留在过道或坐在栏杆上观看比赛，迟到的观众应在引导员的帮助下尽快入座。比赛开始时，一定要保持绝对安静，不要制造影响运动员或其他观众的声音；避免大声说话；只有在运动员得分时，方可开始喝彩。当拣到球员打飞的球后，一定要在一分比赛结束后，方可扔入场地内；不能在比赛进行时，将球扔进场内，干扰比赛。

3．设施设备管理区域

一般节事活动举办现场应具备音响、投影机、幻灯机、多媒体演示控制系统、彩色多频系统电视机、多频系统放映机、主席发言机、灯光、装饰等设施设备。

（1）灯光设备　一般节事活动的灯光主要有两个作用，首先是照明作用，其次是艺术效果。灯光的设计和使用往往更注重艺术性、独特性。按照节事活动需要，灯光分为室内、室外实用性灯光和艺术性灯光。节事活动的灯光一般会由专门的灯光师负责完成，需要在同创作小组不断协调后，准确掌握演出剧场和舞台所需灯光的数量、灯光布置的大致位置。舞台灯光不仅能够创造出浓厚的节日氛围，而且有助于形成独特的表演风格。活动的主题、导演的理念、服装的华美、舞蹈的绚丽，诸多只可意会不可言传的音乐和歌舞精神经常依靠灯光来表现。

（2）音响设备　节事活动中使用音响设备主要是为了传达活动的声音，使得参与者可以清楚地听到讲话和音乐，并同时感受不同的听觉效果。一般的节事活动中心、会议中心、体育馆、剧场都已安装了固定的音响设备，并经过专业人士的精心调试。但是，在露天场地或观众人数增加或者声音要求质量高等情况下，必须请专业公司来提供服务。在活动现场，特别是对于室外活动来说，考虑音乐和音响的音量大小对周围环境造成的影响是十分必要的。

（3）投影仪和屏幕　投影仪和屏幕要有专门的技术人员控制，确保在活动现场能够运转正常，活动进行前要经过多次调试，做好与播放设备、计算机连接及屏幕距离的调试，保证放映效果清晰、不变形，色彩符合现场气氛。屏幕的尺寸根据场地的大小设置。

（4）特效　节事活动的特技效果可以为活动现场带来与众不同的感觉，如高科技的声、光、电、烟火、气球、干冰等，这些不仅可以创造节事活动的主题，还可以为活动设定特定的基调，最重要的是可以制造非常好的视觉效果、情绪效果，带动现场观众的热情，留下深刻的印象。但节事活动不要滥用特效技术，否则不但成本高还不能烘托节事活动的主题。

（5）装饰性布置　对活动现场进行装饰布置可以起到非常好的烘托和调节作用，装饰性布置通常是指使用花卉、旗帜、灯饰、工艺品陈设等。

主席台的背景一般用紫红色和深蓝色面料，红色热烈，蓝色柔和、宁静，以节事活动的性质来进行选择。

背景板和横幅是活动的标志物，大多数活动都会在主席台上设有背景板和挂有横幅，上面可以有节事活动的标志、徽章、活动名称、举办时间、举办地点、举办单位、活动主题等。背景板一般设置在主席台和活动入口显眼处。横幅是最常见的一种宣传形式，通常由红布做成，一般放在主席台上方或大门上，或活动举办场地周边，或活动宣传推广板块。

气球、充气拱门、彩旗也是为了烘托活动效果而设置的，在上面可以印有活动的标志、简单信息等字样，能够有效地营造出活动的喜庆气氛。

学生活动 11-2

活动主题：认识现场活动管理。

活动目的：学生深入了解现场节事活动管理，并能进行实际操作。

活动形式：分小组以当地一个大家熟知的节事活动为依据，配合在图书馆、互联网查找相关资料，收集关于这个节事某个主题活动的相关资料（如开幕式、闭幕式、颁授仪式、文艺表演、赛事安排等）。

活动内容：根据收集的资料，整理这个主题活动的现场管理相关内容。

活动程序：

活动功能区域划分：

观众管理：

工作人员管理：

设施设备管理（舞台、灯光、音乐和音响、布景装饰）：

主持人和节目：

四、节事活动工作实施

1. 准备工作

节事活动的组织工作千头万绪，只有提前做好准备，才能收到事半功倍的效果。大型节事活动的组织工作是系统工程，必须做好翔实、完备的工作计划，由专人负责整个项目的运营，才能促使活动的开展朝着有序的方向进展。随着节事活动的不断发展，专门化的服务机构逐渐形成，如节事活动策划公司、场地和舞台搭建公司、演艺公司、广告公司、安保公司等。节事活动的各项任务可以外包给专业公司来运作，效率更高，也更专业化，但节事活动的主办方要做好活动的统筹安排，做好组织工作，使各参与单位充分发挥自己的专业特长和主观能动性。

2. 实施步骤

节事活动的规模、性质不同，节事活动的现场管理也不同，但不管是哪种类型的节事活动，都需要周密的前期准备和系统的专业操控，这里只简单介绍节事活动现场管理的实施步骤和注意事项。

（1）节事活动开始前，确定所有的参与单位正常运营，如灯光、音响设备、投影、特效、供电的正常运作。开始前，要进行数次调试，未经允许除操作人员外的其他人员不得随意乱动任一设备，并且一旦设备发生任何故障，要有负责维护设备的人员第一时间到达现场解决问题。

（2）按照制订的节事活动流程安排活动，确保活动有条不紊地有序进行。为了确保活动流程的正常进行，如无必要，不得随意更改活动流程，以免发生各参与部门因不熟悉流程而操作不熟练的情况。

（3）制定应对突发事件的预案和专门负责工作小组。例如，在进行现场表演时，确保主持人对现场信息获取的正确性，哪一位重要嘉宾临时无法出席，哪一个节目无法上台，如何解决活动现场干扰噪声，如何处理麦克风杂音，提前要有预案，现场要有专人负责沟通、处理。

第三节　现场后勤管理

节事活动后勤服务管理涉及活动现场的各种后勤保障和接待服务。节事活动是融经济活动、文化活动、交流活动和旅游活动等于一身的大型活动，后勤保障系统涉及交通运输部门、文化部门、环境卫生部门、公安部门、金融部门以及其他服务部门，较为复杂。节事活动的对象除了当地的居民外，很重要的一个组成部分是旅游者。旅游者十分重视经历和体验，这就要求各类从业人员树立“服务至上”的观念，提供高质量的服务。对后勤保障体系的组织，不仅仅是落实人员、物资，还要落实到整个活动的流程中。良好的后勤管理能够保证活动的如期和正常运营，有助于现场活动的顺利进行。

一、后勤管理与供应商和服务商的协作

节事活动主办方可以将活动的某些服务外包给专业的供应商和服务商，因此作为活动的组织者，选择好的供应商和服务商是非常重要的。首先，要确定需要的产品和服务种类，如一场足球赛需要几十个供应商和服务商来协作，包括足球场馆、广告公司、礼仪接待、安保服务、餐饮服务、证件制作与管理、交通部门、票务公司、志愿者服务、赞助公司、保险服务、现场直播等。其次，可以培养与供应商和服务商之间密切的协作关系，可以选择优秀的供应商和服务商签订长期协议，这样有利于稳定合作、培养默契、提高效率。最后，要保证商品和服务能够保质保量，满足观众、游客，甚至工作人员的需求。

二、交通管理

交通管理是节事活动期间最普遍的难题，有效地疏导活动举办期间的大量人流、车流需要周密的计划，也需要当地警察、交通部门、活动组织方和志愿者的通力配合。在交通

管理方面，应确认观众、游客的接送、停车需求，为前来的观众设置指示方向的交通指示牌，向相关车辆发放通行证和停车证，做好现场的交通调度工作等。

1．举办节事活动时的交通问题

举办节事活动期间，往往会在较短的时间、较小的空间内聚集大量车流和人流，如果交通组织不当，会造成交通事故、交通拥堵、环境污染等一系列问题。

（1）交通安全　在节事活动中，由于车流和人流分布集中，数量庞大，更需要做好交通安全管理工作。

（2）交通拥堵　观众和游客为了参加某项节事活动，交通需求往往在时间和空间上具有很大的集中性。观众和游客要到同一个地方去，并且到达和离开的时间也相近，因此产生的交通高峰效应十分明显。无论是步行、开私家车还是乘公交车前往活动地点，现有的交通设施（如道路、停车场、公交线路等）往往不能满足短时间内迅速增加的车流和人流的需要，于是产生了交通堵塞。

（3）环境污染　对于进出节事活动地点的机动车辆而言，其产生的环境污染主要有两个方面：噪声污染与大气污染。一方面，汽车行驶振动、使用喇叭等都会产生噪声。节事活动现场的机动车往往数量多、车型大，加上在交通堵塞时频繁使用喇叭，常常造成较为严重的噪声污染。另一方面，汽车行驶时会排放一氧化碳、氮氧化合物和挥发性有机化合物等有害气体。也就是说，节事活动现场如果发生交通拥堵，机动车低速行驶，会排放更多的一氧化碳和碳氢化合物，加剧大气污染。

2．举办节事活动时的交通管理策略

节事活动开始于交通行为又结束于交通行为。举办节事活动期间，往往会在较短的时间、较小的空间里汇集大量的车流与人流，即时空效应显著。为了保证节事活动的顺利举办，避免或减少交通事故、交通拥堵、环境污染等问题，旅游地举办节事活动时的交通管理应得到足够的重视。

（1）预测交通需求，制定交通预案　在策划节事活动时，预测可能出现的各种交通状况，有针对性地制定合理可行的预案十分重要。应当根据节事活动的类型、规模、时间、地点等因素，制定相应的交通预案。预案的内容通常包括划定临时停车场、设置专用车道、设置单行线、分车号禁行、分车种禁行、实行外围分流、实时播报路况等。例如，“中国南京国际梅花节”期间曾经出现过车辆大量积压、停车场拥挤不堪、人车混行险象环生等问题。针对这些问题，2007 年“梅花节”期间交管部门制定了更为详细和有针对性的交通预案，如部分路段实行机动车单向交通、分别划定机动车和非机动车停车场、外围分流等措施。这些预案的制定，为保证“梅花节”期间钟山风景区的交通安全与畅通发挥了重要作用。

（2）科学选择举办活动的时间和地点

1）科学选择举办节事活动的时间。科学选择举办节事活动的时间主要是指在时间上分流游客，旅游业具有季节性强的特点，节事活动适宜安排在旅游淡季，不但可以分散交通需求，避开交通高峰，还可以平衡淡旺季之间的差异，增加旅游收入。此外，节事活动的时间不宜过短，在考虑经济效益的基础上应适当延长活动的时间，以免旅游交通流过于集中。

资料 11-7

2008 年南京夫子庙灯会引导游客错时观灯

第 22 届南京夫子庙灯会于 2 月 7～24 日（农历正月初一至正月十八）举行，参观人数超过 45 万人次。从 2007 年开始，夫子庙灯会安保开始启用“四色预警”。绿色、黄色、橙色和红色，分别代表人流正常、增多、拥挤、饱和 4 种情况。据了解，这 4 种颜色根据现场人流数而随时改变，分别对应每平方人数为 2 人以下、4 人以下、6 人以下、6 人以上 4 种情况。一旦人流达“橙色”，警方就会在灯会区域全面实施单向通行；一旦出现“红色”，警方将封闭全部路口，人员只出不进，迅速向外围疏散。

南京夫子庙元宵灯会的时间一般是从每年的正月初一到十八。往年由于灯会结束后立即撤展，游客想看只有等到来年，因此游客都集中在短短 18 天灯会期间前往观灯，造成了旅游超载和交通拥堵。为了从时间上分流游客，从 2008 年起有关部门在正月十八“落灯”后，保留大部分大型灯组不撤展，引导游客错时观灯，想观灯的游客，如果选在其他时间段去夫子庙，游览的舒适度会提高，购物消费也会更从容，在时间上分流游客，取得了较好的效果。

2）科学选择举办节事活动的地点。一般说来，主城区道路网密度较高，可进入性良好，有利于节事活动期间车流和人流的集散。此外，把举办活动的地点放在主城区，可以使游客感到不用跑很远就能来参加活动，有利于拉近活动与游客的心理距离，吸引更多的游客参与。但在主城区内举办大型节事活动常常会导致交通拥堵、停车困难等一系列问题。因此，主城边缘的新区就成了举办大型活动的新选择。还有一些节事活动要与特定的旅游资源相结合，因此常常在位于郊区的旅游景区里举办，如南京的江心洲葡萄节、溧水采摘节等均属此类。由于这些景区距离主城较远且交通配套设施有时还不完善，因此一方面要加强与主城的交通联系，另一方面要做好景区出入线路、停车场地等方面的规划与建设。

总的来说，节事活动选择在主城区、主城边缘的新区还是位于郊区的旅游景区里举办，要根据活动的类型具体问题具体分析。

不同类型的节事活动合适的举办地点及其策略见表 11-1。

表 11-1　不同类型的节事活动合适的举办地点及策略

活动类型	合适的举办地点	该地点具备的优势	该地点存在的问题	应对策略
中小型活动	主城区	距离近、交通便利	空间狭小	科学疏导、控制活动规模
大型活动	主城边缘的新区	设施现代、活动空间大	路途遥远	增加公交车，轨道交通班次
与特定旅游资源相结合的活动	位于郊区的旅游景区	旅游资源独具特色和吸引力	路途遥远，交通配套设施有时还不完善	加强与主城的交通联系，如开辟专线车等；科学规划和建设配套道路、指示牌、停车场等

节事活动的地点不宜过于狭小和集中，对于常常发生旅游超载和交通拥堵的节事活动，应考虑扩大活动范围、设立分会场等，以免旅游交通流过于集中。

（3）节事活动地点对外与内部交通管理　节事活动地点对外交通管理，应提倡采用公共交通方式。在节事活动中，除了少数特殊人员（如奥运会中的政府官员、运动员、裁判员等）需要采用专门的交通方式（如专门安排的小汽车、大巴等）以外，占参加人员大多数的观众一般可以自由选择进出活动地点的交通方式。在自驾车个体出行不断增加的今天，不应鼓励数量庞大的观众乘坐小汽车前往，而应倡导观众乘坐速度快、运量大、污染少、安全系数高的公共交通工具，如轨道交通、公交车等，从而实现旅游交通频率和强度的提高。相对于小汽车，公共交通更节能、更环保、效率更高。要充分发挥大众媒体的宣传作用，事先向游客宣传公共交通的优势，并通过经济、行政等手段进行调节，在旅游地举办节事活动时提倡减少私家车的使用，鼓励游客采用公共交通方式前往活动地点。

节事活动地点内部交通管理，慢行交通优先，在活动地点内部建立松散、漫游式的“游＋旅”的慢行路线，旅游交通智能化、人性化，提供舒适的、特色的、安全的交通方式，保证观众和游客的旅游质量，提高节事活动的享受度、美誉度和知名度。可以运用现代化技术，建立旅游交通流实时监测与调控系统。建立车流量和人流量监控系统，在节事活动地点的各个出入口安装识别装置，严格控制车流和人流的数量，当数量饱和时立即采取限制进入措施；还可以建立一个在GIS技术支持下的调控系统，在活动地点内部设立多处电子显示牌，及时告知人流数量、游客密度、游览建议等信息，引导人流合理流动。

资料 11-8

节事活动的停车场管理

一般的节事活动举办大型场馆都配备有大型停车场，以方便观众的停车需求。除了与场馆配套的固定停车场之外，活动主办方或场馆管理部门在大型活动期前还会与交通部门沟通，在场馆附近设置临时停车场。要做好节事举办期间停车场的管理工作，须从以下几方面着手：

（1）明确划分车辆停放的区域，对不同的车辆进行分区管理。如可以将场馆内部及周边的停车场划分为小轿车停放区、非机动车停靠区、公共交通车停靠区等。对于有政府官员或其他贵宾参加的活动，要安排特别的停车区域，以保证这些车辆的无障碍出入。

（2）在停车场做好明显的交通指示标志，保证停车场内的标志指示清晰、明了，以合理地引导车辆进出停车场。这些标示包括车场进出标志、限速标志、方向标志、停车线和禁停标志、停车车位标志、严禁烟火标志、车流导向标志等。

（3）若活动期间停车场车位紧张时，须预先通知进入馆内停车场的车辆办理有关手续，如车辆通行证或停车证，对于无停车证或通行证的车辆不予通行或停放。

（4）进入停车场的车辆须按规定读卡交费。车场管理人员对车辆的停放进行指挥。对进入场馆内停车场的车辆要实行安全检查，以防止放置有易燃、易爆、剧毒等危险物品的车辆进入车场。

（5）对机动车进行登记，该项登记工作可以通过智能化的停车场管理系统完成，也可以通过人工完成，当有需要时能及时与车主联系。

（6）车场内应安排有车管员对进出车辆指挥。维护场内车辆停放秩序和行驶秩序，制止车辆跨车位停泊或超出停车线，杜绝事故隐患，防止车辆丢失、损坏。

（7）室外停车场要用临时胶带划分出停车车位，大型客车要抓紧时间上下乘客，并及时驶离，以便增加车辆的流转速度。

（8）在馆内的停车场内应配备必要的安全防范设备，如监控系统、防爆设备、防火设备等，以保证场馆的安全。

（9）制订馆内的管理规定，馆内的地下停车场应禁止吸烟，不得逆行，不得乱丢垃圾、杂物等。

三、安保管理

安保管理不只是现场保安和保安部门的责任，而应该是所有参与者的责任，只有开展全员安全管理才能保证活动平安、有序。无论是哪种类型的节事活动，都应采取措施保证演出者和观众的安全，在安全管理方面，应加强现场保安力量，维护现场秩序，防止伤亡事故发生；应在活动现场设立紧急医疗系统，配备必要的医护人员；应接受消防部门的安全检查，物品存放、装饰性搭建设施须遵循消防部门的规定；加强人员出入管理及重要区域的安全保卫，建立紧急疏散系统；对于可能发生危险的活动应在现场设置防护设施，并提醒游客注意安全等。现场管理中，安全防范措施有很多，这里列出几点：

（1）现场的安全管理利用颜色刺激人的视觉，来达到警示及作为行为的判断标准，以起到危险预知的目的。例如，张贴颜色鲜艳的“禁止翻越区”“绿色通道口”“禁止吸烟区”标志，起到一定的提醒和警示作用。

（2）如果现场参与者的情绪过于激动或者吵闹声很大，需要主持人灵活应对，必要时通过安保人员对部分参与者的不适当行为进行制止。

（3）为应对有人受伤或突发急病，节事活动举办方需要准备紧急医疗救护措施，成立现场医疗救护小组，准备必要的救助用品。

（4）为工作人员、媒体记者、嘉宾、演艺人员、VIP 客人、志愿者制作出入证，如有条件还可划分出专门的出入通道，或者不同的佩戴、不同的着装用以识别人员类型。

（5）考虑到节事现场的安全问题，大多数节事活动的现场排队入场为限制入场，如果为自由入场的节事活动，也要保证观众能够有序地进入现场。现场设置防护围栏，不让观众在场内随意跑动。

（6）参加活动过程中，观众和游客不要在标有紧急疏散标志的地段、通道坐卧停留，对于标有行进顺序的道路，要按方向行走，不要逆向行走。

（7）当活动出现入场人数超员或其他一些情况时，管理人员可采取暂时控制入场或分时段入场等措施。

资料 11-9

2010 热波（成都）音乐节安保升级

2010 年热波（成都）音乐节，由成都市对外文化交流协会主办，2010 年观众人次超过了 25 万人次，安保工作也全面升级，成都市、新都区的公安部门制订了详细的安保方案，不仅保证了现场的安全，也加强了门禁系统，本次音乐节的参与者能在最安全的环境中尽情享受音乐节的快乐。

为了保证成都演出市场的规范化，成都市公安局的相关部门制订了最新的大型活动管理流程，热波音乐节的安保保障就是这个流程制定后的首例实战。成都市公安局和新都区公安分局此次制订了严格的管理办法，专门调派力量为音乐节服务，同时为了保障活动现场的交通顺畅，还制订出了一整套交通疏散方案。

2009 年首届热波（成都）音乐节创下了超过 15 万人次的入场纪录，2010 年借鉴 2009 年的安保经验，组委会斥资上百万加固了公园的围栏，实现了整个公园的全封闭。门禁系统也更加严格，组委会聘请了专业特卫，对进出通道的人实施不留任何情面的检查，严禁任何易燃易爆等危险品被带入现场，让参加音乐节的观众有一个更为安全的游玩环境，也杜绝了人情化逃票现象的发生。同时，今年音乐节的工作人员均采取工作证和一次性手环并用的方式，使得活动的安保管理更为规范。今年主办方在音乐节现场设有 4 个售票点，以便观众快速、便捷地购买入场券。而相关的工作人员已就人员疏导等问题做好了预案，避免发生大量观众涌入造成的长时间排队、拥堵的状况。

四、餐饮管理

一般节事活动举办现场都配有食品和酒水的服务，餐饮供应要保证能提供参与者足够的酒水和食物，再者大型节事活动食品安全风险较高，为防止由其导致的食品安全事件，一定要选择质量过硬的餐饮服务供应商。在选择承办餐饮单位或举办方自己提供餐饮服务时，要了解大型节事活动食品安全的注意事项：

（1）慎重选择餐饮服务单位，应选择持有“餐饮服务许可证”、信誉好的餐饮单位承办，且在选择餐饮单位时，加工经营场所要与接待观众数量相匹配，防止因加工经营场所超负荷运转导致食品安全得不到保证。

（2）与餐饮单位签订包含食品安全权利和义务的承办协议，督促餐饮单位注意食品安全卫生，确保节事活动食品安全。

（3）菜谱定制要慎重，尽量避免选择高风险的品种，菜肴品种要适量、菜肴工艺要简单、熟食卤味要控制、生食菜肴要限制。

（4）餐台的设置要合理，确保参与者的可达性，并保证添加食品的便利性，同事要时刻保持地面的清洁和通道的畅通。

（5）节事活动举办方要为餐饮服务商提供充足的配餐工作空间和服务通道，提供公用帐篷和与之相邻的服务区，餐饮工作区的安全保卫，赞助商提供的食品和饮料（供给运动员、演员和志愿者）。

学生活动 11-3

活动主题：认识节事活动的后勤管理。

活动目的：学生深入了解节事活动后勤管理，并能制订相应服务方案。

活动形式：分小组以一个当地或全国知名品牌节事活动为依据，配合在图书馆、互联网查找相关资料，收集关于这个节事活动的后勤管理相关资料，形成本次节事活动的服务方案，最终集合成作业并上交考核。

活动内容：根据收集的资料，回答以下问题，帮助你了解本次节事活动的后勤管理背景资料：

（1）举办活动的目的是什么？是筹集资金、吸引媒体注意、促销各种产品，还是提供公众娱乐机会？

（2）活动的规模，预计有多少观众、媒体记者和贵宾参加？

（3）活动是在室内还是在室外进行，还是两者皆有？

（4）活动对设施有何要求，是否要求活动有供残疾人使用的设施，公共卫生部门对设施有何限定？

（5）是否提供食品和饮料？如果提供，由谁或向谁提供？

（6）运动员、演员、观众、媒体记者乘坐何种交通工具抵离场地？列出交通工具的类型、来往时间和特殊要求。

（7）对卫生设施的要求（按国际标准，平均100～200人应有一个公厕位）。

（8）特殊的观众（如残疾人、老人、不同语种的外国人）是否占有很大的比例？

（9）场地的座位布局如何？

（10）活动需要多少工作人员和志愿者（根据经验，要考虑志愿者在活动当天20%的缺席率）？

（11）需要安排多大地方来储备设备和物品？

（12）需要安排何种紧急救援、保安措施？人流控制措施如何？

（13）可能发生的情况（如人群冲突、遇到高温天气等）对加强安全措施有何要求？

（14）活动是否需要电视转播？

五、接待服务管理

在接待服务管理方面，应安排迎宾员、引座员接待游客，尽快使游客融入到活动的欢快气氛当中；适当地为游客提供饮料和点心，向游客赠送有保留价值的纪念品，为游客营造积极的、值得回味的印象；还要做好游客的入场和退场安排，快捷、高效地疏导游客人流等。现场接待服务不仅要程序化、规范化，而且要尽量提供游客所需要的个性化服务。

事先对活动的内容及贵宾的人数、国别及爱好等作充分调查研究，了解国际惯例的做法和其传统习俗。根据调研结果，制订接待服务实施方案，拟订接待经费。

资料11-10

2011中国国际时装周管理注意事项

为了确保中国国际时装周各专场发布及其他专项活动的顺利举办，请各发布单位在发布活动组织实施过程中特别注意并遵守以下提示：

一、安全事项

1．安全保证

各发布单位应重视大型活动的安全防范工作，须委派专人负责本单位发布活动的现场安全工作，提高参与人员的安全防范意识。并在发布活动前向时装周组委会签署“中国国际时装周发布安全保证书”，并特别注意：

（1）严禁向来宾发放易燃、易爆等存在严重安全隐患的妨害公共安全的物品。

（2）严禁在发布过程中使用冷烟火、彩炮、彩带等装置或其他未经安全检验的大型道具。

2．安全协调

遵照北京市公安局关于举办大型活动的有关要求，为确保各项发布活动安全顺利，在时装周期间，组委会每天分别于D.PARK北京会所和北京饭店召集组委会现场管理部、公安局、保卫部、舞美公司和发布单位等相关各方负责人参加的“安全协调会”，请各发布单位现场负责人务必在各自专场发布活动前一天准时到指定地点参加会议。

二、舞美制作

1．舞美设计

各发布单位策划舞美设计方案时，应充分考虑时装周整体日程安排及所选发布场地和发布时间的具体情况，根据自身有效的改台时间进行舞美方案的创意策划，以确保舞美方案顺利实施且不影响其他品牌发布。

2．方案实施

（1）各发布单位务必在时装周开幕前不少于 10 个工作日与舞美公司确认舞美实施方案，以确保舞美制作周期所需必要的准备时间。

（2）各发布单位在舞美方案确定后，应与舞美公司签署书面合同，以保护双方的权益。

3．材料选择

各发布单位在落实舞美制作方案时，建议使用安全阻燃、无毒环保的绿色装饰、装修材料，以维护公共安全以及自身和邀请来宾的健康需要。

三、门票证件

1．入场券

各发布单位于时装周开幕前 7～10 天委派专人到组委会办公室签领时装周组委会统一设计印制的入场券，该入场券经北京市公安局大型活动管理部门备案，是时装周主场地发布活动唯一、有效的入场凭证，发布单位自行印制派发的请柬不能作为门票使用（各发布单位须事先与组委会确认所需入场券的数量）。

2．工作证

为了发布单位工作人员现场接待来宾方便，组委会为各发布单位配发 10～15 个“专场证”，证件在各发布单位现场负责人参加安全协调会时领取（会议在各自专场发布前一天召开）。

四、现场要求

1．广告形象

时装周组委会在各官方发布场地正门前指定位置为发布单位提供一处固定活动宣传广告位，各发布单位可根据自身需要设计使用。但发布单位不可擅自在发布场地内外非指定区域以及消防通道和观众出入口摆放包括但不限于展板、展架、易拉宝等装饰物，若在发布大厅外增加形象宣传设施，须提前向组委会说明并提交设计方案，经准许后方可实施。

2．嘉宾接待

发布单位应提前做好现场正向贵宾席的嘉宾名签安排，如需在其他区域预留嘉宾席，请务必安排工作人员负责留位区看守并在椅背、椅座粘贴标志，同时应考虑发布大厅出入口的嘉宾接待和座位引导等工作。

3．现场餐饮

现场演职及工作人员用餐请尽量购买非流食、无汤水的简易快餐，在组委会指定区域就餐并集中处理垃圾，任何食品饮料、瓶装水等一律不得带入发布现场。

第四节 结束管理与现场清理

节事活动结束后，现在的清理工作也尤为重要，有条不紊的现场结束和清理工作，可以体现节事活动举办方的操控能力，并且在节事活动现场结束后，及时听取员工和参观者的反馈和感受，有利于工作经验的总结和积累，有利于妥善处理活动的后续工作。

一、结束管理与现场清理

节事活动的现场结束管理指的是在参与者的现场活动结束后，节事活动项目负责人对活动现场的妥善处理；而清理是指节事活动工作人员对现场物品、环境的清洁和整理，清理是改进现场的源头或开始。

节事活动现场结束管理和清理是节事活动的最后一个环节，快速、有效的现场管理是良好团队精神的体现。活动结束后及时清理现场，可以为节事活动的真正完结画上圆满的句号。

二、闭幕安排

节事活动是否搞闭幕式，主要取决于节事活动的性质、规模以及举办方的选择。通常情况下，很多节事活动都不搞闭幕式。但这并不意味着可以不重视闭幕阶段的服务管理。事实上，闭幕阶段的服务管理也是现场管理的有机构成成分。

相对而言，闭幕的安排比较简单。如果不搞闭幕式及相关活动，那么关键就是时间与程序，举办方须通过参会须知、现场公告、现场广播等方式，把准确的闭幕时间和具体程序告知观众和工作人员，使他们能够提前做好相应的准备。场地提供商应该配合举办方，做好退场、清场、清理等服务管理工作。

如果要举行闭幕式或其他诸如重点客户联谊活动、答谢宴会、颁奖活动等，则务必注意应在切实做好上述服务管理的同时，要把闭幕式及相关活动的筹备和实施工作做得细致些，关键环节必须落到实处，否则容易出现差错以致事与愿违。

学生活动 11-4

活动主题：认识结束管理和现场清理。

活动目的：学生了解节事活动结束管理和现场清理的重要性和工作步骤。

活动形式：以本地区举办的一项知名节事活动为依据，通过上网查找相关资料，了解本节事活动举办的背景、性质、规模、参加人数、时间、地点等。

活动内容：根据这项节事活动预计的结束时间、活动主题、参观者规模、场地特点，制订这个节事活动结束管理和现场清理的运营方案。

三、工作实施

1. 准备工作

（1）现场活动结束前，观众的退场管理要提前做好准备有预案、有专人负责，安排引导员帮助客人迅速找到出口有秩序地退场。

（2）现场活动结束前，现场的清理工作要提前做好准备有方案、有专人负责，再次提醒所有工作人员配合好场地管理方、服务商进行现场清理工作。

（3）保证活动需要回收的设施设备、物料清单准确无误，以免遗漏。

资料 11-11

2010 年第 16 届亚运会将在广州举行，市民可在本届亚运会中欣赏到 42 个大项和 473 个小项的精彩比赛。观众退场时，应按座位顺序，向最近出口缓行退场；已退到场外的观众也不要在出口处或体育场附近长时间停留，以免造成拥堵。比赛过程中，观众尽量不要提前退场，应等待比赛完全结束后再离开；需提前退场的，应选择在中间休息时离开，并注意不能打扰其他正在观看比赛的观众，离开同时将饮料瓶、果皮果核、报纸等杂物收集起来，带出场外，扔进垃圾箱，不能把垃圾随手丢在过道上或放在座位上。

2. 实施步骤

（1）快速、有序、安全的退场和清理　节事活动参与者离开活动现场后，所有工作人员马上到自己的工作岗位，整理现场物品。

（2）在物品清理记录表的参考下逐一查实物品回收是否到位　如果是贵重物品，要求物品清理记录表记录填写准确、完整、规范，还应实行专门的出门管理与交接制度。

（3）出门管理制度　如有必要可以实行出门条管理制度，对所有的设施设备、器材、装饰用品、装修材料，都实行严格的出门条制度。如是已经投保的贵重物品，还必须配合财险公司实施相应的监管交接。

（4）巡场制度　在进行现场结束和清理期间，举办方和场地管理方须增派现场管理人员，对撤场和重点部位进行巡察，防止出现如物品磕碰、违章施工、车辆拥挤堵塞、废料垃圾乱扔等现象，以确保秩序正常、整体安全。

3. 注意事项

（1）活动结束后，现场垃圾的处理可以联系附近的垃圾回收站，以减少对周围环境的影响。

（2）对物品进行分类，可回收再利用物品要保管好，以保证再次利用；不能回收再利用的物品也要清理好，以减少对环境的影响。

（3）活动结束后，撰写活动报告，分析现场成功、失败的原因，以此提高员工素质，积累现场工作经验。

实训项目十二　节事活动现场志愿者服务实训

工作任务	联系即将举办的节事活动项目主办方，提供现场志愿者服务
实训提示	组织分工——教师根据主办方的要求，将学生以小组为单位，为节事活动项目提供志愿者服务 任务研究——教学关键在于让学生体验节事活动现场管理服务与管理系统，主要在于提供节事活动开幕式、接待与观众登记、参展商服务等相关现场管理等现场服务与管理工作 注意事项——实训前与相关节事活动主办方联系好志愿者服务工作，是实训教学开展的前提；同时注意学生现场管理与安全保护

（续）

	实训建议	
三维度	方法能力	沟通能力、服务能力、现场解决问题能力
	专业能力	节事活动现场服务能力
	社会能力	服务能力、沟通交流能力、解决问题能力
工作6要素	工作环境	正在实施的节事活动项目现场
	工作对象	节事活动现场参展商、观众
	工作内容	提供志愿者现场服务与管理
	工作手段	志愿者现场服务
	工作组织	节事活动职位招聘工作小组
	工作结果	形成实训工作报告
工作6步骤	第一步：信息	节事活动项目现场服务信息、志愿者工作职责信息
	第二步：决策	现场解决问题的策划
	第三步：计划	志愿者职责、志愿者培训、现场实训、报告总结
	第四步：实施	现场服务与管理
	第五步：检查	教师在现场对学生充当志愿者服务过程进行指导
	第六步：评估	现场志愿者服务结束后，教师根据学生工作报告评估学生服务过程

思考与练习

一、填空题

1．观众是节事活动中数量最多的群体，他们的服务需求主要集中在（　　）、（　　）和（　　）3个方面。

2．节事活动在举办期间，短时间内积聚了大量的人员，这些人员可以分为3类：（　　），（　　）和邀请来的嘉宾、媒体记者和其他来宾。

3．一个节事活动项目的制作、举办要涉及许多专业人员，包括技术人员、直接组织和管理活动的管理和服务人员和（　　）。

4．明确参与节事活动的嘉宾、媒体记者及其他来宾，事先发放（　　）、请柬和入场券，对于这些嘉宾，组织者应事先落实他们的名单，与他们进行多方沟通确保嘉宾准时到场。

5．排队入场，即按照一定的排列进入指定现场，按照票券有无来分，排队入场可分为（　　）和无票入场；按照现场秩序来分，排队入场可分为（　　）和限制入场。

6．观众和参与者区域可以分为（　　）和（　　）两种类型，第一种模式没有固定观众席和安排座位，可通过现场的装饰来烘托气氛；第二种模式设置固定或移动座位，这种模式相对来说，布置工作较为复杂。

7．主题鲜明、个性突出、氛围浓厚的活动举办现场，能给游客和观众留下美好的回忆和极高的评价，增加节事的美誉度，节事活动举办现场可以划分为（　　）、（　　）、（　　）3个区域。

8．慎重选择餐饮服务单位，应选择持有（　　）、信誉好的餐饮单位承办，且选择餐饮单位时，加工经营场所要与接待观众数量相匹配，防止因加工经营场所超负荷运转导致食品安全得不到保证。

9．节事活动后勤服务管理涉及活动现场的各种（　　）和（　　）。

10．节事活动地点对外交通管理，应提倡采用（　　）。

11．节事活动在选择活动场所时要考虑使活动的场所和活动的（　　）相匹配，使活动场所的（　　）和活动的规模相适应，使活动场所周边的配套和活动的性质相匹配。

二、简答题

1．简述节事活动的现场管理。

2．简述嘉宾、媒体记者及其他来宾接待管理的内容。

3．简述现场工作人员管理的内容。

4．简述节事活动安保管理的重要性和内容。

5．简述节事活动交通管理的策略。

6．简述现场餐饮管理的内容。

7．简述节事活动管理工作实施的内容。

8．简述节事活动现场布置的特点。

9．简述主席台或者舞台布置的原则和内容。

10．什么是节事活动结束管理和现场清理。

11．简述节事活动结束管理和现场清理的程序和注意事项。

12．简述节事活动结束管理和现场清理的重要性和基本原则。

三、论述题

1．以实际事件为案例论述现场观众管理的重要性。

2．谈谈你对现场活动管理的内容及其重要性的认识。

3．谈谈你对节事活动后勤管理的内容和重要性的认识。

4．通过实例分析节事活动结束管理和现场清理工作的基本要求。

四、设计方案

1．设计一个现场活动（如开幕式、闭幕式、颁授仪式、文艺表演等）的活动管理方案书。

2．设计一个大型活动的贵宾接待服务方案，这些贵宾主要包括来自亚洲其他国家的50人和少数来自欧美的贵宾。

3．设计一个节事活动结束管理和现场清理的方案，作出方案计划书。

五、案例分析题

1．青岛国际啤酒节

强化管理，提升服务

青岛国际啤酒节的众多活动基本上都实现了市场化运作，政府的主要工作是管理与服务。

啤酒节期间，政府部门加强了管理和服务。管理上，对参展的各类厂商要求更严，尤其在饮食卫生上，市、区两级卫生监督部门共出动几十人，每天在城内巡逻检查。在治安方面，市、区两级公安部门全力支持，不仅设立了固定的报警站，而且设立了流动岗。此外，还有城管、工商、交通等部门的人员现场执法监管。在服务方面，专业的环卫公司每天负责及时清扫城内卫生，使啤酒城在参节游客不断增多的情况下，始终保持清洁的面貌。与此同时，啤酒节办公室还设立了集接待、导游、救助、医护、商务于一体的“游客服务中心”和“青年志愿者服务站”，开辟旅游团队入城“绿色通道”，为入城游客服务。所有这些服务水平的提高，促使啤酒节走向正规化、专业化和国际化，保证了节事活动的顺利进行。

【问题】请分析节事活动现场管理的重要性，活动现场管理有哪些内容？

2. 2010 年天津啤酒节

中国天津第十届国际啤酒节 7 月 23 日在天津奥林匹克体育中心开幕以来，深受市民欢迎，日客流量达三万余人。据了解，早在啤酒节筹办期间，啤酒节组委会就对各展区及广场的卫生清洁工作提出了明确的要求，并抽调专人，随时巡查。为了让市民游客能够在卫生清洁的环境中享度一年一度的啤酒盛会，啤酒节组委会组织奥林匹克体育中心安排了 100 多名专业保洁和物业管理人员，每日清理垃圾杂物达 17t。

啤酒节日清理垃圾 17t

从奥林匹克体育中心北门沿水滴绕行，先后查看了金威、崂泉、珠江、巴伐利亚、何夫人、金士百等露天展区，以及捷克黑山、EKU 系列、碧特博格、嘉士伯、黄河、波罗的海、泰达、青岛等二楼环廊几个啤酒展区和游客密集的区域，地面上很少发现烟头、纸屑等杂物，广场内主要道路干净整洁，边角地带也难觅垃圾的踪影。

按照组委会的保洁要求，十几个啤酒展区都分别设立了多名保洁员和清扫工，每天开业前将展区清洁一新，活动开始后在餐桌下配有盛放垃圾的袋子或纸箱，随时清理桌面和地面垃圾杂物，午夜下班前还要将展区各个角落彻底清理，将垃圾放置在指定位置。奥林匹克体育中心根据园内道路、公厕及流动厕所设置情况，将啤酒展区和游人密集区划分为多个区域，将 100 多名专业保洁和物业管理人员按照所划区域分成小组，每个小组负责一个区域，清洁责任落实到每个小组和每个人。在重点区域和地段则设立专人随时清洁，每天倒班从上午开始到最后一个展区打烊，在划定负责的区域随时随地清捡垃圾，并连夜将垃圾收集转运，往往一直要忙至凌晨，全力保证各自所负责区域的卫生。据了解，奥林匹克体育中心还在主要道路及游人密集区域设置了 150 多个垃圾桶，回收的所有废弃物被及时运送到固定废弃物处置站进行无污染处理。

啤酒大篷、音量也有标准

除了公共区域卫生外，为了给游客提供更加舒适的参节环境，啤酒节指挥部今年还对各大篷的卫生提出了更高的标准。据介绍，参节的啤酒大篷要做到篷内桌椅摆放整齐，地面无任何杂物，厨房无油渍、污迹，服务人员衣着干净整洁。各个大篷统一使用纸浆型环保餐具。每个啤酒大篷也都配备一名环卫人员，负责垃圾桶周边落地垃圾及清洁。

啤酒节指挥部会同相关执法部门采用“地毯式”检查，派出专门人员不定时、全天候仔细检查啤酒大篷的地面、篷壁、厨房等，不放过任何一个角落，保证篷内卫生情况达标。同时，各啤酒大篷以专业检测设备核算出的相对合适的分贝数作为标准，并通过啤酒城内设置的专业执法点对各啤酒大篷严格监控，将音量控制在这个标准内，消除了啤酒大篷内的“噪声”污染，还游客一个舒服的饮酒空间。

【问题】请分析该届天津啤酒节在现场管理和清理工作方面有什么成功之处？

第十二章

节事活动后续工作管理

➢ **知识目标**

了解节事活动后续服务的内容；了解节事活动评估的种类；掌握节事活动后评估工作的内容和流程；了解节事活动评估的方法；了解节事活动评估的作用；掌握节事活动项目工作总结的内容和结构。

➢ **技能目标**

具备节事活动后续工作实施的能力；具备节事活动评估的能力；具备节事活动项目总结的能力。

案例导入：建立重大节事评估指标体系的意义

近年来，随着重大节事经济的持续快速发展，重大节事对城市而言，不只是具有旅游价值，更具有城市品牌提升的价值。我们不妨把重大节事的成功举办，比拟为城市形象的再造工程，北京奥运、上海世博等国际性重大节事的举办，不仅扩大了举办城市在国际的影响，还在城市基础设施建设、市政改造、社区文化、城市文明等诸多方面带来实质性的改变；重大节事不仅带来当时的经济收益，也不只造就当时的辉煌庆典，其对城市经济、产业、环保，对城市居民的心理自豪等，均具有累计性效果；它使城市重新审视自身，在凝练传统、展眼未来中重新设计、放飞城市的梦想；它通过重大节事的举办，唤起受众对城市的记忆，与城市的亲和，对城市的怀想，以及对城市的眷恋。

然而，许多城市还仅仅将重大节事定位在拉动旅游经济层面，低估了重大节事的影响度和辐射力，使大多数重大节事的关注视角仅停留在门票收入、吸引游客到达率等具体指标层面，忽略了其对城市整体发展和城市品牌提升的意义。为此，我们提出要重新评估重大节事与城市形象，研究两者之间的互动及引发互动的关联要素，引发政府和全社会从城市整体发展的角度重新定位重大节事，从城市发展战略角度选择、规划与城市形象相吻合的重大节事，放大重大节事对城市品牌提升的贡献值。

在管理学领域，评估是推动品牌价值提升的重要手段。品牌衡量自身的竞争力，首先面对的问题是：所拥有品牌的资产价值多少？在国内同行中排名第几？地位如何？与国家级、世界级的品牌相比，差距在哪里？以此，我们看出，品牌评估是一面旗帜，具有导向、激励、评判等多方面的社会功效。

对重大节事与城市形象进行评估的意义在于：

（1）作为简洁有力的信息，指标体系可以明示重大节事与城市品牌提升的关联及其要素，有利于政府制订有效的城市发展战略，提高管理决策效率，为城市建设与发展决策提供比较客观的、量化的、科学的分析与测评依据。

（2）从城市形象传播角度揭示重大节事活动的价值要素，强化重大节事活动的策划者和受众对城市的多重感知，不仅将城市形象设定为重大节事的传播主体，更自觉采用先进传播技术和组合传播策略塑造城市品牌。

（3）通过评估指标体系的建立，为不同城市的重大节事定位提供差异化选择依据，从而避免重大节事活动在诸多领域中的同质现象；同时，不同城市通过对照指标体系中的不同层面指标要素，检核自身在重大节事运作中的缺憾，提出改进方向，从而提升城市竞争力。

城市的发展离不开评估指标。评估指标让人必须正视问题，不断反思与寻求进取方向，激发创意性的解决方案。

【问题】节事活动评估指标有哪些，同时对节事活动项目和城市的发展有什么意义？

第一节　节事活动后续工作

在节事活动后总结会议结束时，活动组织者者一般还会布置节事活动闭幕以后需要继续完成的一些后续工作。节事活动的后续工作既是本届节事活动的收尾工作，也是为下届节事活动的开始做准备，所以，节事活动闭幕后的后续工作是不能忽略的。

一、节事活动后续工作的主要内容

节事活动闭幕以后的后续工作有以下几项：

1．向客户邮寄节事活动总结并致谢

节事活动闭幕后，要及时给所有参加节事活动的参展商和观众邮寄节事活动总结，并对他们参加本节事活动表示真诚的感谢。节事活动总结不仅要邮寄给节事活动现有的参展商和观众，对于那些暂时还没有来参加本节事活动的目标参展商和目标观众也发邮寄，这样就可以为节事活动下一届的招展和招商做准备；同时对于那些曾经帮助过节事活动筹办的机构和个人如各协办单位、支持单位、消防保安部门等也要致谢，对于一些重要的客户和机构，节事活动组织者还可以派人亲自登门致谢。至于节事活动总结和感谢函，可以采用信函、电子邮件和电话传真等方式发送。

致谢应作为节事活动后例行工作之一。致谢不仅是一种礼节，而且对建立良好的关系有促进作用。此外，对参观节事活动展台的客户，不论是现有客户还是潜在客户，都发函致谢，感谢客户参观展台。这是一项比较大的工作，可以在节事活动未结束之前就开始做。如果在感谢信上就接待的一些问题发挥一下，感谢效果会更好，因为这已不是一般的交流，而是比较近、比较深的交流方式，表示出对参观者的重视。

2．更新客户数据库

一届节事活动完毕，节事活动举办机构的客户数据库可能会发生很大的变化，包括新客户的加入、老客户的流失、有些客户发生变更等。举办机构要根据客户信息的变化，

及时调整客户工作的方式和方向。成功的节事活动往往是那些客户工作做得出色的节事活动。更新节事活动客户数据库既包括对参展商数据的更新、对观众数据的更新，也包括对各种节事活动服务商及业务代理资料的更新。

3. 进行节事活动总结性宣传

节事活动闭幕以后，可以就节事活动总体情况进行一次总结性宣传，办展机构可以就节事活动的情况准备一份总结性的新闻稿，提供给各新闻媒体，让节事活动有始有终。很多举办机构都不注意节事活动后的总结性宣传，其实，节事活动后总结性宣传不仅是将本届节事活动的举办成果对社会和客户做一个交代，更是为下一届节事活动作舆论准备。进行节事活动后总结性宣传，往往会获得较好的效果。

4. 发展和巩固客户关系

节事活动期间，尽管举办机构有机会和客户面对面地进行交流，但由于举办机构和客户的时间都很紧，业务也很多，双方很多时候都未能进行很好的交流和沟通。节事活动闭幕以后，举办机构要继续保持与客户的关系，继续加强与客户的交流和沟通，发展与巩固客户关系。对于一些重要的客户，举办机构还可以亲自登门拜访。

5. 处理节事活动遗留的一些问题

节事活动期间，由于时间有限，业务又较多，可能会遗留一些问题，如有的客户款项还没有完全付清，有些客户展品还没有处理完毕，有些客户还需要进行商务考察等。节事活动闭幕后，举办机构要组织力量，及时处理节事活动遗留问题，不要将这些问题拖到下一届节事活动，更不能让这些问题影响到下一届节事活动。

6. 准备下一届节事活动

节事活动闭幕后，举办机构即开始着手下一届节事活动的各项筹备工作。例如，准备下一届节事活动的策划方案，推广下一届节事活动的招展和招商办法，策划下一届节事活动的宣传推广方案，编印下一届节事活动的招展书、观众邀请函，制订展区的展位划分方法等。

和其他行业不同（其他行业的从业人员一般是按年来计划和筹备业务事项的），节事活动举办机构一般都是根据节事活动的规模、按节事活动的届别来计划和筹备其业务事项的。其他行业的从业人员每过一年业务就出现一个轮回，而从事节事活动人员是每过一届节事活动业务就出现一个轮回。尽管业务不断轮回，但是让每届节事活动都进步一点，是每一个从事节事活动人员的追求和梦想。从这个意义上来讲，不仅是新创立的节事活动需要有精心的策划和营销，就是已经举办了多届的节事活动也都需要有创新、策划和营销，这样，节事活动才不会由于因循守而走向衰落。

7. 促进贸易成效

推销产品和服务、洽谈签订贸易合同是节事活动的最终目的。在节事活动期间，向现有客户推销老产品和服务可能比较迅速，可能在节事活动期间就签约了。但是，向现有客户推销新产品和服务，向潜在客户推销任何产品和服务，并进行贸易洽谈都可能比较费时，都可能需要在节事活动之后继续努力。节事活动后续工作的主要内容之一就是将已开始的贸易谈判继续下去并争取签约成功，或者继续对已显示出购买兴趣的客户做工作，引发其购买意向，并争取洽谈成交。

二、节事活动后续工作要求

1．节事活动后续工作要注意时效性

调查表明，如果在节事活动闭幕后继续与新建立关系的客户联系，参展企业的销售额可以多 2/3。因此，美国著名专家建议参展者将预算的 15%～20%用于后续宣传和后续工作，并在节事活动准备时就计划后续工作，而不是在节事活动闭幕后才考虑这项工作。后续工作可以安排长至 12 个月。要明确负责后续工作的部门和人。一般情况下，后续工作由销售、技术部门负责。另外，还要分清代理、子公司和总公司之间的责任。调查显示，由参与节事活动导致的实际成交有 20%是在节事活动之后 11～24 个月之间达成的。由此可见，节事活动后续工作以及后续寄发资料工作的频率对成交有着相当大作用。

2．后续工作的依据和起点是展台记录

在节事活动期间建立完善的记录非常重要，参观者接待记录是后续工作的基础。展台人员会接触很多客户：只留下名片的客户，交谈过的客户，表现出兴趣并索取报价的客户，表示要订货并开始谈判的客户等。这些应当按标准规格详细记录。客户有些情况很重要，诸如成立年份、雇员人数、年经营额、银行名称和地址、财政状况及信用等级、其供应商和最终用户名称等。但是在展台接待中往往很难收集到这些信息。因为展台人员及参观者都非常繁忙，没有足够时间询问和记录，或者参观者本身可能并不掌握这些情况，尤其是大公司的雇员。另外，如果问得太细，可能引起参观者的不快而不愿意继续接触交谈。因此，能收集到最好，如果不能，就在后续工作时进一步收集。这些信息是判断客户的依据。

第二节　节事活动评估工作

节事活动评估是指对某一节事活动进行分析和评估，即对一个节事活动的目的、执行流程，质量，服务，直接和间接的经济效益与社会效益，作用和影响所进行的系统的、客观的分析和评价，判断该节事活动项目是否成功，并分析其原因，总结经验教训，为以后的活动工作提高效率和效益提供建议，提供更完善的管理体系和提高管理水平服务。

一、节事活动评估的种类

1．按评估的层次来分

（1）宏观节事活动评估　宏观节事活动评估是指从宏观节事活动管理的角度，对一个国家，一个城市在一段时期内节事活动发展的环境、规模、速度、社会经济效果等方面进行全面评估，为制订完善的节事活动相关法规和政策，促进节事活动的良性发展提供依据。

（2）微观节事活动评估　微观节事活动评估是指从微观节事活动管理的角度，对某个节事活动项目的各项组织工作和社会经济效果进行分析和评估，发现问题，分析原因，掌握该项目的成长规律，为办好下一届节事活动提供借鉴。

2. 按评估的主体来分

（1）节事活动行业主管机构实施的评估 节事活动行业的主管机构包括对节事活动项目实施行政管理的政府主管部门以及发挥“服务，代表，服务，自律”功能的节事活动行业型组织。节事活动行业主管机构可以对一段时期内节事活动行业的整体实施宏观评估，也可以对某个节事活动项目进行微观评估，评估的结果一般应当向社会公开。

（2）节事活动主办方实施的评估 节事活动活动是一种高度组织化的社会活动，任何一种节事活动的举办都由主办方策划、发起、申办、筹备、实施。节事活动主办方对节事活动项目进行评估，是提高节事活动项目的管理水平，进而增强节事活动主办方实力的必然要求。这类型评估一般由主办方自愿进行、自行组织。

（3）节事活动对象实施的评估 节事活动对象是指节事活动的参与者，即节事活动的参展商、专业观众和普通观众。节事活动对象一方面可以从各自的立场对自己的参会、参展、参观的组织工作和实际效果进行分析和评估，总结经验和教训，提高参会参展的水平；另一方面也可以积极参与主办方的评估，对改进节事活动项目的质量提供意见和建议。节事活动对象评估的主体比较多，评估内容和标准各不相同。

（4）中介机构实施的评估 中介机构评估属于授权评估。为了获得节事活动的客观性数据和评价意见，避免上述 3 种评估主体由于立场和角度各异所导致的评估差异，授权中介机构进行评估不失为有效的方法。节事活动主管机构，节事活动主办方以及参展商都可以委托专门的评价机构进行评估，评估的结果可以公开，也可以不公开。

3. 按评估参照的标准来分

（1）相对节事活动评估 相对节事活动评估是以评估对象群体的平均水平为参照点，确定特定的评估对象在这一群体中的相对位置的一种评估方式。具体地说，就是在列入节事活动评估对象的一组内部进行比较，进而确定每一被评估的节事活动项目在这一组节事活动项目的排名。相对节事活动评估的作用有两方面：一是比较节事活动项目之间的成果差异，有助于节事活动主办方改进节事活动管理；二是将评估的节事活动项目按某种特定的顺序排列，确定名次或等级，以发挥激励和鞭策作用。一些节事活动项目的评选和评比活动，常常采用相对节事活动评估方式。

（2）绝对参展评估 绝对参展评估是在评估对象以外，先设定一个评估目标作为客观参照点，再把各个节事活动评估对象与之比较，以评估每个评估对象是否达到或者超过客观标准，进而确定评估对象的绝对位置。绝对节事活动评估的标准独立于被评估的节事活动群体以外，与这一组节事活动群体的实际水平无关，一般由评估主体根据一定的评估目的事先制订。

4. 按评估的顺序来分

（1）事先评估 现代节事活动的事先评估，就是在现代节事活动的举办之先，明确节事活动的定位，按照定位制定策划方案，并且制定相应节点的评估要求，包括工作计划的制定、评估方法的确定、评估主体的明确等。事先评估之所以重要，常常是因为人们对此不重视，以使得后续的组织工作常常跟着感觉走，没有明确的可执行、可考核、可评估的工作节点。

（2）事中评估　事中评估是在现代节事活动的不同阶段，包括理念定位阶段、方案策划阶段，特别是组织实施阶段，对工作效果、工作目标达成程度的评估。事中评估的主体除了组织举办方外，还包括策划方和执行机构。评估工作应对照策划方案和实施方案，在所设置的关键工作节点，对现代节事活动的各项组织实施工作进行的小结、检查和分析。

（3）事后评估　事后评估是在举办完成了现代节事活动后，举办方组织策划方、实施方，可能还包括专业的第三方媒体机构等参加的对节事活动的评估。评估包括节事活动效果评估、组织工作评估和策划方案的评估。通过评估，总结经验，为改进后续工作明确方向。通过事后评估，找出各方面的成功作法和失误原因，为今后的活动举办提供经验指导意见。

二、节事活动评估内容

从节事活动项目评价的作用看，就是把活动实施的结果与前期策划和当初决策时的目标进行比较，检查活动的过程，评价其财务效益、经济效益，总结经验教训，以便迅速、有效地应用到新的决策活动中去。

1. 基本内容

节事活动活动评估，包括对节事活动的评估和效果评估，一般要分析以下基本内容：

（1）节事活动策划评价　包括节事活动的举办时间、地点、规模、主承办机构组成、活动定位、活动价格、人员分工、活动的品牌形象策划、市场营销策划等，找出他们的优缺点，作为举办机构的备案资料保存，以备下次使用，保证今后筹办类似活动越来越顺利。

（2）目标评价　评价节事活动立项时，原先计划中预定的目的和目标的实现程度，是节事活动评价所需要完成的重要任务之一。一般来说，节事活动的目标在立项时就确定了，其评价指标包括宏观指标和直接目的，宏观指标既对地区和国家经济、社会发展的整体影响和作用，直接目的即向社会提供某种产品和服务，指标一般是量化的。节事活动评估首先要对照原定目标的主要指标，检查活动结束以后的实现情况，确定实际变化之处及分析变化产生的原因，判断目标的实现程度。另一方面，要在实践中检验原定目标的正确性、合理性，通过评价找出原定目标的问题，如不明确的目标、过于理想化的目标及不切实际的目标，为下次活动目标的修订提供经验和依据。

2. 节事活动工作评价

节事活动的筹备和实施工作的内容比较广泛，涉及时间进度情况、推广宣传情况、现场服务、服务实施等情况，对照立项或可行性研究报告的原定情况进行比较和分析，找出差距，分析原因。节事活动工作评价一般包括以下几个方面：

（1）筹备工作评价　包括节事活动工作的统筹、准备、协调及各项筹备工作的安排和调整等。

（2）服务代理工作评价　这是指对通过公开招标的服务商、代理商、指定赞助商、旅游代理商、清洁公司、保安公司等工作进行评价。

（3）宣传推广工作评价　包括媒体宣传与公关、推广进度安排、宣传渠道的建立、宣传资料的影印与发放、宣传效果、新闻媒体的反应（刊载、播放的次数、版面大小、时间长短）等。

（4）组织结构与人员评价　这是指对构建的组织结构形式、人员组成、工作态度、团队精神、工作效果等进行评价，评价工作人员组成安排是否合理、效率是否高、工作时间是否适中等。

（5）现场管理工作评估　包括场地选择、舞台音响、后勤管理、物流配送、清洁保安、志愿者管理、现场工作人员管理、突发事情应急措施和各环节的服务，以及对这些服务的质量、提供方式等进行评估。

（6）时间管理评价　包括对节事活动的招商、宣传推广、服务及整体时间进度安排等进行评估。

（7）服务管理工作评价　包括筹备管理工作的质量和效率，接待服务的各环节质量、培训、后续工作等。

（8）财务实施评价　包括对节事活动的预算制订与执行情况、成本、费用支出时间安排、收益、收款情况，超支原因及其他财务管理问题进行评价。

3. 效益与影响评价

（1）效益评价　即财务评价和经济评价，主要分析指标有内部收益率、净现值和贷款偿还期等盈利能力和偿还能力指标，包括成本效益评估、成本利润评估等。

（2）影响评价　包括经济影响、环境影响和社会影响，具体有以下方面：

1）经济影响评价。它主要分析评价节事活动对所在地区、所属行业和国家所产生的经济方面影响，评价的内容包括分配、就业、换汇成本、技术进步等。由于经济影响评价的部分因素难以量化，一般只能作定性分析，或并入社会影响评价范围。

2）环境影响评价。它一般包括节事活动的地区环境质量、自然资源利用和保护、区域生态平衡和环境管理等几方面。

3）社会影响评价。节事活动的社会影响评价是对节事活动在社会经济方面的有形或无形的效益和结果的一种分析，重点评价活动对举办国、举办地和社区的政治、文化、经济、生活的影响。

4）持续性评价。这也是节事活动影响评价的一个组成部分，它是指节事活动的既定目标是否还能持续，是否可以持续地举办下去，是否具有可重复性，即是否可在未来以同样的方式建设同类活动。其影响因素一般包括：本国政府的政策、管理、组织和地方的参与，财务因素，社会文化因素，环境和生态因素，外部因素等。

三、节事活动评估的实施程序

节事活动评估的实施程序是指按照节事活动评估自身规律设计并具体组织、实施评估工作的步骤。不同类型的节事活动评估，其评估的程序也有不同，但一般而言，节事活动评估的程序通常包括以下步骤：

1. 确定评估的具体目的和任务

确定评估的具体目的和任务就是明确为什么评估和评估什么的问题，是做好节事活动评估工作的前提。不同的评估主体、不同的类型、不同的评估项目，评估的具体目的和任务可能并不完全相同，但以下几点是应当考虑的：

（1）评估对象的类型　节事活动项目按照不同的标准可以分为很多种类，由于不同种类的节事活动项目具有不同的性质和特点，很难用统一的标准去评估，因此在开展节事活动评估之前要确定本次评估的项目类型。

（2）评估对象的数量　一次节事活动评估对象的数量要根据评估的需要来确定。在带有评比性质的相对评估中，评估对象必须有一定的量才能进行横向比较，判断优劣。而对于主办者和参展商的内部评估而言，则应当做到有一个评一个。

（3）评估对象的时间和地域范围　界定节事活动评估项目的举办时间和地域范围。一般情况下，主办者和参展商仅对本单位主办、参展的节事活动项目开展评估活动，而节事活动主管机构按年度评估的做法较为普遍，也就是对发生在当年度的节事活动项目进行评估，也可以仅对其中某个区域的节事活动进行评估。

（4）评估结果的等级　评估结果的等级用于反映节事活动项目的优劣，是节事活动评估目的和任务的重要体现。

节事活动评估的具体目的和任务应当在选定节事活动评估项目的对象之后、节事活动活动举办之前就确定下来，这样，在节事活动举办期间就可以根据评估的目的和任务有针对性地搜集相关材料和数据。

2．选择评估方法

节事活动的评估方法应采用宏观分析和微观分析相结合、定量分析和定性分析相结合的方法，通过综合分析，总结经验和教训，提出问题和建议。目前，通常采用的节事活动评价方法有以下 3 种。

（1）调查法　调查法是节事活动评估最常用的有效方法，它既可用来获得定量的数据，也可以用来获得定性的描述。由于节事活动期间游客的流动性大、逗留的时间短，一般不可能深入地了解他们。调查法就是对那些不可能深入地了解的问题通过调查、访问、谈话、问卷等方法搜集有关资料，了解利益相关者的心理和行为的一种方法。调查法主要有以下几种形式：

1）访谈调查。访谈调查是以谈话为主要方式来了解某人、某事、某种行为或态度的一种调查方法。访谈调查的最一般程序是由访谈员探访调查对象，把要调查了解的问题逐一讲给调查对象听，由被调查者根据调查者的要求一一作答；与此同时，访谈员必须将访谈对象的观点意见及访谈记录进行汇总分析，从而得出调查结论。

2）问卷调查。问卷调查是以书面提出问题的方式搜集资料的一种研究方法，即调查者就调查项目编制成表式，分发或邮寄给有关人员，请其填写答案，然后回收整理、统计和研究。问卷调查的最大优点是方法简便、节约时间（就调查者而言）、材料也比较容易整理和统计。有时用无记名形式问卷可以获得面谈或开调查会不容易获得的某种有价值的资料。

（2）对比分析法　对比分析法是节事活动评价的基本方法，它是调研完成以后，在分析调查结果的基础上，将节事活动实施前的目标与结束后实际情况加以对比，测定该活动的效益和影响。通过对比分析，分清对地区的这种影响中活动的作用和活动以外的作用，评价活动的增量效益和社会机会成本，与活动举办完后的实际情况相比较，从中找出存在的差别和原因。

（3）总结述职会　节事活动结束后，要求每个工作人员对自己在节事活动的整个过程中所做的工作作出述职报告，不论是提交的书面材料还是口头汇报的总结情况，都是活动评价的内容。

3．确定评估的指标体系

评估之前先要围绕评估的目的、任务和原则选择适当评估的内容，然后根据评估的内容确定评估的指标体系。节事活动评估的指标体系包括完整指标系统、权重系统和评估标准系统 3 个方面。

（1）完整指标系统　一项具体的节事活动评估，其指标系统是根据评估的目的和任务，从各项评估的内容中选择出来的，是评估目的的具体化，其结构一般由若干个指标层次组成，如图 12-1 所示：

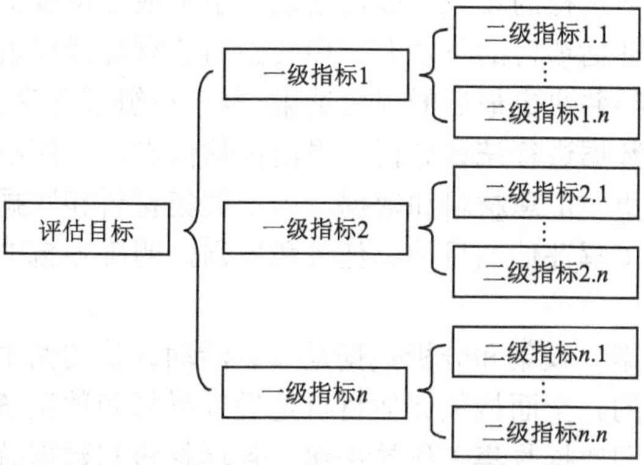

图 12-1　节事活动评估指标系统结构

（2）权重系统　权重系统包括各层次指标的自重权数和加重权数。自重权数反映指标自身在同层次指标中的重要程度，它的取值范围在 0～1 之间，各指标的自重权数之和等于 1，权重数反映某项指标的评估等级，如某项评估指标分为优秀、良好、中等、合格、不合格 5 个评估等级，一般设优秀等级的标准为 1，其他等级的标准值则依次递减为 0.8、0.6、0.4、0.2。

确定权重系统的方法有专家会议法、德尔菲法（即采用匿名的形式用问卷向专家征询意见，经多次反馈后确定权重系统的方法）等。

（3）评估标准系统　评估标准系统是衡量评估对象达到末级指标程度的尺度，由标度和标号两部分组成。标度的作用在于区分评估对象达到评估指标的程度，有定性标度和定量标度两种表示形式。

定性标度一般用描述性语言来表示，如“满意”“较满意”“不满意”等区分观众对展览会接待服务总体评估的等级程度。

定量标度一般用分数表示，以区分评估对象达到指标的程度。

标号是表示标度的符号，本身无独立意义，一般用字母（A，B，C，D）、数字（1，2，3，4）或汉字（优秀、良好、合格、不合格）等来表示。

4．实施评估

评估目标及标准确定之后，要根据评估目标及标准确定具体的评估内容和评估方案，对各段时间安排、调查对象和调查方法、评估人员安排和经费预算作出安排。评估方案应当在展会举办之前就制订完成，以便在展会开始后按计划实施。

（1）制订评估计划　评估计划应当对评估的方法、程序作出相应的规定。评估的方法包括搜集材料和数据的方法和进行统计分析的方法。评估的程序包括搜集材料和数据的程序、评估人员开展评估的程序、发布评估结果的程序。

（2）评估的机构、人员组成及分工　评估机构是指实施评估计划的临时性机构，可以由节事活动主管机构、节事活动项目的主办者或参展者自行组织，也可以委托专业评估机构进行评估。对此，计划中要有明确的规定。目前国外普遍采用委托专业评估机构进行节事活动评估。

节事活动评估机构的设置包括领导小组或评审委员会、专家小组、工作小组等。区域性、大范围的评估，评估机构的设置一般包括领导小组或评审委员会。领导小组由评估实施机构的负责人或领导评估项目的负责人、相关部门的领导或代表、部分评估专家组成，对评估工作实施全面领导并决定最后的评估结果。专家小组或专家委员会由评估专家组成，负责指导数据搜集，对数据进行统计分析，提出评估报告。工作小组则由训练有素的工作人员组成，主要负责搜集、汇总材料和数据。由于搜集材料和数据的工作相当繁琐，且十分关键，工作人员必须了解评估的目的、任务和原则，明确各自的分工和要求，熟悉本次评估对象的基本情况。

（3）收集、分析数据　收集和分析数据是节事活动评估的两个关键环节。这两个环节是相互联系、不可分割的。全面搜集评估材料是进行材料和数据统计分析的前提，材料和数据的统计分析是材料和数据收集工作的深化。各项材料和数据统计汇合后，接下来的工作是组织专家和有关人员对这些材料和数据进行审核、归类、比较、分析和整合，初步确定评估对象的等级。

（4）确定评估结果　一般情况下，经过专家评估确定的评估对象的得分或等级，可以看作是评估结果，但在一些选拔性或评比性节事活动评估中，节事活动评估的结果还需要通过一定的程序加以确定，如由领导小组或专家委员会投票决定。

（5）编制评估报告　节事活动评估报告是节事活动评估结果的书面载体，以便交流、发布和保存。节事活动评估结束后，评估结果都应当形成节事活动评估报告。节事活动评估报告的写法有两种：一种是文章式评估报告，即按文章的一般结构来写，有一定的文字描述和分析，而且提出结论和建议；另一种是表格式评估报告，即通篇以表格形式出现，各项评估结果均以数据表或曲线图来表示。

学生活动 12-1

活动主题：节事活动评估工作。

活动目的：学生能够对节事活动进行评估。

活动形式：分组讨论。

活动内容：以当地某一节事活动项目为例，让学生对节事活动项目进行评估，并撰写评估报告。

第三节 节事活动工作总结

节事活动工作总结是指节事活动工作告一段落后，进行回顾、分析和评估而形成的文书。

节事活动工作总结和节事活动评估既有联系又有区别。两者都有回顾、分析的性质，都有实施节事活动管理的必要手段，这是它们的共同点。两者的主要区别在于：节事活动工作总结偏重于节事活动管理和组织者实施的具体做法、体会、经验和教训，提出改进的具体措施和下一步的工作方向，属于自我总结，在方法上较多地运用定性描述和定性分析。节事活动评估则偏重于对节事活动的各项要素及其社会经济效益进行质和量的评估，既可以自我评估，也可以评估他人，较多地采用定性分析评估的方法。

一、节事活动工作总结的作用

1. 总结经验教训

节事活动工作的成功经验以及失败的教训对于进一步做好节事活动工作具有十分重要的意义。通过回顾总结，将获得的节事活动工作经验、体会，遇到的困难和问题，以书面的形式记载下来，能够为今后的节事活动工作提供借鉴，少走弯路，提高效率。

2. 相互学习交流

节事活动工作总结还常常是节事活动工作总结表彰大会的交流材料，可以起到相互学习、取长补短、促进共同发展的作用。

3. 汇报工作情况

向上级机关汇报工作可通过报告、简报和总结等书面形式。报告属于法定公文，如果需要向上级汇报重要工作，或者汇报上级规定必须报告的工作，节事活动工作总结就可以改头换面，以正式报告的形式呈报给上级机关。平时工作完成后，需要向上级汇报，可以用简报的形式转载节事活动工作总结，也就是将本单位的节事活动工作总结作为简报的正文上报。定期性工作总结，如年度工作总结，也可以直接提交给上级机关。

4. 激励活动项目团队成员

人们希望知道自己做得如何，尤其是当项目投入了大量人力、物力时。活动总结应该在活动启动时加以规定，包括活动评价的标准、所采取的方式以及参加人员（如部门经理或舞台总监等)，而内容应包括个人的绩效评价。这样，成功者会把活动项目总结作为建立个人形象的机会，同样，失败的经历也将被记录下来进行研究。只要这种评价是公正的，活动项目总结将激励人们积极努力工作。

二、节事活动工作总结的种类

1. 按内容性质分

（1）宏观节事活动管理工作总结　主要用于主管节事活动管理的行政机关自我总结节事活动管理的各方面工作。

（2）节事活动项目组织工作总结　主要用于节事活动主办单位以及有关组织机构总结节事活动的策划、申办、组织、招展、举办，以及善后等方面的工作。

（3）参展工作总结　参展工作总结有两类：一类是用于政府机构、各行业协会或节事活动主办机构组团参加国内外节事活动活动后的总结；另一类是参展单位自身所作的参展工作总结。

2．按总结内容的范围分

（1）综合性总结　又称全面性总结，是对各项工作的全面回顾。这类总结虽然涉及面广，但力求突出重点。

（2）专题性总结　这是围绕某项具体的节事活动工作进行的单项总结，内容集中，富有针对性。

3．按时间分

（1）阶段性总结　在一些大型的节事活动项目的实施过程中，由于时间跨度长，往往需要进行阶段性总结，如年度总结、季度总结、月度总结等。

（2）完成性总结　在一个节事活动项目全部完成后所进行的最后总结。

三、节事活动工作总结的内容

节事活动项目总结应包含以下6方面详细内容：

1．项目时间

实际进度与计划进度相比，结果如何，期间有哪些变化，对工作量的估计如何？活动组织者要建立并完善有关的数据库，项目总结应提供相应数据，以提高下次的准确性。

2．项目成本

节事活动项目成本中有很大一部分是人工费，对于未建立项目级别核算的组织，可以用加权人天数来表示（对不同级别的人员赋予相应的权重）。

3．项目质量

这是指活动项目的最终成效与取得的成果与最初要求的符合度。有没有达到最初的目标，在社会上的影响力如何，观众的满意度如何，现场管理的秩序如何，交通管制是否到位？

4．人员管理以及沟通交流

活动组织成员的绩效表现如何，活动管理和实施过程中的内外部沟通交流是否充分，对活动的影响如何？

5．项目特点

与以往活动项目比较，本活动有什么特别的地方？比如，特殊的需求、特殊的环境、资源供应等，总之是具有挑战性的事件，以及关键的解决方法和实施过程。

6．经验与教训

列出从这项活动工作中所得到的主要经验与教训及对今后的活动管理工作的建议。

四、节事活动工作总结的结构和写法

1．标题

节事活动工作总结的标题有 4 种写法：

（1）由单位名称、时限、主题、文种构成　这类标题主要用于总结单位内部定期性的节事活动工作，如“重庆市节事活动 2010 年工作总结”。

（2）由总结对象的名称和“总结”组成　这类标题通常用于一项具体节事活动工作的专题总结，如“上海第七届服装节总结”。

（3）采用普通文章标题的写法　这是用一句或两句短语概括总结的主要内容或基本观点，不出现总结字样，如“我们是怎样在美国办节事活动的”。这类标题主要用于在报纸、杂志上发表的总结。

（4）由正副标题组成　正标题揭示总结的主题，副标题说明总结的单位、期限、种类等。这类标题主要用于报刊发表、简报转发或会议上交流的总结，如“找准定位，加强规划，创建品牌——2010 年节事活动工作总结”。

2．署名

节事活动工作总结一般是以单位名义进行的，因此应当属单位的名称，并置于标题之下。

3．正文

（1）开头　开头一般概括说明举办节事活动的背景、依据和指导思想、基本条件（名称、届次、主办单位、时间、地点、出席人数和规格、参展商，以及观众的数量和质量、总成交额等）。

（2）主体　主体部分的内容一般有 3 项：一是本届节事活动的特点、组织工作的具体做法、效果和成绩；二是经验和体会；三是存在的问题和教训，或者进一步努力的方向。

主体部分的写法主要有 3 种：一是按具体做法和成绩——经验和体会——问题和教训或努力方向的模块来写。这种写法比较符合人们的阅读和思维习惯，使用较为广泛。具体写作时也可将做法和经验或者问题糅和在一起来写，夹叙夹议。二是按工作的时间阶段安排结构，适合于工作周期长、阶段性较强的节事活动工作总结。三是按所做的工作项目安排结构，如综合性总结涉及的方面较多，各项节事活动工作之间的特点不一，就可将每一方面的节事活动工作排列起来，逐项加以总结。

主体部分写作要求做到：材料生动、翔实，评估恰如其分，突出重点，兼顾全面，善于概括，语言简练。

（3）结尾　应归纳、呼应总结的主题，指出努力方向，提出改进意见和措施，或表示决心、信心等。

学生活动 12-2

活动主题：节事活动工作总结。
活动目的：学生能够对节事活动进行总结。
活动形式：小组学习。
活动内容：以当地一节事活动项目为例，让学生对节事活动项目进行总结，并撰写总结。

实训项目十三 节事活动参展商评估实训

工作任务	对某个正在进行的节事活动项目现场进行参展商基本情况调查，并根据节事活动评估的办法进行参展商评估	
实训提示	组织分工——教师将按市场调查的工作方法，将学生每3～5人分为一组，组成参展商调查小组，制定节事活动评估标准，对节事活动现场参展商进行调查，最终形成“节事活动参展商评估报告” 任务研究——评估的成败关键在于评估标准的制定，评估的标准要跟市场调查方法的运用有紧密联系 注意事项——在对参展商调查前先组织学生制定节事活动评估标准、参展商调查问卷的时候，教师应给予指导，并把握方案与问卷的准确性、适用性	
	实训建议	
三维度	方法能力	沟通能力、市场调查能力、评估能力
	专业能力	现场沟通能力、评估解析能力
	社会能力	沟通能力、观察能力、总结评估能力
工作6要素	工作环境	实训室制定方案和写作报告、节事活动现场进行现场调查与评估
	工作对象	节事活动现场参展商状况
	工作内容	进行参展商评估
	工作手段	小组讨论、现场评估、报告写作
	工作组织	参展商评估工作小组
	工作结果	制定参展商评估标准和计划，形成评估报告
工作6步骤	第一步：信息	节事活动评估信息、节事活动信息、市场调查信息、参展商信息
	第二步：决策	依据评估标准分析总结
	第三步：计划	团队协商、制定标准、现场走访调查、形成报告
	第四步：实施	团队协商、制定标准、市场调查、报告写作
	第五步：检查	教师对学生的评估标准与执行方案进行检查，并在现场调查时对学生进行调查指导，最好检查评估报告
	第六步：评估	针对每组学生评估过程和所形成的评估报告，进行指导和评估

思考与练习

一、不定项选择题

1. 节事活动评估的种类按评估的顺序可分为（　　）。

A. 事前评估　　B. 事后评估

C. 监控评估　　D. 活动跟踪评估

2. 节事活动评估的方法有（　　）。

A. 调查法　　B. 分析法

C．总结述职会　　D．访谈法

3．节事活动工作总结的作用包括（　　）。

A．调查法　　B．分析法

C．总结述职会　　D．激励活动项目团队成员

二、填空题

1．节事活动的后续工作既是本届节事活动的收尾工作，也是为下届节事活动的（　　），所以，节事活动闭幕后的后续工作是不能省略的。

2．节事活动评估的种类按评估参照的标准可分为（　　）、（　　）。

3．节事活动工作总结的种类按总结内容的范围可分为（　　）、（　　）。

4．节事活动工作总结的结构包括（　　）、（　　）和（　　）。

5．节事活动工作总结的内容包括（　　）、（　　）和（　　）。

三、名词解释

节事活动评估　监控评估　节事活动总结

四、简答题

1．节事活动后续工作的主要内容有哪些？

2．节事活动工作总结和节事活动评估的联系和区别有哪些？

五、案例分析题

2010第四届海峡两岸茶业博览会暨武夷山茶节欢乐茶城活动工作总结

2010第四届海峡两岸茶业博览会暨武夷山茶节欢乐茶城活动筹委会

在省市领导的关心指导下，在市委、市政府的正确领导下，按照大会组委会的总体部署和要求，欢乐茶城活动围绕“缘聚武夷、茶和天下”的主题，按照“安全、节俭、欢乐”的办节原则，着力突出活动的参与性、娱乐性、广泛性、群众性等特色，精心组织、周密部署，以高度的责任感、认真负责的态度和团结协作的精神，克服工作环节多、任务重、强度大等困难，圆满完成了各项任务，营造了全民过节的氛围，充分展示了武夷人爱茶、爱生活的精气神，彰显了地方文化的影响力和穿透力，实现了以会带节、以节促会的初衷。

一、基本情况

活动期间，在2.5公里茶路的7个广场上，13项不同形式、内容、风格的主题活动轮番上演，绵长十里的茶城茶肆灯笼高挂、旗幡林立，欢乐美食汇聚两岸名点小吃，香飘四溢。欢乐有趣、形式多样的竞技活动，精彩纷呈的奇技绝活表演，让市民和游客玩得好、吃得香、看得过瘾、乐在其中，茶城俨然成为一片欢乐的海洋。

二、特点与成效

1．内容丰富，反响强烈

不到50天的时间里就策划推出13项主题活动，可谓点面结合，形式多样，高潮迭起，反响强烈。具体可概括为“三个第一”“两个轰动”。“三个第一”：第一次节会相结合，第一次提出茶城理念，第一次多平台互动。“两个轰动”：一是活动现场轰动，二是媒体的集中宣传引起较大轰动。欢乐茶城活动，引起了各级新闻媒体的普遍关注。

2．注重文化，彰显特色

茶节将武夷山传统习俗、歌舞、餐饮等移植到节日中，使茶节的文化特色突显，茶韵内敛。在整个茶城活动组织过程中，地方文化特色始终贯穿于各项活动，无论是欢乐巡游、欢乐美食，还是茶史演绎、脚斗士游戏、民间斗茶赛，都体现了武夷山特有的传统习俗和民风民情。通过活动呈现在中外宾客面前，全方位、多层次、宽领域地向中外游客展示了武夷山资源优势和文化底蕴，让人们感受了武夷山世界文化与自然遗产地的细腻和实在，热情与奔放。

3．讲求实效，以人为本

在活动方案的策划中，欢乐茶城活动始终贯彻以人为本的思想，改变以往“被活动”的做法，立足“茶”城，着眼“民”乐。多次对各项活动项目进行反复筛选，最终推出系列群众能参与、游客能互动的活动项目，如观巡游、尝美食、品茗茶、演节目、斗斗茶等，都突出市民游客的体验性，都充分调动了每个到场人的五官神经，自觉地与现场融为一体，让人真正感到是在过自己的节日。

三、成功经验和启示

这次欢乐茶城活动为什么能取得圆满成功？综合大家的意见，认为有以下几点经验和启示。具体可概括为“113”经验和启示，即得益于有一个制胜策略、一个重要工作机制、三个前提保障。

一个制胜策略：就是凝聚智慧，系统策划。在活动策划初期，广泛听取旅游、文体、度假区、景区、茶业界及南平旅游局等各方意见，聚智聚力，真正把各方的人力和智慧整合起来，找亮点、出奇招、巧策划，形成强大的感官冲击力，将活动不断推向高潮，是这次活动成功的关键。

一个重要工作机制：就是建立了“总体策划、分工负责、明确要求、定期检查”的工作机制。

三个前提保障：一是市委、市政府高度重视，二是各部门的通力合作，三是全民参与意识。

四、存在问题及建议

办节虽然在我市不是首次，但是举办如此大规模、如此复杂的活动，却是第一次，没有现实的模式可循，没有现成的经验可以借鉴。但在各方的努力下，欢乐茶城活动还是取得了圆满成功。但由于条件所限和经验不足，节会工作仍有一些不尽如人意的地方。

（1）基础设施及相关的配套设施有待进一步完善。

（2）节会的市场化运作水平还不高，除少数活动走向市场、按商业化运作外，大部分活动仍停留在靠政府包揽的老路子上。

（3）活动项目规模偏小，专业水平有待完善。

（4）认真总结经验教训，发现掌握节事活动存在的问题，努力健全完善我们的组织方法和运作机制，不断探索开展大型节事活动的新形式、新途径，为下一步拓宽办节思路，优化办节模式提供科学依据。

2010 年 11 月 22 日

【问题】结合案例资料，讨论节事活动总结的写法和结构。

参 考 文 献

[1] 冯英杰，周年兴．旅游地举办节事活动时的交通管理措施初探——以南京市为例[J]．科技经济市场，2008．

[2] 赵云伟．城市形象营销与旗舰工程建设——以伦敦的千年工程项目为例[J]．建筑与文化，2008．

[3] 戴光全，保继刚．西方事件及事件旅游研究的概念、内容、方法与启发（上）[J]．旅游学刊，2003．

[4] 周勇．我国节庆盛事活动发展回顾与未来展望[J]．旅游学刊，2009．

[5] 余青．中国城市节事活动的开发与管理[J]．地理研究，2004．

[6] 彭涛．大型节事对城市发展的影响[J]．规划师，2006．

[7] 王璐，汪奋强．重大节事与城市的可持续发展[J]．华中建筑，2006．

[8] 王晓云，杨昇，蒋鹏鹏．企业参与节事旅游活动研究——以上海旅游节为例[J]．旅游学刊，2007．

[9] 吴必虎．节事活动的运作原则及模式[J]．中国会展，2005．

[10] 黄翔，等．旅游节庆与品牌建设[M]．天津：南开大学出版社，2007．

[11] 卢晓．节事活动策划与管理[M]．上海：上海人民出版社，2009．

[12] 戴光全，马聪玲．节事活动策划与组织管理[M]．北京：中国劳动社会保障出版社，2007．

[13] 冯丹．展览现场管理[M]．北京：中国劳动社会保障出版社，2007．

[14] 庞华．会展运营与服务管理[M]．天津：南开大学出版社，2010．

[15] 张红．会展概论[M]．北京：高等教育出版社，2006．

[16] 杜学．大型活动的组织与管理[M]．北京：旅游教育出版社，2003．

[17] 莫志明．会展项目策划与管理[M]．北京：机械工业出版社，2011．

[18] 张显春．会展旅游[M]．重庆：重庆大学出版社，2007．

[19] 马聪玲．中国节事旅游研究——理论分析与案例解读[M]．北京：中国旅游出版社，2009．

[20] 杨坤．大型活动项目管理[M]．天津：南开大学出版社，2010．

[21] 郑建瑜．大型活动策划与管理[M]．重庆：重庆大学出版社，2007．

[22] 傅广海．会展与节事旅游管理概论[M]．2 版．北京：北京大学出版社，2011．

[23] 王春雷．会展与节事营销[M]．北京：中国旅游出版社，2010．

[24] 龚维刚，陈建国．会展实务[M]．上海：华东师范大学出版社，2007．

[25] 阿诺德，周新．展会形象策划专家[M]．北京：中国水利水电出版社，2004．

[26] 阿博特，德弗兰克，王向宁．会展管理[M]．北京：清华大学出版社，2004．

[27] 彼得·塔泽．会展与节事风险和安全管理[M]．李巧兰，译．北京：电子工业出版社，2004．

[28] 迪米特雷·塔什普洛斯，等．大型活动的组织管理与营销[M]．吴恒，等译．沈阳：辽宁科学技术出版社，2010．

[29] 京柏．会展实践与理论[M]．深圳：海天出版社，2005．

[30] 戴光全．重大事件对城市发展及城市旅游的影响研究——以 99 昆明世界园艺博览会为例[M]．北京：中国旅游出版社，2005．

[31] 吴必虎．区域旅游规划原理[M]．北京：中国旅游出版社，2001．

[32] 吴殿廷．旅游开发与规划[M]．北京：北京师范大学出版社，2010．

[33] 朱颖．宁波节事活动现状与发展研究[D]．上海：同济大学硕士论文，2008．

